AF131868

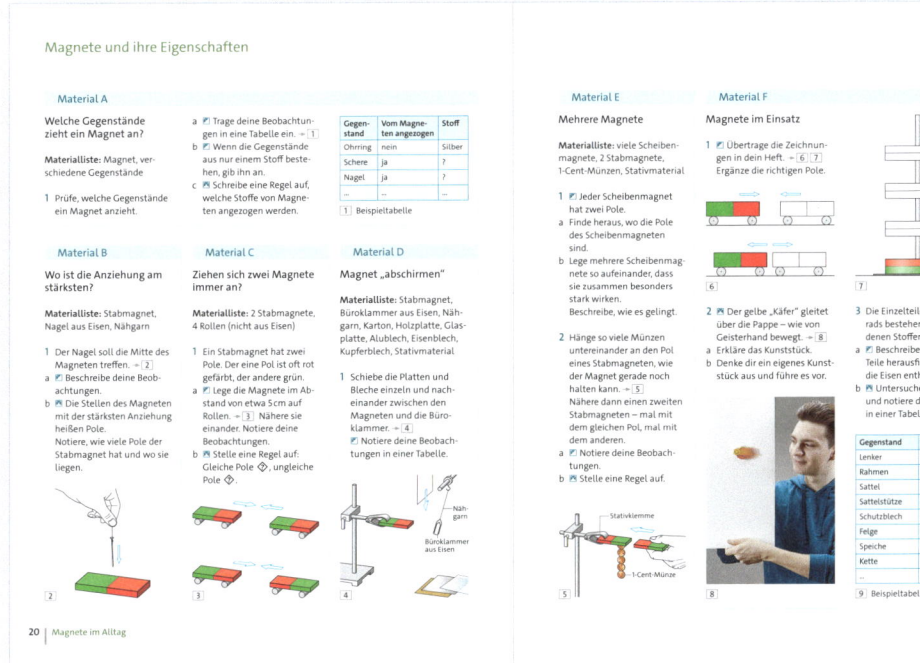

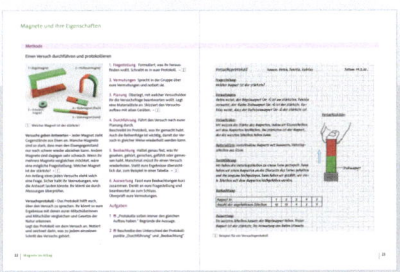

■ Methodenseiten zeigen Schritt
für Schritt, wie du eine Sache sinn-
voll angehst.

■ Erweitern und Vertiefen bietet
Informationen an, die über das
Grundlegende hinausgehen.

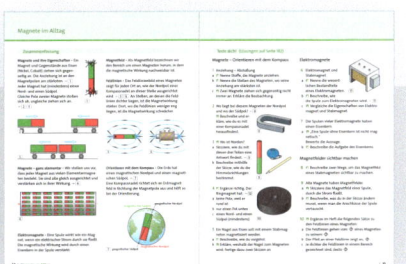

Die **Zusammenfassung** gibt einen
Überblick über den Lernstoff des
Kapitels.

Die Aufgaben auf den **Teste-dich-
Seiten** beenden das Kapitel. Sie
helfen dir, dein Wissen selbst einzuschätzen. Lösungen findest du im
Anhang.

Aufgaben, Methoden, Texte und Materialien mit 🔖 🔖 🔖 🔖 tragen zum
Erwerb von Kompetenzen aus dem Medienkompetenzrahmen bei.

NORDRHEIN-WESTFALEN

Natur UND TECHNIK

Physik 5/6

Cornelsen

NATUR UND TECHNIK
Physik 5/6 Nordrhein-Westfalen

Autor: Siegfried Bresler (Bielefeld)

Unter Verwendung von Beiträgen von Volker Abegg, Ulrich Dendorfer, Anita Gutmann, Bernd Heepmann, Holger Hellendrung, Nico Hirschbolz, Christian Hörter, Michael Hundertmark, Ute Klinkmüller, Reimund Krönert, Steffen Lenz, Dr. Jochim Lichtenberger, Werner Maier, Aïnoa Malcotti, Franz Mangold, Ute Pfohl, Wilhelm Schröder, Reinhard Sinterhauf, Claudia Täubner, Sven Theis, Sven Ungelenk, Sandra Willms, Franz Wimmer

Redaktion: Thomas Gattermann, Stephan Möhrle

Grafik und Illustration: Laura Carleton, Tom Menzel, Rainer Götze, Matthias Pflügner, Detlef Seidensticker

Umschlaggestaltung: SOFAROBOTNIK GbR, Augsburg & München

Layoutkonzept: Typo Concept GmbH, Hannover

Technische Umsetzung: Straive

Begleitmaterialien zum Lehrwerk:
Schulbuch als E-Book	978-3-06-010813-8
Handreichungen für den Unterricht	978-3-06-010817-6
Kopiervorlagen	978-3-06-010820-6
Unterrichtsmanager Plus online	978-3-06-015023-6

www.cornelsen.de

Dieses Werk enthält Vorschläge und Anleitungen für Untersuchungen und Experimente. Vor jedem Experiment sind mögliche Gefahrenquellen zu besprechen. Beim Experimentieren sind die Richtlinien zur Sicherheit im Unterricht einzuhalten.

1. Auflage, 1. Druck 2023

Alle Drucke dieser Auflage sind inhaltlich unverändert und können im Unterricht nebeneinander verwendet werden.

Druck: Mohn Media Mohndruck, Gütersloh

ISBN 978-3-06-010812-1

Inhaltsverzeichnis

Magnete im Alltag   16

Temperatur   36

 enthält Inhalte, die zum Erwerb von Kompetenzen
aus dem Medienkompetenzrahmen beitragen

Schall 62

Licht und Schatten 80

Energie von der Sonne 108

Wetter 134

Elektrische Geräte im Alltag 150

Kraft und Hebel 172

Anhang

Sicherheit im Fachraum

1 Experimentierregeln beachten!

Im Fach Physik wirst du häufig im Fachraum arbeiten. Um Gefahren zu vermeiden, musst du dich an die Sicherheitsregeln halten.

5 **Im Fachraum** • Beachte beim Betreten:
- Den Fachraum darfst du grundsätzlich nur mit der Lehrkraft betreten.
- Wildes Herumrennen ist ebenso gefährlich wie das Schubsen eines
10 Mitschülers oder einer Mitschülerin. Es könnte zu Verletzungen kommen.
- Lege deine Tasche und Jacke niemals hinter deinem Stuhl oder in Fluchtwegen ab. Du könntest bei Gefahr
15 darüber stolpern.
- Nichts essen oder trinken!

Experimentieren • Beachte unbedingt:
- Lies dir vor dem Versuch die Arbeitsanweisungen genau durch.
20 • Halte Ordnung und entferne unnötige Dinge vom Arbeitsplatz.
- Trage eine Schutzbrille, wenn es gefordert wird. → 1
- Binde lange Haare zurück.

2 Warnung: Vorsicht: Nicht in den Strahl blicken!

25 • Lege Schals und lose Kleidung ab.
- Beginne erst dann zu experimentieren, wenn dich die Lehrkraft dazu auffordert.
- Experimentiere nie an Steckdosen
30 oder Gasanschlüssen.
- Sei vorsichtig beim Umgang mit heißen, hellen oder elektrischen Gegenständen.
- Schaue nie direkt in Laserlicht oder
35 LED-Lampen. → 2
- Gehe sorgsam mit Versuchsgeräten um, damit sie nicht beschädigt werden.
- Melde es sofort deiner Lehrkraft,
40 wenn du einen Defekt an einem Gerät entdeckst, zum Beispiel ein beschädigtes Anschlusskabel.

Sicherheitseinrichtungen • Falls es trotz aller Vorsicht zu einem Unfall kommt,
45 musst du die Sicherheitseinrichtungen im Fachraum kennen. → 3 – 8

Beachte im Notfall:
- **Drücke den Not-Aus-Schalter.**
- **Hole Hilfe.**
- **Hilf anderen Personen.**
- **Verlasse schnellstmöglich den Raum über die Fluchtwege.**

Aufgabe

1 Sicherheitseinrichtungen
a ☒ Nenne sie.
b ☒ Beschreibe, wann du sie nutzt.
c ☒ Beschreibe den Fluchtweg aus eurem Fachraum bis zum Sammelplatz der Schule.

Not-Aus-Schalter • Drücke im Notfall zuerst den Not-Aus-Schalter. Er sperrt sofort die Gaszufuhr. Außerdem wird der Strom im Fachraum ausgeschaltet.

3

Fluchtwege • Fluchtwege sind mit einem grünen Schild markiert. Präge dir die Fluchtwege gut ein, sodass du sie auch im Dunkeln finden kannst.

4

Notfalltelefon • Auf dem Notfalltelefon ist eine Telefonnummer notiert. Rufe sie vom Notfalltelefon aus an, wenn du oder andere Hilfe benötigen.
Hilfe findest du auch im nächsten Klassenzimmer oder im Sekretariat. Bleibe ruhig und gib genau Auskunft, was passiert ist.

5

Feuerlöscher und Löschsand • Lass dir von deinem Lehrer oder deiner Lehrerin zeigen, wie man den Feuerlöscher bedient.
Lösche brennendes Benzin nur mit Löschsand. Auf keinen Fall darfst du Wasser verwenden!
Bringe dich nie selbst in Gefahr. Wenn du ein Feuer nicht selbst löschen kannst, musst du den Raum schnell über den Fluchtweg verlassen.

6

Erste-Hilfe-Kasten • Er enthält Pflaster für kleinere Verletzungen sowie Verbände und Wundauflagen für größere Verletzungen.

7

Augendusche • Wenn du ätzende Stoffe oder Flüssigkeiten ins Auge bekommen hast, kannst du oder eine helfende Person sie mit der Augendusche herausspülen.

8

Physik – dein neues Schulfach

1 Warum steht hier das Bild auf dem Kopf?

In der Natur kann man spannende Dinge beobachten. Dabei entstehen Fragen, die mit Experimenten beantwortet werden können.

₅ **Physik – eine Naturwissenschaft •** In der Naturwissenschaft Physik bemüht man sich, Vorgänge und Erscheinungen in

der Natur besser zu verstehen. Physik ist also etwas für Neugierige. Du wirst ₁₀ selbst Sachen ausprobieren und erforschen können.

Beim Untersuchen von Vorgängen und Erscheinungen in der Natur werden Fragen an die Natur gestellt. Diese ₁₅ Fragen werden durch Experimente beantwortet. Beim Experimentieren ist es wichtig, genau zu beobachten und alles exakt zu beschreiben → **2**

Oft reichen Augen und Ohren zum Be₂₀ obachten nicht aus. Daher kommen beim Experimentieren Messgeräte zum Einsatz. → **3** Einfache Messgeräte kennst du sicher schon: Lineal, Stoppuhr oder Thermometer.

> Die Physik erklärt Vorgänge und Erscheinungen in Natur und Technik. Im Physik-Unterricht werdet ihr dazu experimentieren, beobachten, messen und dokumentieren.

Aufgaben

1 ✈ Beschreibe, wie die Physik vorgeht, um Erscheinungen in der Natur besser zu verstehen.

2 ✈ Nenne Messgeräte, die beim Experimentieren eingesetzt werden.

3 In den Bildern 2 und 3 wird experimentiert.
a ✈ Beschreibe, was die Schülerinnen und Schüler untersuchen.
b ✉ Vermute, welche Frage sie an die Natur gestellt haben.

2 Genau beobachten

3 Messen und protokollieren

Material A

Schattenbilder

Materialliste: Teelicht, Pappstreifen, weißes Blatt

1 ☒ Erzeuge ein Schattenbild
mit dem Teelicht und dem
Pappstreifen auf dem wei-
ßen Blatt. → 4 Beschreibe,
wie du vorgehst,

a um ein möglichst kleines
Schattenbild zu bekommen.
b um ein möglichst großes
Schattenbild zu erhalten.

2 ☒ Schreibe den Ergebnissatz
in dein Heft und fülle die
Lücken: Je ◇ der Abstand
zum Teelicht, desto ◇ ist
das Schattenbild.

Teelicht

weißes
Blatt

Pappstreifen

4

Material B

Kinderleicht?

Materialliste: leere Wasser-
flasche, Papierkügelchen

1 Es kann doch nicht schwer
sein, das Kügelchen in die
Flasche zu pusten! → 5
Versuche es
selbst einmal!

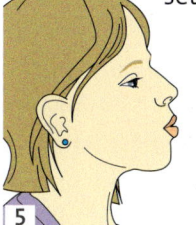
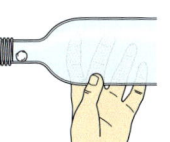

5

Material C

Wetter am Morgen

Materialliste: Thermometer

1 ☒ Beobachte eine Woche
lang jeden Morgen das
Wetter. Dokumentiere deine
Beobachtungen in einer Tabelle. → 6

Datum	11.8.	12.8.
Wolken?	ja	?
Regen?	nein	?
Sonne?	nein	?
Tempera-tur	16 Grad Celsius	?

6 Beispieltabelle

Material D

Wer tönt denn da?

Materialliste: mehrere Stimmgabeln (darunter 2 gleiche)
auf Resonanzkästen

1 Schlage eine der beiden
gleichen Stimmgabeln an –
und halte ihre Zinken gleich
wieder fest. → 7 Ist der
Ton jetzt vorbei?
☒ Vermute eine Erklärung.

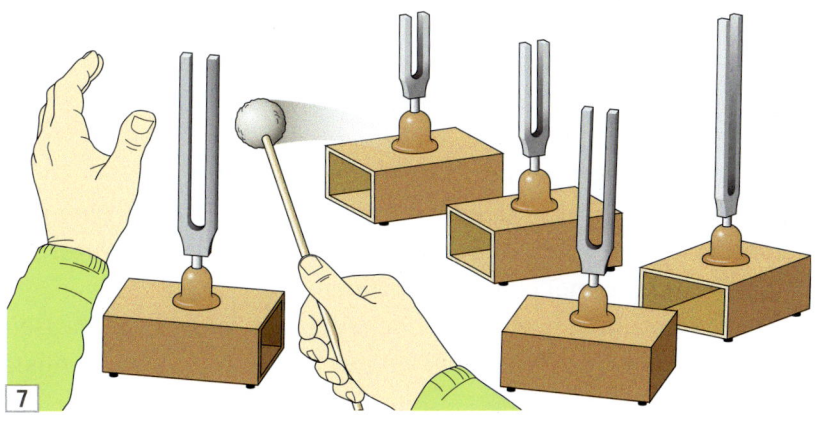

7

Physik – dein neues Schulfach

Methode

Messen

[1] Waage

[2] Fahrradcomputer

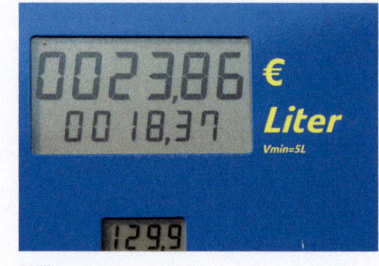

[3] Tanksäule

Messen im Alltag und in der Physik • Im Alltag haben wir ständig mit Messungen zu tun: Im Supermarkt wird Obst und Gemüse gewogen und so die Masse bestimmt. ➡ [1] Der Computer am Fahrrad misst die Länge des Wegs, den wir zurückgelegt haben. ➡ [2] Beim Tanken misst die Tanksäule das Volumen des abgefüllten Kraftstoffs. ➡ [3]
In der Physik messen wir, um Vorgänge in der Natur und Technik möglichst genau beschreiben zu können. Aus Messwerten lassen sich Regeln und Gesetze ablesen, mit denen dann Vorhersagen getroffen werden können.

Messen bedeutet vergleichen • Um die Länge des Klassenzimmers zu bestimmen, nutzen wir als Messgerät ein Maßband. Bei der Messung vergleichen wir die unbekannte Länge des Klassenzimmers mit einer bekannten Länge: dem Meter. ➡ [4]
Beim Wiegen vergleichen wir eine unbekannte Masse mit der bekannten Masse eines Wägestücks.
Das Volumen einer Flüssigkeit können wir bestimmen, indem wir sie mit den Angaben in einem geeichten Messbecher vergleichen.

Angabe von Messwerten • Ein Messwert besteht immer aus zwei Teilen, dem Zahlenwert und der Einheit. Der Zahlenwert gibt an, der wievielte Teil oder welches Vielfache der Einheit gemessen wurde. Beispiel: Die Körperlänge einer Person wurde mit 1,51 Meter gemessen. Das bedeutet, dass die Körperlänge das 1,51-fache der Einheit 1 Meter beträgt. ➡ [5]

[4] Gliedermaßstab: 151 Zentimeter = 1,51 Meter

Länge = 1,51 Meter
Zahlenwert Einheit

[5] Zahlenwert und Einheit

Aufgaben

1 ⊠ Nenne Situationen, in denen im Alltag gemessen wird.

2 ⊠ „Messen bedeutet vergleichen." Erkläre diese Aussage.

Material E

Komplizierte Längenmessung

Das Messen gerader Strecken ist recht einfach. Schwieriger wird es, wenn der Gegenstand rund ist oder unregelmäßig geformt.

Materialliste: Maßband, Lineal mit Zentimeterskala, Bindfaden, verschiedene Gegenstände → 6

1 ☑ Bestimme den Umfang verschiedener Gegenstände: Tisch, Konservendose, Blatt eines Baumes, Reifen deines Fahrrads … Gib die Messwerte in Metern an.

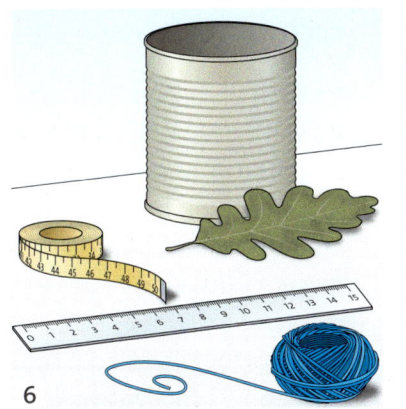

6

Material F

Wie schwer ist das Physikbuch?

Materialliste: Balkenwaage, Schokoladentafeln, Schokoriegel, Margarinepackungen

1 ☑ Bestimme mit den angegebenen Materialien, wie schwer dein Physikbuch ist. → 7 Gib den Messwert in Kilogramm an.

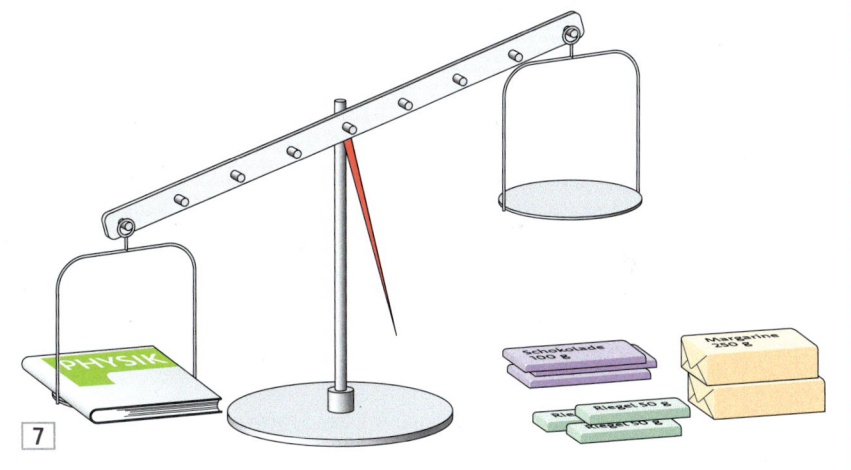

7

Material G

Wie viel ist da drin?

Materialliste: teilweise gefüllte Getränkedose, teilweise gefüllte Getränkeflasche, Becherglas mit Milliliter-Skala

1 ☑ Überprüfe mit dem Becherglas als Messgerät, wie viel Flüssigkeit jeweils in der Dose und der Flasche ist. → 8
Gib die Messwerte in Litern an.

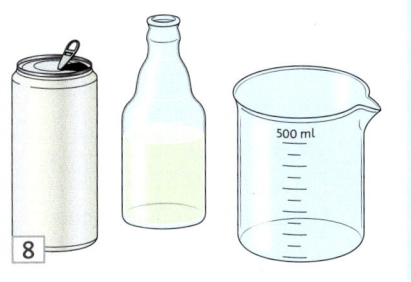

8

Physik – dein neues Schulfach

Fachwörter lernen

Im Fach Physik werden Wörter gebraucht, die du vielleicht noch nicht kennst. Wir nennen sie Fachwörter. Manche Fachwörter kennst du vielleicht schon aus dem Alltag, aber mit einer anderen Bedeutung als im Physikunterricht. In diesem Buch sind neue Fachwörter immer rechts oben auf der Basisseite notiert. Weitere Fachwörter wird dir die Lehrerin oder der Lehrer nennen. Fachwörter kannst du dir einprägen, indem du sie auflistest und ihre Bedeutung notierst. So gehst du vor:

1. Fachwortliste anlegen Schreibe in die erste Spalte der Liste das Fachwort auf, mit dem Artikel (der, die, das). ➞ 1 Bei Verben notierst du die Grundform (Infinitiv). In der Spalte daneben schreibst du, was das Wort bedeutet. Die Bedeutung findest du aus dem Text heraus oder du schreibst dazu selbst ein paar Worte. Du kannst auch zusätzlich ein Beispiel für die Verwendung angeben.

Fachwort	Bedeutung
der Magnet …	… ist ein Gegenstand, der Stoffe aus Eisen, Nickel und Cobalt anzieht.
der Magnetpol …	… ist der Ort, an dem die Anziehung eines Magneten besonders groß ist.
die Anziehung …	… ist die Wirkung eines Magneten auf Stoffe aus Eisen, Nickel und Cobalt.
magnetisieren	Eisen mit einem Magneten magnetisch machen

1 Beispiel für eine Fachwortliste

2. Fachwörter lernen Solch eine Fachwortliste solltest du in deiner Mappe aufbewahren und immer weiter ergänzen. Zum Lernen kannst du die Fachwortliste nutzen wie eine Vokabelliste im Englisch-Unterricht: Verdecke eine Spalte und nenne den Begriff oder seine Bedeutung. Das macht in einer Lernpartnerschaft noch mehr Spaß.

Du kannst auch eine Lernkartei erstellen. Auf die Vorderseite jeder Karte schreibst du das Fachwort und auf die Rückseite seine Bedeutung.

Tipp: Mit Erlaubnis deiner Eltern kannst du kostenfreie Apps herunterladen, mit denen du eine digitale Lernkartei oder ein Quiz zu Fachwörtern erstellen kannst. ➞ 2

2 Lernen mit der digitalen Lernkartei

Aufgabe

1 ☑ Übernehme den Anfang der Fachwortliste in dein Heft und ergänze sie um weitere fünf Begriffe aus dem Kapitel Magnetismus. ➞ 1

Schwierige Wörter verständlich machen

Wettervorhersage • Tausende Wetterstationen messen Temperatur, Luftdruck, Luftfeuchtigkeit sowie Stärke und Richtung des Winds automatisch. Die Messwerte werden an Computer übermittelt. Dazu kommen die Daten von Radarstationen und Wettersatelliten. Die Satelliten fotografieren die Erde aus dem All und ermitteln die Bewölkung und die Temperatur. Die Computer berechnen dann Vorhersagen. Bauern können dann die Trockenheit des Bodens und das Wachstum der Pflanzen einschätzen.

3 Ausschnitt aus einem Fachtext

Wort	Herkunft und Bedeutung
der Wettersatellit	zusammengesetzt aus *das Wetter* und *der Satellit* (Raumfahrzeug), Bedeutung: Raumfahrzeug zur Wetterbeobachtung
die Trockenheit	stammt vom Adjektiv *trocken*, Bedeutung: wie trocken (der Boden) ist
das Wachstum	stammt vom Verb *wachsen*, Bedeutung: wie gut oder wie schnell (die Pflanzen) wachsen

4 Beispielliste

Die Texte in diesem Buch sind Fachtexte. Sie enthalten oft schwierige oder unbekannte Wörter. → 3 Fachwörter kannst du mit einer Fachwortliste erschließen. Schwierig sind oft auch Nomen, die zusammengesetzt sind oder von Verben oder Adjektiven stammen. So gehst du vor, um sie verständlich zu machen:

1. Schwierige Wörter notieren Notiere schwierige Wörter aus dem Text mit dem Artikel in eine Liste. → 4 Von Verben stammen oft Nomen mit den Endungen „-ung" oder „-tum". Nomen von Adjektiven haben die Endungen „-heit" oder „-keit".

2. Schwierige Wörter umschreiben
Du verstehst die Nomen leichter, wenn du die Herkunft der Nomen klärst. → 4
Markiere in der Liste zusammengesetzte Wörter, Nomen aus Verben und Nomen aus Adjektiven jeweils mit einer anderen Farbe.
Bei zusammengesetzten Wörtern hilft es, sie in ihre Bestandteile zu zerlegen. Überlege, was die Bestandteile bedeuten. Wenn du die Bedeutung nicht kennst, schlage sie nach, zum Beispiel in einem Wörterbuch. Notiere, was das zusammengesetzte Wort bedeutet.
Schreibe zu den Nomen aus Adjektiven und Verben das Wort, von dem sie stammen. Ergänze jeweils, was sie bedeuten.

Aufgabe

1 ☒ Lies den Beispieltext. → 3 Übernimm die Beispielliste in dein Heft. → 4
a Notiere weitere schwierige Wörter aus dem Text. Markiere sie je nach Typ farbig.
b Nenne Herkunft und Bedeutung der Wörter.

Magnete im Alltag

Eine Stecknadel im Heu zu finden ist sehr schwierig. Es gibt aber eine Hilfe ...

Gerade lässt der Magnet am Kran eine Ladung Eisenschrott fallen. Welche Magnete kann man abschalten?

Der Kompass zeigt die Himmelsrichtungen an. Hier spielen Magnetfelder die Hauptrolle. Was sind Magnetfelder?

Magnete und ihre Eigenschaften

1 | Warum fallen die Buchstaben nicht vom Kühlschrank ab?

Materialien zur Erarbeitung: A–E

Stabmagnete

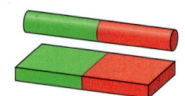

Bügelmagnet

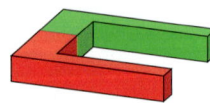

Hufeisenmagnet

Scheibenmagnete

Kompassnadel

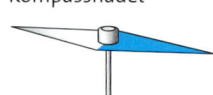

Magnete sorgen für Halt. Ziehen sie alle Gegenstände an?

Anziehung • Magnete gibt es in vielen Formen. → 2 Mit ihnen kann man
5 feststellen, ob ein Gegenstand Eisen enthält. → 3

> Magnete ziehen Gegenstände an, die Eisen (Nickel, Cobalt) enthalten.

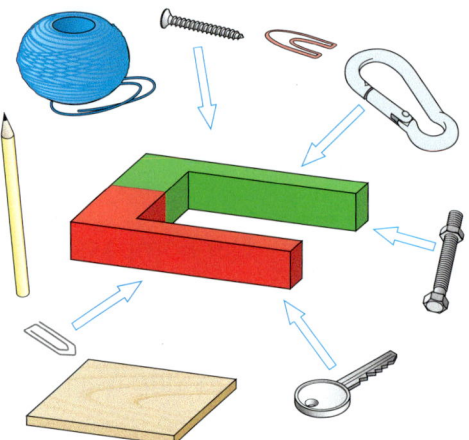

Magnetpole • Wenn man einen Stab-
10 magneten in eine Schachtel mit Nägeln hält, bleiben an seinen Enden besonders viele Nägel hängen. → 4 Hier befinden sich die Pole des Magneten. Ein frei aufgehängter Stabmagnet
15 dreht sich in Nord-Süd-Richtung. → 5 Der Magnetpol, der nach Norden zeigt, wird als Nordpol bezeichnet.

> Die Anziehung eines Magneten ist an seinen Polen besonders groß. Jeder Magnet hat (mindestens) einen Nordpol und einen Südpol.

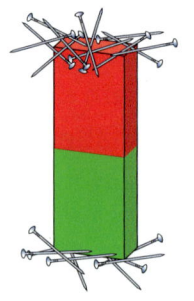

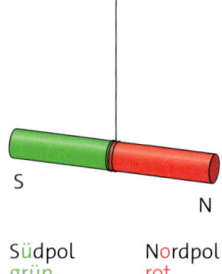

S

N

Südpol
grün

Nordpol
rot

2 | Dauermagnete   3 | Der Magnet zieht Eisen an.   4 | Magnetpole   5 | Südpol/Nordpol

Anziehen – Abstoßen • Ein Magnet und ein Gegenstand aus Eisen ziehen sich immer gegenseitig an. Zwei Mag-
25 nete können sich ebenfalls anziehen – oder abstoßen. → 6 Es kommt darauf an, welche Pole sich gegenüberstehen:

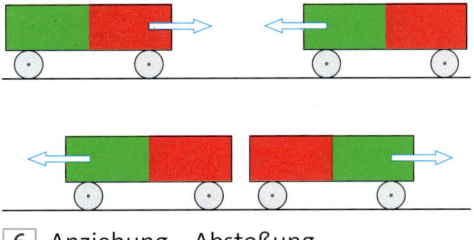

6 Anziehung – Abstoßung

> Ungleiche Pole zweier Magnete ziehen sich an.
> Gleiche Pole zweier Magnete stoßen sich ab.

Magnetfeld und Abschirmung • Ein Magnet zieht Gegenstände aus Eisen
35 und andere Magnete an – ohne sie zu berühren. Seine Anziehung reicht weit.

> Als Magnetfeld bezeichnen wir den Bereich um einen Magneten, in dem er seine Wirkung zeigt.

40 Der Magnet wirkt durch einen Karton hindurch, nicht aber durch ein Eisenblech. → 7

Starke Magnete • Bringt man mehrere Magnete so zusammen, dass gleiche
45 Pole in dieselbe Richtung zeigen, verstärkt sich die Wirkung. → 8

Aufgaben

1 ☑ Nenne Stoffe, die von Magneten angezogen werden.

2 ☑ Beschreibe, wie du herausfinden kannst, wo die Pole eines Magneten sind.

3 ☒ „Magnete ziehen sich immer gegenseitig an."
Nimm Stellung dazu.

4 ☒ Gib an, welche Büroklammer sich im Magnetfeld des Stabmagneten befindet. → 7
Begründe.

5 ☒ Gestalte ein Plakat, auf dem alle Eigenschaften eines Stabmagneten zusammengefasst sind.

Basiskonzept

Wechselwirkung
→ Seite 188 f.

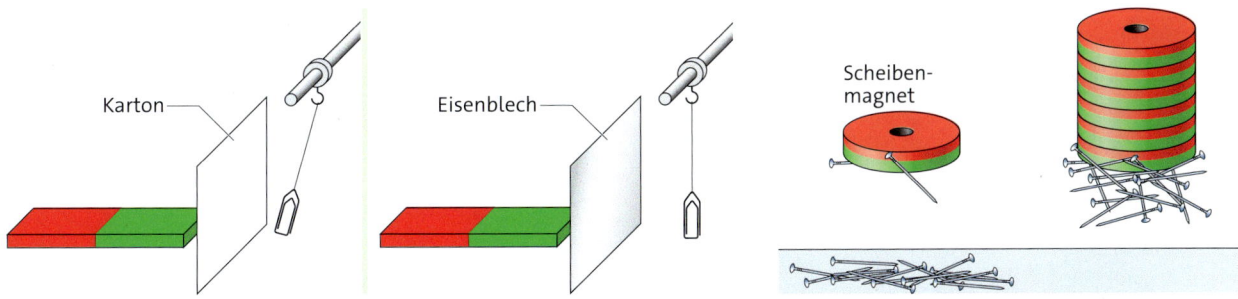

7 Eisenblech schirmt das Magnetfeld ab, ein Karton nicht

8 Starke Magnete aus vielen Magneten

Magnete und ihre Eigenschaften

Material A

Welche Gegenstände zieht ein Magnet an?

Materialliste: Magnet, verschiedene Gegenstände

1 Prüfe, welche Gegenstände ein Magnet anzieht.

a ☑ Trage deine Beobachtungen in eine Tabelle ein. → 1
b ☑ Wenn die Gegenstände aus nur einem Stoff bestehen, gib ihn an.
c ☒ Schreibe eine Regel auf, welche Stoffe von Magneten angezogen werden.

Gegen-stand	Vom Magne-ten angezogen	Stoff
Ohrring	nein	Silber
Schere	ja	?
Nagel	ja	?
...	...	...

1 Beispieltabelle

Material B

Wo ist die Anziehung am stärksten?

Materialliste: Stabmagnet, Nagel aus Eisen, Nähgarn

1 Der Nagel soll die Mitte des Magneten treffen. → 2
a ☑ Beschreibe deine Beobachtungen.
b ☒ Die Stellen des Magneten mit der stärksten Anziehung heißen Pole.
Notiere, wie viele Pole der Stabmagnet hat und wo sie liegen.

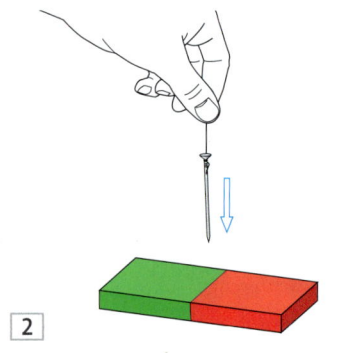

2

Material C

Ziehen sich zwei Magnete immer an?

Materialliste: 2 Stabmagnete, 4 Rollen (nicht aus Eisen)

1 Ein Stabmagnet hat zwei Pole. Der eine Pol ist oft rot gefärbt, der andere grün.
a ☑ Lege die Magnete im Abstand von etwa 5 cm auf Rollen. → 3 Nähere sie einander. Notiere deine Beobachtungen.
b ☒ Stelle eine Regel auf: Gleiche Pole ◇?◇, ungleiche Pole ◇?◇.

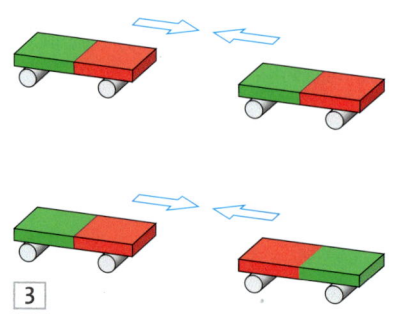

3

Material D

Magnet „abschirmen"

Materialliste: Stabmagnet, Büroklammer aus Eisen, Nähgarn, Karton, Holzplatte, Glasplatte, Alublech, Eisenblech, Kupferblech, Stativmaterial

1 Schiebe die Platten und Bleche einzeln und nacheinander zwischen den Magneten und die Büroklammer. → 4
☑ Notiere deine Beobachtungen in einer Tabelle.

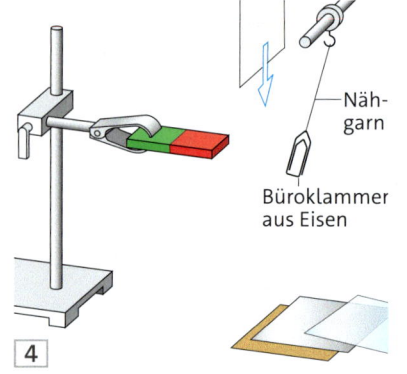

Nähgarn

Büroklammer aus Eisen

4

Material E

Mehrere Magnete

Materialliste: viele Scheiben-magnete, 2 Stabmagnete, 1-Cent-Münzen, Stativmaterial

1 ◪ Jeder Scheibenmagnet hat zwei Pole.
a Finde heraus, wo die Pole des Scheibenmagneten sind.
b Lege mehrere Scheibenmag-nete so aufeinander, dass sie zusammen besonders stark wirken.
Beschreibe, wie es gelingt.

2 Hänge so viele Münzen untereinander an den Pol eines Stabmagneten, wie der Magnet gerade noch halten kann. ➡ 5
Nähere dann einen zweiten Stabmagneten – mal mit dem gleichen Pol, mal mit dem anderen.
a ◪ Notiere deine Beobach-tungen.
b ◪ Stelle eine Regel auf.

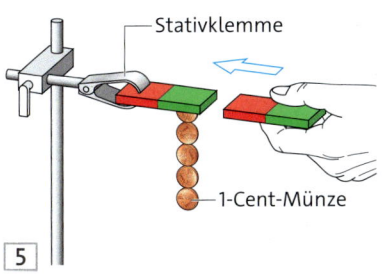

5

Material F

Magnete im Einsatz

1 ◪ Übertrage die Zeichnun-gen in dein Heft. ➡ 6 7
Ergänze die richtigen Pole.

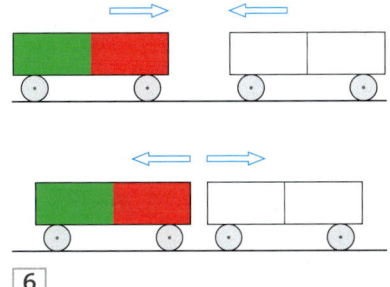

6

2 ◪ Der gelbe „Käfer" gleitet über die Pappe – wie von Geisterhand bewegt. ➡ 8
a Erkläre das Kunststück.
b Denke dir ein eigenes Kunst-stück aus und führe es vor.

8

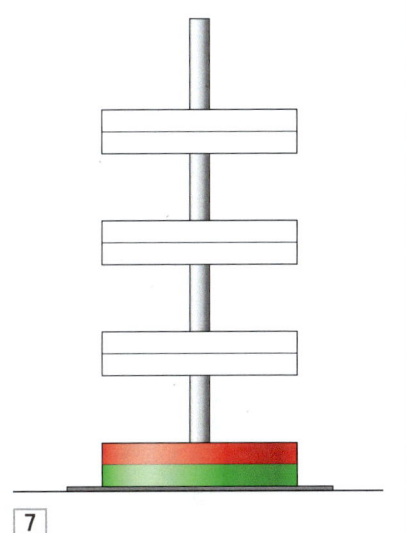

7

3 Die Einzelteile eines Fahr-rads bestehen aus verschie-denen Stoffen.
a ◪ Beschreibe, wie du die Teile herausfinden kannst, die Eisen enthalten.
b ◪ Untersuche dein Fahrrad und notiere die Ergebnisse in einer Tabelle. ➡ 9

Gegenstand	Stoff
Lenker	Eisen
Rahmen	?
Sattel	?
Sattelstütze	?
Schutzblech	?
Felge	?
Speiche	?
Kette	?
...	...

9 Beispieltabelle

Magnete und ihre Eigenschaften

Einen Versuch durchführen und protokollieren

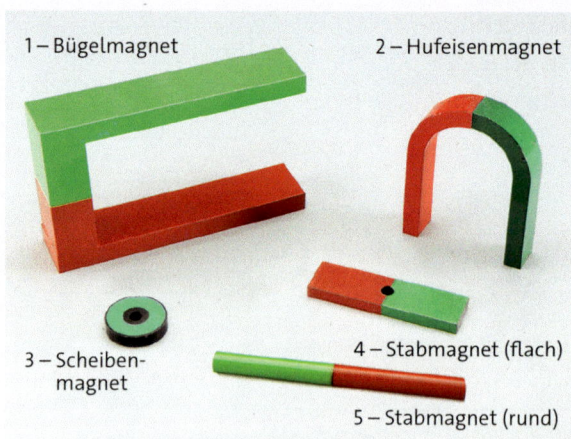

1 – Bügelmagnet
2 – Hufeisenmagnet
3 – Scheiben-magnet
4 – Stabmagnet (flach)
5 – Stabmagnet (rund)

1 Welcher Magnet ist der stärkste?

Versuche geben Antworten • Jeder Magnet zieht Gegenstände aus Eisen an. Manche Magnete sind so stark, dass man den Eisengegenstand nur noch schwer wieder abziehen kann. Andere Magnete sind dagegen sehr schwach. Wenn ihr mehrere Magnete vergleichen möchtet, wäre eine mögliche Fragestellung: Welcher Magnet ist der stärkste? → 1
Am Anfang eines jeden Versuchs steht solch eine Frage. Sicher habt ihr Vermutungen, wie die Antwort lauten könnte. Ihr könnt sie durch Messungen überprüfen.

Versuchsprotokoll • Das Protokoll hilft euch, über den Versuch zu sprechen. Ihr könnt so eure Ergebnisse mit denen eurer Mitschülerinnen und Mitschüler vergleichen und Gesetze der Natur erkennen.
Legt das Protokoll vor dem Versuch an. Notiert und zeichnet darin, was zu jedem einzelnen Schritt des Versuchs gehört.

1. Fragestellung Formuliert, was ihr herausfinden wollt. Schreibt es in euer Protokoll. → 2

2. Vermutungen Sprecht in der Gruppe über eure Vermutungen und notiert sie.

3. Planung Überlegt, mit welcher Versuchsidee ihr die Versuchsfrage beantworten wollt. Legt eine Materialliste an. Skizziert den Versuchsaufbau mit allen Geräten. → 2

4. Durchführung Führt den Versuch nach eurer Planung durch.
Beschreibt im Protokoll, was ihr gemacht habt. Auch die Reihenfolge ist wichtig, damit der Versuch in gleicher Weise wiederholt werden kann.

5. Beobachtung Haltet genau fest, was ihr gesehen, gehört, gerochen, gefühlt oder gemessen habt. Manchmal müsst ihr einen Versuch wiederholen. Stellt eure Ergebnisse übersichtlich dar, zum Beispiel in einer Tabelle. → 2

6. Auswertung Fasst eure Beobachtungen kurz zusammen. Denkt an eure Fragestellung und beantwortet sie zum Schluss.
Überprüft eure Vermutungen.

Aufgaben

1 ☒ „Protokolle sollen immer den gleichen Aufbau haben." Begründe die Aussage.

2 ☒ Beschreibe den Unterschied der Protokollpunkte „Durchführung" und „Beobachtung".

Versuchsprotokoll

Namen: Anton, Daniela, Kubilay   Datum: 14.3.20..

Fragestellung:
Welcher Magnet ist der stärkste?

Vermutungen:
Anton meint, der Bügelmagnet (Nr. 1) ist am stärksten. Daniela vermutet, der flache Stabmagnet (Nr. 4) ist der stärkste. Kubilay meint, dass der Hufeisenmagnet (Nr. 2) der stärkste ist.

Versuchsidee:
Wir messen die Stärke des Magneten, indem wir Eisenscheiben mit dem Magneten hochheben. Am stärksten ist der Magnet, der die meisten Scheiben heben kann.

Materialliste: verschiedene Magnete mit Nummern, Unterlegscheiben aus Eisen

Durchführung:
Wir haben die Unterlegscheiben zu einem Turm gestapelt. Dann haben wir einen Magneten an die Oberseite des Turms gehalten und ihn langsam hochgezogen. Dann haben wir gezählt, wie viele Scheiben mit dem Magneten hochgehoben wurden.

Versuchsskizze:

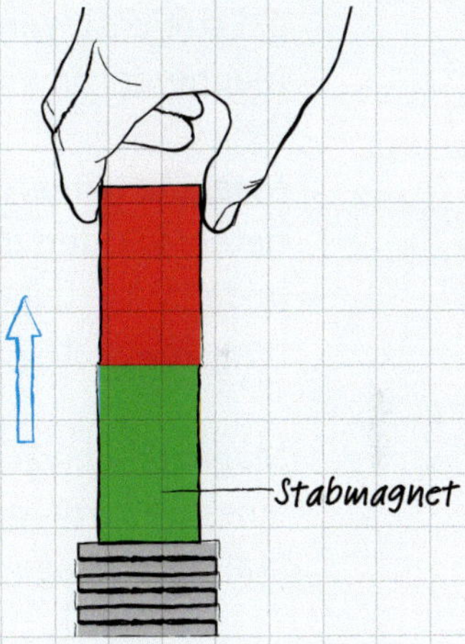

Stabmagnet

Beobachtung:

Magnet Nr.	1	2	3	4	5
Anzahl der angehobenen Scheiben	12	10	4	8	7

Auswertung:
Die meisten Scheiben konnte der Bügelmagnet heben. Dieser Magnet ist der stärkste. Die Vermutung von Anton stimmte.

2 | Beispiel für ein Versuchsprotokoll

Magnete – ganz elementar

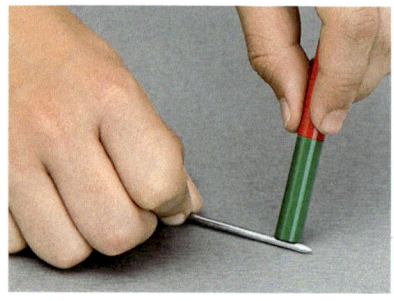

1 Der Nagel wird magnetisiert.

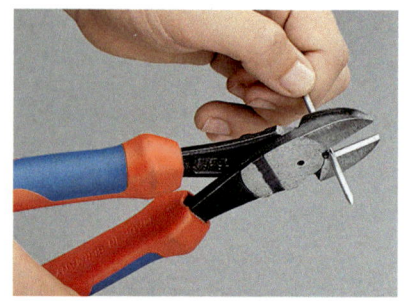

2 Der Magnet wird geteilt.

3 Der Magnet wird geschwächt.

Material zur
Erarbeitung: A

Dauermagnete kann man herstellen, teilen und schwächen. Was geschieht dabei im Magneten?

Magnete herstellen • Wenn du mit
5 einem Magneten über einen Eisenna-
gel streichst, wird der Nagel selbst zum Magneten. Er wird magnetisiert. → 1

Magnete teilen • Wenn du einen Magneten, z. B. den magnetisierten Nagel,
10 in der Mitte teilst, erhältst du zwei neue Magnete – mit zwei Polen. → 2

Magnete schwächen • Die Wirkung eines Dauermagneten lässt sich durch kräftige Schläge schwächen. → 3

Basiskonzept

Struktur der Materie
→ Seite 188 f.

15 **Elementarmagnete** • Wie lässt sich das Herstellen, Teilen und Schwächen von Magneten erklären? Zur Erklärung nut-zen wir eine einfache Vorstellung vom inneren Aufbau der Magnete: → 4

Wir stellen uns vor, dass jeder Magnet aus ganz vielen „Mini-magneten" (Elementarmagneten) besteht. Im Magneten sind alle Elementarmagnete in derselben Richtung ausgerichtet und verstär-ken sich in ihrer Wirkung.

Streicht man mit einem Magneten über ein unmagnetisches Eisenstück, werden die Elementarmagnete alle in
30 derselben Richtung ausgerichtet. Heftige Schläge bringen die Ausrich-tung der Elementarmagnete durch-einander. → 5 Sie schwächen sich nun in ihrer Wirkung gegenseitig ab.

Aufgaben

1 ⊠ Ein unmagnetisierter Nagel und ein magnetisierter Nagel sehen von außen gleich aus. Beschreibe, wie sich ihr Aufbau in unserer Vorstel-lung unterscheidet.

2 ⊠ Erkläre, wieso beim Teilen des magnetisierten Nagels zwei Magne-te mit Nord- und Südpol entstehen. Fertige eine Skizze dazu an.

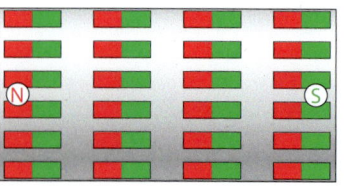

4 Aufbau eines Magneten

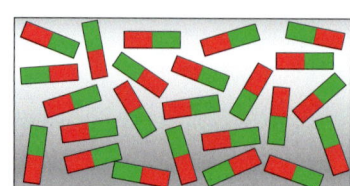

5 Unmagnetisiertes Eisen

Material A

Einen Magneten herstellen, teilen und schwächen

Materialliste: Stabmagnet (möglichst stark), gerader Eisendraht (20 cm), Kompassnadel, Kneifzange, Hammer, Büroklammern aus Eisen

1 ☒ So wird der Draht zum Magneten: Bestreiche ihn von einem Ende zum anderen mit dem Stabmagneten. ➔ 1
Stelle nun mit der Kompassnadel fest, an welchem Ende des Drahts der magnetische Nordpol liegt und an welchem der Südpol.

2 ☒ Teile den magnetisierten Draht mit einer Kneifzange in zwei gleiche Teile. ➔ 2
Prüfe, ob die Drahtteile noch immer magnetisiert sind. Teile ein Drahtteil noch einmal. Prüfe wieder.

3 ☒ Nimm ein kurzes magnetisiertes Drahtteil. Prüfe seine magnetische Wirkung: Wie viele Büroklammern hält es? Lege das Drahtteil dann auf eine unempfindliche, harte Unterlage und schlage mit dem Hammer darauf. ➔ 3
Prüfe wieder die magnetische Wirkung des Drahtteils.

Material B

Geteilter Magnet

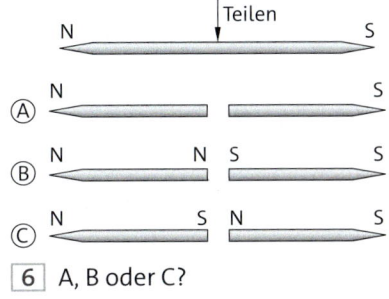

6 A, B oder C?

1 Eine Stricknadel aus Eisen ist magnetisiert. ➔ 6 Jetzt wird sie in der Mitte geteilt.
a ☒ Gib an, wo die Pole der Nadelhälften richtig dargestellt sind: bei A, B oder C.
b ☒ Begründe deine Angabe. Verwende dazu die Vorstellung von den Elementarmagneten.

Material C

Elementarmagnete

1 ☒ Jede Person aus der Klasse spielt einen Elementarmagneten. Dafür kommt auf die eine Handfläche ein N für Nordpol und auf die andere ein S für Südpol. ➔ 7
a Bewegt euch mit ausgebreiteten Armen frei im Klassenraum. Auf ein Signal hin haltet ihr an. Stellt eure Klasse jetzt einen Magneten dar? Begründet eure Antwort.
b Bildet jetzt einen großen Magneten. Beschreibt, wie ihr vorgeht.
c Teilt den großen Magneten in der Mitte.
d Schwächt den Magneten.

7 „Elementarmagnete"

Elektromagnete

1 | Ein Stahlcontainer wird verladen.

Der Stahlcontainer hängt an einem starken Magneten. Zum Ablegen wird der Magnet einfach ausgeschaltet!

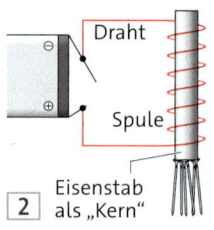

Draht

Spule

Eisenstab als „Kern"

2 |

Elektromagnete • Der Magnet am Kran
5 besteht aus einem aufgewickelten
Draht und einem „Kern" aus Eisen.
→ 2 Der aufgewickelte Draht wird
Spule genannt. Wenn ein elektrischer
Strom durch die Spule fließt, wirkt
10 sie wie ein Magnet. Der Eisenkern
verstärkt die Wirkung.
Der Elektromagnet hat einen Nord-
und einen Südpol. → 3 Die Pole
werden vertauscht, wenn man die
15 Anschlüsse an der Batterie tauscht.
Je mehr Windungen die Spule hat,
desto stärker ist der Elektromagnet.
Ohne Strom verliert der Elektromagnet seine Wirkung. → 4

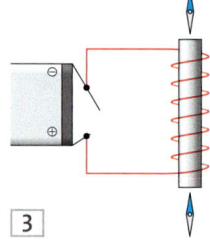

3 |

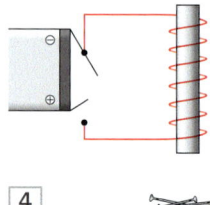

4 |

Elektromagnete bestehen aus einer
Spule mit Eisenkern. Bei eingeschal-
tetem Strom wirken sie wie Dauermagnete. Aber ihre Magnetpole
können vertauscht werden.

25 **Draht und Magnetfeld** • Eine strom-
durchflossene Spule ist also ein Magnet. Wie ist das möglich?
Vor rund 200 Jahren machte der däni-
sche Forscher Hans Christian Oersted
30 eine wichtige Entdeckung. Er hielt
einen Draht über eine Kompassnadel.
→ 7 Wenn er elektrischen Strom
durch den Draht schickte, wurde die
Nadel abgelenkt. Der Draht war also
35 von einem Magnetfeld umgeben.
Biegt man den Draht zu einem offenen
Ring, so wirkt er wie ein schwacher
Scheibenmagnet. → 5 Eine Spule
wirkt wie ein stärkerer Magnet aus
40 vielen Scheibenmagneten.

Jeder Draht, durch den elektrischer
Strom fließt, ist von einem Magnetfeld umgeben.

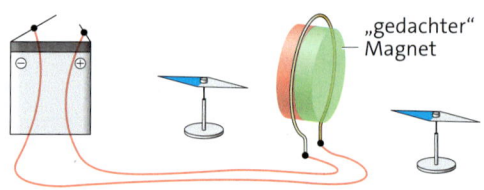

„gedachter"
Magnet

5 | Der Drahtring wirkt wie ein Magnet.

Aufgaben

1 ☑ Nenne die Bauteile, aus denen
ein Elektromagnet besteht.

2 ☑ Nenne die Aufgabe des Eisenkerns im Elektromagneten.

3 ☑ „Der Elektromagnet ist magnetisch, weil er einen Eisenkern hat."
Nimm Stellung dazu.

Material A

Elektromagnet – selbst bauen und untersuchen

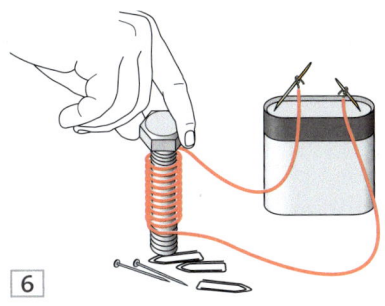

6

Materialliste: lackierter Kupferdraht (1 m lang, 0,2 mm dick), Eisenschraube, frische Batterie (4,5 V), Nägel (Büroklammern) aus Eisen, Kompassnadel, dünner Klebestreifen, Schleifpapier

1 Umwickle das Gewinde der Schraube erst mit einer Lage Klebestreifen und dann mit dem Draht (immer in glei-

cher Richtung wickeln). → 6 Schleife den Lack von den Drahtenden ab. Schließe den Draht kurz an die Batterie an:
a ☑ Prüfe, ob du einen Magneten hergestellt hast.
b ☒ Prüfe, ob der Magnet zwei Pole hat.
c ☑ Tausche die Drahtenden an der Batterie. Wiederhole die Versuche.

Material B

Magnetisches Kabel?

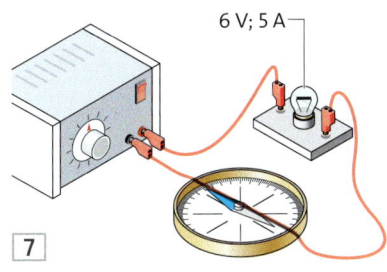

6 V; 5 A

7

Materialliste: Kompass, 2 lange Kabel, Glühlampe (6 V; 5 A), Fassung, Netzgerät (6 V)

1 ☑ Lege ein Kabel genau über die Kompassnadel. → 7
a Schalte das Netzteil ein. Beobachte die Kompassnadel. Zeichne rasch auf, wie sie

sich ausrichtet. Schalte das Netzteil dann wieder aus.
b Vertausche die Anschlüsse am Netzteil. Schalte es wieder ein. Vergleiche mit Teil a.

Achtung • Netzgerät nicht lange einschalten, Kabel können heiß werden!

Material C

Dauermagnet und Elektromagnet im Vergleich

1 Hier sind die Eigenschaften von Dauer- und Elektromagneten durcheinandergeraten. → 8
☑ Ordne die Eigenschaften dem Dauer- und dem Elektromagneten in einer Tabelle zu.

8

• Der Magnet lässt sich ausschalten.
• Der Magnet und Gegenstände aus Eisen ziehen sich an.
• Der Magnet hat einen Nordpol und einen Südpol.
• Der Magnet besteht aus zwei Bauteilen.
• Der Magnet lässt sich nicht ausschalten.
• Der Magnet hat ein Magnetfeld.
• Der Magnet besteht aus einem Teil.
• Die Pole des Magneten lassen sich vertauschen.

Magnetfelder sichtbar machen

1 Elektromagnet auf einem Schrottplatz

Materialien zur Erarbeitung: A, B

Der Elektromagnet hält viele kleine Eisenteile fest. Sie bilden einen merkwürdig geformten „Bart". Wie kommt das?

Feldlinien • Feine Eisenspäne verteilen
5 sich in der Nähe eines Magneten nicht
zufällig. → 2 3 Sie ordnen sich zu
Mustern. Diese Muster machen die
Magnetfelder sichtbar.
Ähnliche Linien zeichnet man auf,
10 wenn man die Umgebung eines Magneten mit einer Kompassnadel „abtastet". → 4 5 Diese Linien nennt man
Feldlinien. Mit Pfeilen zeigt man an, in
welche Richtung sich der Nordpol der

15 Kompassnadel einstellt. Die Feldlinien
verlaufen also vom Nord- zum Südpol
eines Magneten. Je stärker die Wirkung
des Magneten in einem Bereich ist,
desto dichter zeichnen wir dort die
20 Feldlinien. Die Kompassnadel „spürt"
den Magneten auch zwischen den
Feldlinien: Man könnte noch viel mehr
Feldlinien zeichnen.

> Mit Feldlinien zeichnen wir Magnetfelder. Die Feldlinien zeigen an, wie stark und in welche Richtung eine Kompassnadel abgelenkt wird.

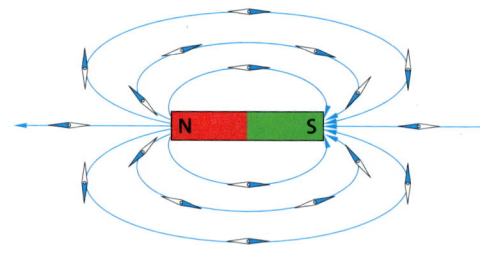

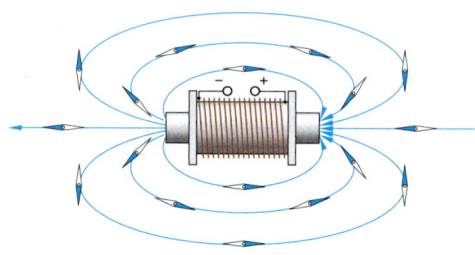

4 **5** Feldlinienbilder von Magneten

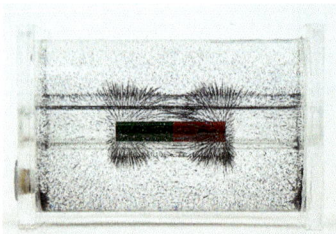

2 Stabmagnet (Südpol im „Öltank") und Eisenspäne

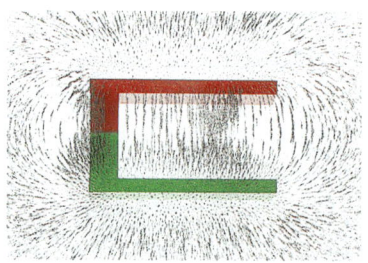

3 Bügelmagnet (unter einer Glasplatte) und Eisenspäne

Aufgaben

1 ☑ Beschreibe zwei Möglichkeiten, wie du ein Magnetfeld sichtbar machen kannst.

2 ☑ Beschreibe, wie du die Richtung der Feldlinien bestimmst.

Material A

Ein Magnetfeld sichtbar machen

Materialliste: Stabmagnet, Hufeisenmagnet, feine Eisenspäne (im Salzstreuer), Bücher, Pappe, weißes Papier, Handy

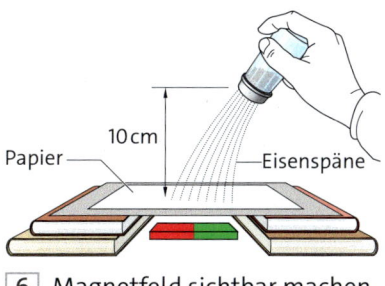

10 cm

Papier — — Eisenspäne

6 | Magnetfeld sichtbar machen

1 Lege den Stabmagneten zwischen die Bücher. → 6 Lege die Pappe und das Blatt Papier auf die Bücher. Der Abstand zwischen Magnet und Pappe soll möglichst klein sein. Streue die Eisenspäne dünn und gleichmäßig auf das Papier. Klopfe leicht gegen die Pappe. ✗ Fotografiere das Bild aus Eisenspänen und beschreibe es.

2 Mache das Magnetfeld des Hufeisenmagneten sichtbar.

Material B

Ein Magnetfeld „abtasten"

Materialliste: Spule, Netzgerät (6 V), Kompassnadel, weißes Papier

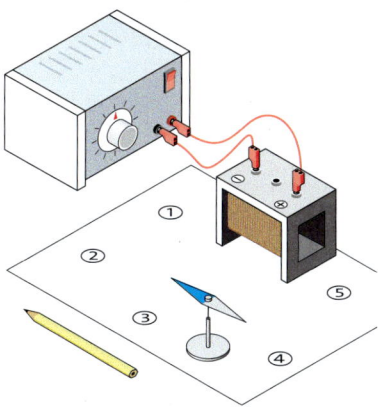

7 | Magnetfeld „abtasten"

1 ✗ Lege die Spule auf das Blatt Papier. → 7 Zeichne ihren Umriss ab. Schließe die Spule dann an das Netzgerät an.
a Stelle die Kompassnadel nacheinander ungefähr an den Stellen 1–5 auf das Blatt Papier. Zeichne die Ausrichtung der Nadel jeweils durch einen Pfeil auf das Papier: Die Pfeilrichtung ist jeweils die Richtung, in die der Nordpol zeigt.
b Untersuche die Ausrichtung der Kompassnadel in der Nähe der Stellen 1 und 5 noch genauer.

Material C

Das Magnetfeld eines Bügelmagneten

1 Zwischen zwei Glasplatten sind ganz viele Kompassnadeln aufgestellt. → 8
a ✗ Erkläre, warum die Kompassnadeln nicht alle in dieselbe Richtung zeigen.
b ✗ Skizziere in deinem Heft, wie die Feldlinien des Bügelmagneten verlaufen. Verwende dazu auch Bild 3.
c ✗ Ergänze im Heft den folgenden Satz:
Die Feldlinien gehen vom ◇pol des Magneten zum ◇pol.

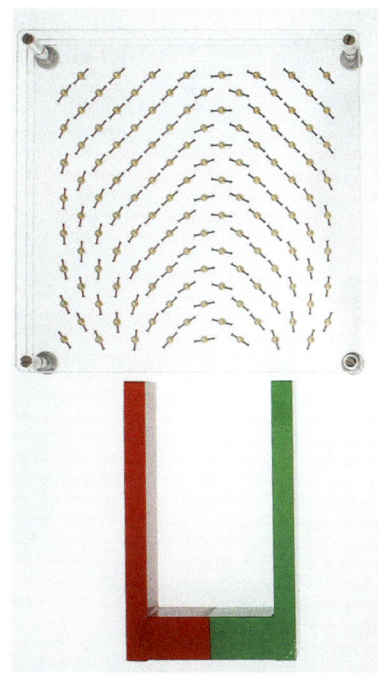

8 | Magnet und Kompassnadeln

Orientieren mit dem Kompass

1 Wegweiser in der weißen Winterwüste

Lange Zeit dachte man, dass sich Kompassnadeln zum Polarstern ausrichten. Wie funktioniert ein Kompass wirklich?

Die Erde – ein Magnet • Wir können
5 uns die Erde stark vereinfacht wie
einen riesigen Stabmagneten mit
zwei Magnetpolen vorstellen. → **2**
Der magnetische Südpol der Erde liegt
derzeit in Kanada, der magnetische
10 Nordpol in der Antarktis.

Die Magnetpole der Erde liegen Hunderte Kilometer von den geografischen Polen entfernt. Deshalb weist die Kompassnadel nicht genau nach Nor-
15 den. Die Abweichung ist bei uns recht klein, sie beträgt 1 bis 3 Grad.

> **Die Erde wirkt wie ein riesiger Magnet mit einem magnetischen Nordpol und einem magnetischen Südpol.**

Kompass • Eine Kompassnadel ist ein kleiner Magnet. Sie richtet sich nach dem Magnetfeld der Erde aus. Die Kompassnadel hat am Nordpol
25 eine eingefärbte Spitze. → **3** Wenn der Kompass so gedreht wird, dass das N unter dieser Spitze liegt, dann kann man die Himmelsrichtungen ablesen.

3 Einfacher Wanderkompass

geografischer Nordpol

magnetischer Südpol

magnetischer Nordpol

geografischer Südpol

2 Verschiedene Pole der Erde

Aufgaben

1 ☑ Gib an, in welcher Himmelsrichtung der magnetische Nordpol der Erde liegt.

2 ☒ Erkläre, wie ein Kompass funktioniert.

Material A

Einfacher Kompass

Materialliste: Flaschendeckel aus Kunststoff, Stecknadel aus Eisen (oder Stahl), Magnet, Zeichenkarton, Flüssigkleber, Untertasse, Wasser

1 Baue einen Kompass. Es geht ganz einfach. → 4

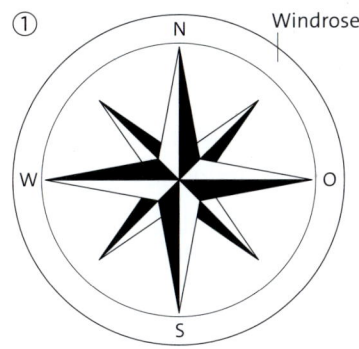

① Übertrage die Windrose auf den Zeichenkarton. Schneide sie rund aus.

② Bestreiche den ganzen Rand des Deckels mit etwas Flüssigkleber (Sicherheitshinweise beachten).

③ Drücke die Windrose vorsichtig auf den Rand des Deckels. Lege sie umgekehrt auf den Tisch. Drücke nun den Deckel fest auf den Zeichenkarton. Lass den Kleber trocknen.

④ Streiche mit dem Südpol des Magneten 40-mal über die Stecknadel – immer zur Nadelspitze hin. Nun ist die Nadel selbst ein Magnet, die Spitze ist der Nordpol.
Lege den anderen Magneten danach weit weg.

⑤ Ein kleiner Tropfen Flüssigkleber kommt auf die Mitte der Windrose. Lege die Kompassnadel so in den Klebetropfen, dass die Nadelspitze zum N zeigt. Lass alles ein paar Minuten antrocknen.

4 So baust du deinen Kompass.

2 Nutze den Kompass:

a Fülle etwas Wasser in die Untertasse. Setze den Kompass in die Mitte. Er dreht sich langsam und zeigt an, wo Norden ist.

b ⊠ „Die Sonne geht im ◇ auf, im ◇ geht sie unter." Bestimme die Himmelsrichtungen mit deinem Kompass.

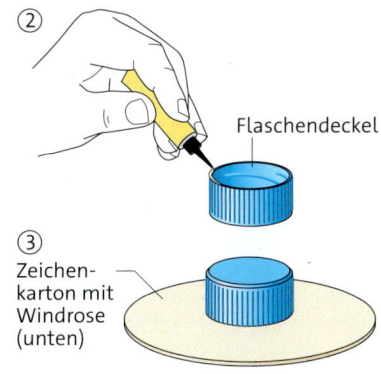
Flaschendeckel

Zeichenkarton mit Windrose (unten)

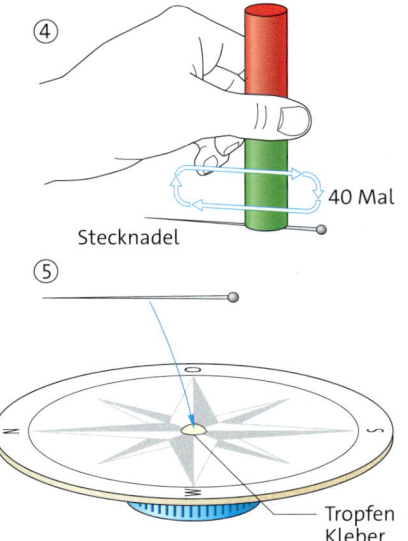
Stecknadel

Tropfen Kleber

40 Mal

Material B

Das Erdmagnetfeld

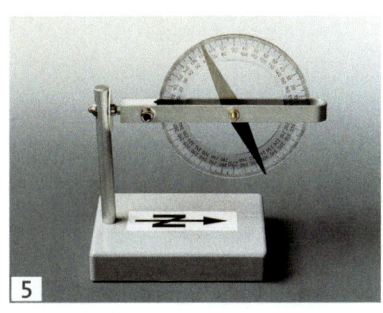
5

1 Hier ist ein Kompass senkrecht gedreht worden. → 5
⊠ Erkläre, weshalb die Kompassnadel schräg zum Erdboden zeigt. Lies dazu den Text. → 6

Die magnetischen Feldlinien der Erde verlaufen ähnlich wie bei einem Stabmagneten. Sie treten an den Magnetpolen fast senkrecht in die Erdoberfläche ein. Bei uns treten sie schräg in den Erdboden ein. Der Winkel beträgt rund 65°.

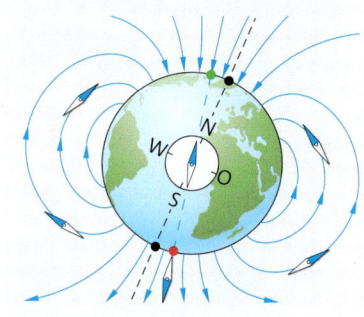

6 Das Magnetfeld der Erde

Orientieren mit dem Kompass

Kompass – früher und heute

Erste Kompasse • Wahrscheinlich benutzten Chinesen schon vor über 2000 Jahren Magnete zur Richtungsanzeige. Den ersten richtigen Kompass erfanden sie vor über 1000 Jahren.
5 In einem Buch aus dem Jahr 1085 heißt es: „Wenn Zauberer die nördliche Richtung suchen, greifen sie zu einer Nadel, reiben sie an einem Magnetstein und hängen sie an einem Faden auf. Dann zeigt die Nadel nach Norden."
10 → 1

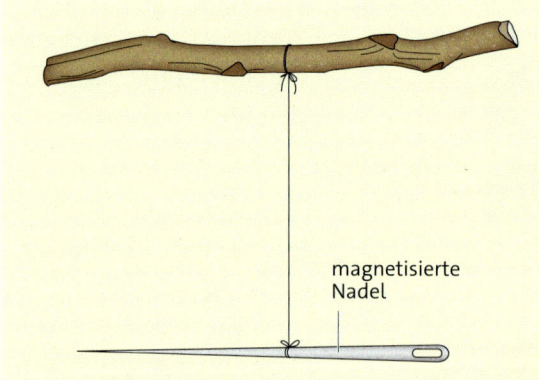

magnetisierte Nadel

1 Einfacher Kompass

2 Handy mit Kompass-App

In einem Bericht aus Frankreich aus dem Jahr 1250 ist zu lesen: „Die Matrosen legen eine magnetisierte Nadel auf zwei Strohhalme, die im Wasser schwimmen. Die Nadel wendet sich in
15 Nord-Süd-Richtung. Die Nadel dreht sich zum Polarstern und hilft so den Seeleuten." Dieser Kompass funktionierte wie dein selbst gebauter schwimmender Kompass.
Der Seefahrer Kolumbus glaubte noch im Jahr
20 1495, dass die Kompassnadel vom Polarstern am Nordhimmel angezogen würde.

Elektronischer Kompass • Viele Handys haben einen eingebauten Kompass ohne Magnetnadel. Ein eingebautes „Magnetometer" misst
25 das Magnetfeld. Die Messwerte werden verarbeitet und auf dem Display als drehbare Kompassnadel angezeigt. → 2

Aufgaben

1 ✍ Gib an, wo und wann der erste richtige Kompass benutzt wurde. Nenne den „Denkfehler" der französischen Matrosen.

2 📱 ✉ Sieh aus dem Fenster und suche dir einen Baum (ein Haus). Bestimme seine Himmelsrichtung, zum Beispiel mit einem elektronischen Kompass.

3 📱 ✉ Paul hat seinen Nachhauseweg mithilfe des Kompasses in seinem Handy aufgezeichnet: 150 m nach NO, 50 m nach NW, 100 m nach S. Zeichne deinen Heimweg auf die gleiche Weise auf.

Tiere mit „eingebautem" Kompass

Brieftauben • Die Vögel werden oft Hunderte von Kilometern weit verschickt. → 3 Meist finden die Tauben ohne große Mühe zum heimatlichen Nistplatz, ihrem Schlag, zurück. Dabei hilft ihnen auch ihr Magnetsinn, der das Magnetfeld der Erde zur Orientierung nutzt.

Meeresschildkröten • Die Loggerhead-Schildkröten robben vom warmen Strand ins Wasser, nachdem sie in Florida geschlüpft sind. Dann schwimmen sie mit dem Golfstrom einmal quer durch den Atlantik. Vor Afrika biegen sie nach Süden ab und verbringen dort viele Jahre in nahrungsreichen Gewässern. Die erwachsenen Schildkröten schwimmen Tausende Kilometer zurück nach Florida. → 4 Sie legen ihre Eier dort ab, wo sie selbst geschlüpft sind. Biologen und Biologinnen vermuten, dass die Schildkröten bei ihrem Weg zurück von einem Magnetsinn geleitet werden.

Magnetsinn • Wissenschaftler haben einen Magnetsinn auch bei Aalen, Forellen, Zugvögeln und sogar bei Hunden festgestellt. Wie er jeweils funktioniert, ist nicht sicher geklärt. Bei Tauben hat man magnetische Kristalle im Schnabel gefunden, die vielleicht die Orientierung im Erdmagnetfeld ermöglichen. Man vermutet bei ihnen und den meisten Vögeln auch einen Magnetsinn in Auge und Ohr.

Aufgaben

1 ⊠ Nenne Tiere mit Magnetsinn.

2 ⊠ Beschreibe, wo Wissenschaftlerinnen und Wissenschaftler den Magnetsinn der Brieftauben vermuten.

3 ⊠ Erstelle ein Lernplakat zum Thema „Wie finden Tiere ihren Weg?".

3 Start von 140 Brieftauben

4 Meeresschildkröte vor Florida

Zusammenfassung

Magnete und ihre Eigenschaften • Ein Magnet und Gegenstände aus Eisen (Nickel, Cobalt) ziehen sich gegenseitig an. Die Anziehung ist an den Magnetpolen am stärksten. → 1
Jeder Magnet hat (mindestens) einen Nord- und einen Südpol.
Gleiche Pole zweier Magnete stoßen sich ab, ungleiche ziehen sich an. → 2 3

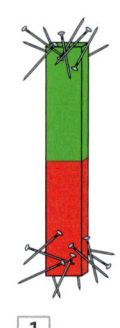

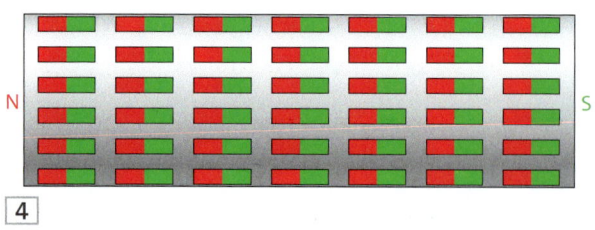

Magnete – ganz elementar • Wir stellen uns vor, dass jeder Magnet aus vielen Elementarmagneten besteht. Sie sind alle gleich ausgerichtet und verstärken sich in ihrer Wirkung. → 4

Elektromagnete • Eine Spule wirkt wie ein Magnet, wenn ein elektrischer Strom durch sie fließt. Die magnetische Wirkung wird durch einen Eisenkern in der Spule verstärkt.

Magnetfeld • Als Magnetfeld bezeichnen wir den Bereich um einen Magneten herum, in dem die magnetische Wirkung nachweisbar ist.

Feldlinien • Das Feldlinienbild eines Magneten zeigt für jeden Ort an, wie der Nordpol einer Kompassnadel an dieser Stelle ausgerichtet wird. → 5 6 An Stellen, an denen die Feldlinien dichter liegen, ist die Magnetwirkung stärker. Dort, wo die Feldlinien weniger eng liegen, ist die Magnetwirkung schwächer.

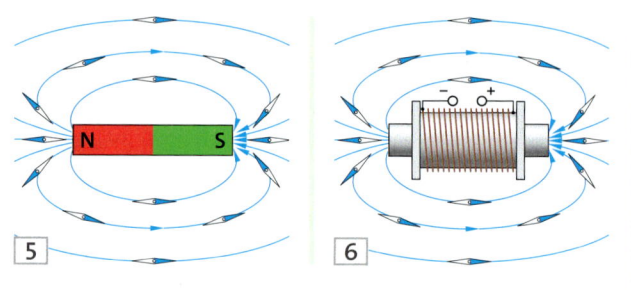

Orientieren mit dem Kompass • Die Erde hat einen magnetischen Nordpol und einen magnetischen Südpol. → 7
Eine Kompassnadel richtet sich im Erdmagnetfeld in Richtung der Magnetpole aus und hilft so bei der Orientierung.

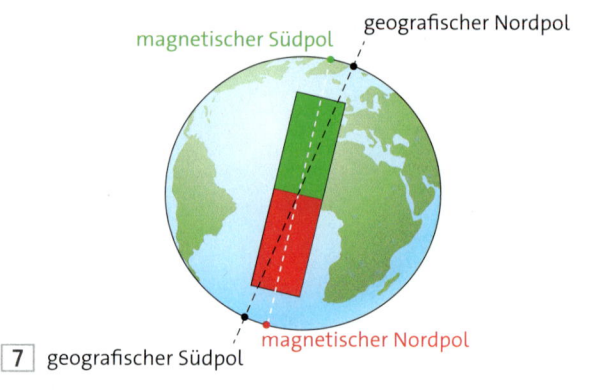

Magnete – Orientieren mit dem Kompass

1 Anziehung – Abstoßung

a ▣ Nenne Stoffe, die Magnete anziehen.

b ▣ Nenne die Stellen des Magneten, wo seine Anziehung am stärksten ist.

c ▣ Zwei Magnete ziehen sich gegenseitig nicht immer an. Erkläre die Beobachtung.

2 Wo liegt bei diesem Magneten der Nordpol und wo der Südpol? → 8

▣ Beschreibe und erkläre, wie du es mit einer Kompassnadel herausfindest.

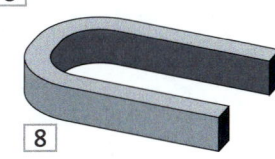
8

3 ▣ Wo ist Norden?

a Skizziere, wie du mit diesen drei Teilen eine Antwort findest. → 9

b Beschreibe mithilfe der Skizze, wie du die Himmelsrichtungen bestimmst.

9

4 ▣ Ergänze richtig. Der Ringmagnet hat: → 10

a keine Pole, weil er rund ist

b nur einen Pol unten

c einen Nord- und einen Südpol (mindestens)

10

5 Ein Nagel aus Eisen soll mit einem Stabmagneten magnetisiert werden.

a ▣ Beschreibe, wie du vorgehst.

b ▣ Erkläre, weshalb der Nagel zum Magneten wird. Fertige dazu zwei Skizzen an.

Elektromagnete

6 Elektromagnet und Stabmagnet

a ▣ Nenne die wesentlichen Bestandteile eines Elektromagneten. 11

b ▣ Beschreibe, wie die Spule zum Elektromagneten wird. → 11

c ▣ Vergleiche die Eigenschaften von Elektromagnet und Stabmagnet.

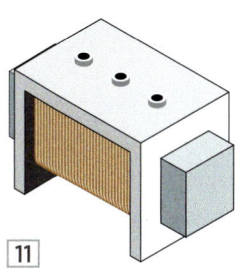
11

7 Die Spulen vieler Elektromagnete haben einen Eisenkern.

a ▣ „Eine Spule ohne Eisenkern ist nicht magnetisch."
Bewerte die Aussage.

b ▣ Beschreibe die Aufgabe des Eisenkerns.

Magnetfelder sichtbar machen

8 ▣ Beschreibe zwei Wege, um das Magnetfeld eines Stabmagneten sichtbar zu machen.

9 Alle Magnete haben Magnetfelder.

a ▣ Skizziere das Magnetfeld einer Spule, durch die Strom fließt.

b ▣ Beschreibe, was du in der Skizze ändern musst, wenn man die Anschlüsse der Spule vertauscht.

10 ▣ Ergänze im Heft die folgenden Sätze zu den Feldlinien eines Magneten:

a Die Feldlinien gehen vom ◇ eines Magneten zu seinem ◇.

b Der Pfeil an einer Feldlinie zeigt an, ◇.

c Je dichter die Feldlinien in einem Bereich gezeichnet sind, desto ◇.

Temperatur

Das Thermometer zeigt an, wie warm das Wasser im Schwimm-bad ist.

An einem Ende einer Brücke findest du immer eine solche Fuge. Wieso kann man Brücken nicht fugenlos bauen?

Wasser hat besondere Eigenschaften. Dass Eis auf Wasser schwimmt, ist gut für Pinguine und gefährlich für die Schifffahrt.

Temperatur fühlen und messen

[1] Frieren oder wohlfühlen?

Materialien zur Erarbeitung: A–B

Im Schwimmbad findet Vanessa das Wasser angenehm warm. Peter dagegen zittert vor Kälte. Beide haben sich vorher abgeduscht.

5 **Temperaturen fühlen** • Wir können Temperaturen mit unserer Haut wahrnehmen. Besonders gut funktioniert der Temperatursinn im Bereich unserer Körpertemperatur. Für uns ist es wich-
10 tig, Temperaturschwankungen schnell zu spüren. Der Temperatursinn schützt uns so vor Gefahren, zum Beispiel beim Berühren von heißen Gegenständen. Doch der Temperatursinn lässt sich
15 täuschen: Vanessa empfindet das Wasser im Schwimmbad als warm, weil sie vorher kalt geduscht und somit ihre Haut als Temperaturfühler abgekühlt hat. Peter hingegen hat vorher
20 warm geduscht und damit seine Haut aufgeheizt. Für ihn fühlt sich das Schwimmbadwasser kalt an.

Temperaturen messen • Oft reicht es nicht, die Temperatur nur ungefähr zu
25 kennen. In vielen Fällen wäre es zudem gefährlich, die Temperatur mit der Haut zu bestimmen.
Wir messen deshalb Temperaturen mit Thermometern. In Deutschland geben
30 wir die Temperaturen in Grad Celsius (°C) an. Unsere normale Körpertemperatur beträgt etwa 37 °C.

> Wir messen die Temperatur mit Thermometern. Die Temperatur wird in Grad Celsius (°C) angegeben.

Elektronische Thermometer • Oft nutzen wir elektronische Thermometer, zum Beispiel zum Fiebermessen. → [2] Elektronische Thermometer haben ei-
40 nen Messfühler aus Metall. → [3] Metalle leiten den elektrischen Strom — je nach Temperatur — unterschiedlich gut. Elektronische Thermometer können so auch kleine Temperaturunterschiede
45 im Messfühler erkennen.
Im Fachunterricht benutzen wir sehr genaue elektronische Thermometer.

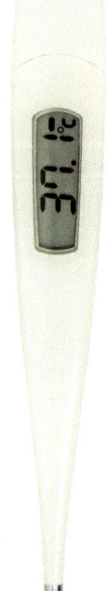

[2] Elektronisches Fieberthermometer

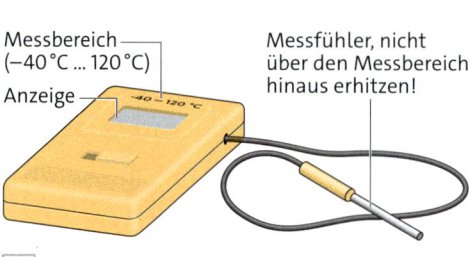

Messbereich (−40 °C … 120 °C)
Anzeige
Messfühler, nicht über den Messbereich hinaus erhitzen!

[3] Elektronisches Thermometer

Aufgabe

1 ☑ Gib die normale Körpertemperatur an.

Material A

Temperatur empfinden

Materialliste: 3 Schüsseln mit kaltem, lauwarmem und warmem Wasser

1 Halte eine Hand 2 Minuten lang in warmes Wasser und die andere gleichzeitig in kaltes. Tauche dann beide

Hände gemeinsam in das lauwarme Wasser. → 4
☑ Beschreibe, was du empfindest.

2 ☒ Plane einen Versuch: Was muss die Versuchsperson tun, um das kalte Wasser als lauwarm zu empfinden?

4   kalt   lauwarm   warm

Material B

Temperaturen messen

Materialliste: Thermometer (am besten elektronisch)

1 ☒ Welcher ist der wärmste und welcher der kälteste Ort des Schulgeländes?
a Skizziert einen Plan des Geländes. Markiert einige Orte. Sie sollen über das ganze Gelände verteilt sein. Notiert eure Vermutungen, welcher der wärmste und welcher der kälteste Ort ist.
b Überprüft mit dem Thermometer eure Vermutungen. Schreibt eure Messwerte in eine Tabelle.

2 ☒ Stellt eure Ergebnisse in einem Diagramm dar. Es hilft, die Versuchsfrage schnell zu beantworten.

Material C

Bibliothek	Turnhalle	Pausenhof	Klassen- raum	Cafeteria	Kühl- schrank
21 °C	18 °C	11 °C	21 °C	19 °C	6 °C

5   Temperaturen im Schulgelände

Messwerte darstellen

Jonas und Paula waren mit einem Thermometer unterwegs im Schulgebäude. Ihre Messwerte haben sie in einer Tabelle zusammengetragen. → 5

1 ☒ Stelle die Messwerte als Säulendiagramm dar. → 5 Zeichne die kälteste Temperatur in Blau und die wärmste Temperatur in Rot ein.

2 ☒ Vergleiche die Temperaturen im Pausenhof, in der Turnhalle und im Klassenraum. Vermute eine Ursache für die Unterschiede. → 5

3 Ein Thermometer ist den ganzen Tag im Klassenraum liegen geblieben. → 6
a ☑ Beschreibe den Temperaturverlauf.
b ☒ Stelle die Messwerte in einem Säulendiagramm dar.

Zeit	8 Uhr	12 Uhr	17 Uhr	23 Uhr
Temperatur	21 °C	24 °C	21 °C	17 °C

6   Temperaturen im Klassenraum

Ausdehnen beim Erwärmen

[1] [2] Flüssigkeitsthermometer

Materialien zur
Erarbeitung: A–D

[3] Elektrizitätsleitung bei höherer (oben)
und bei niedrigerer Temperatur (unten)

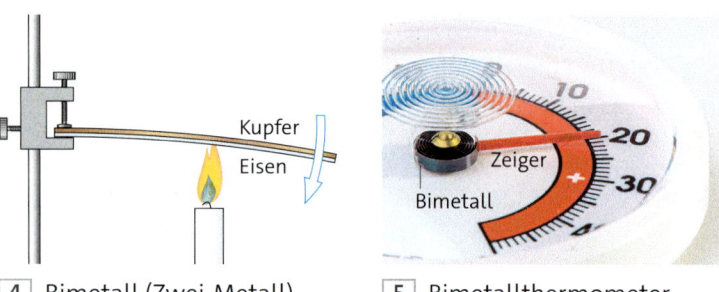

[4] Bimetall (Zwei-Metall)   [5] Bimetallthermometer

In einem Flüssigkeitsthermometer befindet sich rot gefärbter Alkohol. Bei steigender Temperatur steigt auch die Flüssigkeit im Thermometer an. Wenn
5 es kälter wird, sinkt sie ab.

Volumen • Alle Flüssigkeiten, festen Körper und Gase nehmen Raum ein. Wir sagen: Sie haben ein Volumen.

Flüssigkeiten • Wenn Flüssigkeiten er-
10 wärmt werden, dehnen sie sich in der Regel aus – umso mehr, je stärker die Temperatur zunimmt. Ihr Volumen wächst. Kühlt man Flüssigkeiten ab, ziehen sie sich zusammen. Ihr Volumen
15 verringert sich. Bei einem Flüssigkeitsthermometer nutzt man das: Je höher die Temperatur steigt, desto mehr dehnt sich die Flüssigkeit aus.

Feste Körper • Auch feste Körper deh-
20 nen sich beim Erwärmen aus. In der Regel ist die Ausdehnung bei festen Körpern geringer als bei Flüssigkeiten. Wir können sie besonders gut bei lang gestreckten Körpern beobachten. Die
25 Elektrizitätsleitung hängt bei höheren Temperaturen mehr durch – sie ist länger geworden. → [3]
Ein Bimetall besteht aus zwei fest verbundenen Metallen. Bei Erwärmung
30 verbiegt es sich, weil sich die Metalle unterschiedlich stark ausdehnen. → [4]
Im Bimetallthermometer klebt ein Zeiger am aufgerollten Bimetall. → [5] Er zeigt die Temperatur an der Skala an.
35 In einem heißen Sommer können sich Betonplatten auf älteren Straßen so stark ausdehnen, dass sich „Blow-ups"

6 „Blow-up" auf der Autobahn

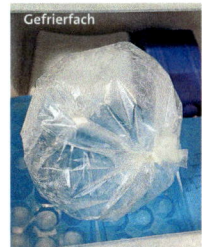 

7 8 Bratschlauch, gefüllt mit Luft

bilden. → 6 Sie stellen ein Gefahr für Autos und Motorräder dar.

40 **Gase** • Bei einem Bratschlauch im Backofen kann man es gut beobachten: Auch das Gasgemisch Luft dehnt sich beim Erwärmen aus. → 7 8

> Flüssigkeiten, feste Körper und Gase dehnen sich beim Erwärmen in der Regel aus. Beim Abkühlen ziehen sie sich wieder zusammen. Je größer der Temperaturunterschied ist, desto größer ist die Volumenänderung.

Dehnen sich alle Stoffe gleich aus? • Alle Gase dehnen sich gleich stark bei Erwärmung aus – egal ob es sich um Luft, reinen Sauerstoff oder Stickstoff 55 handelt. → 9

Anders verhält es sich bei festen Körpern und Flüssigkeiten. → 9 Wasser dehnt sich zum Beispiel weniger stark aus als Alkohol, Eisen weni-60 ger stark als Aluminium.

> Es hängt vom Stoff ab, wie stark Flüssigkeiten und feste Körper ihr Volumen beim Erwärmen und Abkühlen ändern.

	Stoff	Ausdehnung bei Erwärmen
Gase	Sauerstoff	3,41 %
	Stickstoff	3,41 %
	Kohlenstoffdioxid	3,41 %
	Helium	3,41 %
Flüssigkeiten	Alkohol	1,40 %
	Mineralöl	0,70 %
	Wasser	0,21 %
	Quecksilber	0,18 %
Feste Körper	Blei	0,09 %
	Aluminium	0,07 %
	Kupfer	0,05 %
	Eisen	0,04 %
	Beton	0,04 %

9 Volumenausdehnung beim Erwärmen von 20 °C auf 30 °C

Aufgaben

1 ⬩ Ausdehnung verschiedener Stoffe
a Nenne zwei Stoffe, die sich gleich stark beim Erwärmen ausdehnen.
b Gib den Feststoff mit der größten und den mit der kleinsten Ausdehnung beim Erwärmen an.

2 ⬩ Erkläre, warum es im Sommer zu Aufsprengungen im Straßenbelag („Blow-ups") kommen kann. → 6

Ausdehnen beim Erwärmen

Material A

Steigendes Wasser

Materialliste: Erlenmeyerkolben, Stopfen, Glasrohr, Becherglas, heißes Wasser, Klebeband

1 Füllt den Kolben bis zum Rand mit kaltem Wasser. Verschließt ihn mit Stopfen und Glasrohr. → 1
Markiert den Wasserstand am Glasrohr. Gießt heißes Wasser in das Becherglas.
☑ Beschreibt, was passiert.

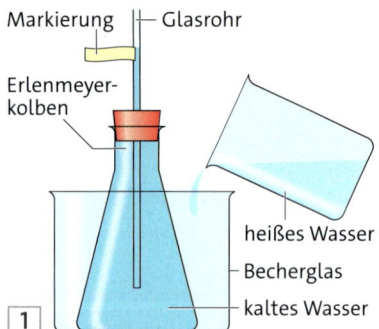

Markierung ┬ Glasrohr
Erlenmeyerkolben
heißes Wasser
Becherglas
kaltes Wasser
1

Material B

Flaschenballon

Materialliste: leere Glasflasche, Wanne mit warmem Wasser (ca. 50 °C), Luftballon

1 Stülpt den Luftballon über die Glasflasche. Stellt die Flasche in die Wanne mit warmem Wasser. → 2
a ☑ Beschreibt, was mit dem Luftballon geschieht.
b ☑ Nehmt die Flasche aus der Wanne, spült sie kalt ab. Beschreibt, was passiert.

2

Material C

Durchhänger

Materialliste: Eisen-, Kupfer- und Zinkdraht (0,2 mm dick), Wägestück mit Haken (50 g), 4 Kerzen, Stativmaterial, feuerfeste Unterlage

1 Baut den Versuch auf. → 3
a ☑ Erwärmt den Eisendraht mit 4 Kerzen. Beschreibt eure Beobachtungen. Löscht dann die Kerzen.
b ☑ Wiederholt Versuchsteil a mit weniger Kerzen.
c ☑ Wiederholt Versuchsteil a mit den anderen Drähten.

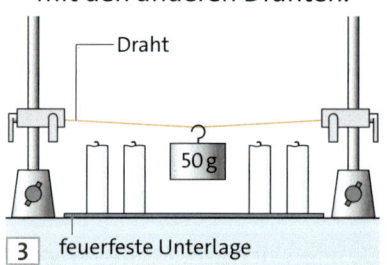

Draht
50 g
3   feuerfeste Unterlage

Material D

Was geschieht, wenn man „Silberpapier" erwärmt?

Materialliste: „Silberpapier" (Kaugummi), Messer, Pinzette, Streichholz, Schere, feuerfeste Unterlage

1 Schneidet einen schmalen Streifen „Silberpapier" ab.

a Zieht die Metallseite des Streifens über den Rücken einer Messerklinge. Der Streifen rollt sich zu einer Spirale auf.
b Haltet die Spirale mit der Pinzette über die Flamme. → 4
c Pustet die Flamme aus.
d ☑ Beschreibt eure Beobachtungen.

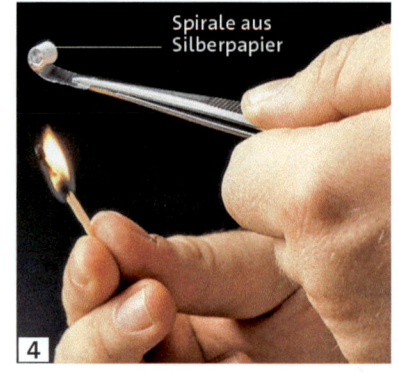

Spirale aus Silberpapier
4

Material E

Wird eine Eisenkugel durch Erhitzen größer? (Demoversuch)

Materialliste: Gasbrenner, Eisenkugel, Becher, Winkelblech mit Loch, Tiegelzange, Wasser

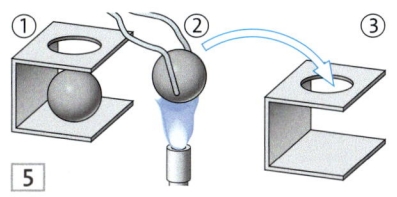

1 Man probiert zunächst, ob die Kugel durch die Öffnung passt. → 5 Dann wird sie erhitzt und in Wasser abgekühlt. Nach jedem Schritt prüft man, ob die Kugel passt.

2 ☑ Schreibe die Sätze in dein Heft. Ergänze dabei *gut, gar nicht, nur schwer* oder *von unten*:
- Wenn die Eisenkugel erwärmt ist, dann passt sie ◇ durch die Öffnung.
- Wenn die Eisenkugel abgekühlt ist, dann passt sie ◇ durch die Öffnung.

Material F

Glasröhrchen

Sprinkler

Automatische Löschanlagen bestehen aus Wasserleitungen, die von Sprinklern verschlossen sind. → 6
Die Sprinkler enthalten ein Glasröhrchen mit einer Flüssigkeit. Wenn es im Raum brennt, zerspringt das Röhrchen. Der Weg für das Löschwasser ist frei. → 7 8

1 ☑ Wie funktioniert der Sprinkler genau? Ordne die Sätze in der richtigen Reihenfolge und schreibe sie in dein Heft. Der erste Satz steht richtig:
- Es brennt.
- Das Löschwasser tritt aus.
- Die Flüssigkeit dehnt sich aus und sprengt das Glasröhrchen.
- Die Temperatur steigt.
- Die Flüssigkeit im Glasröhrchen erwärmt sich.

Material G

Luft – eisgekühlt

Materialliste: leere 1,5-l-PET-Flasche, Becherglas mit Eiswasser, Glaswanne

1 Gießt etwa 100 ml Eiswasser in die Flasche. Verschließt die Flasche rasch mit dem Schraubdeckel und schüttelt gut.
a ☑ Beschreibt, was ihr beobachtet.
b ☒ Erklärt, was mit der Luft in der Flasche geschieht.
c ☑ Öffnet den Deckel. Beschreibt wieder, was passiert.

2 ☒ Um wie viele Milliliter schrumpft das Volumen der Flasche?
Plant dazu einen Versuch.

Die Celsiusskala

1

Lisa und Anton haben das Wetterhäuschen auf dem Dachboden gefunden. Leider ist die Skala nicht mehr lesbar – bis auf die Markierung bei 50 °C.
5 **Ist das Häuschen noch zu retten?**

Die ersten Thermometer • Wenn man Flüssigkeiten erwärmt, steigen sie in einem Glasrohr auf. Mit diesem Wissen bauten Naturforschende in Italien
10 vor über 400 Jahren die ersten Flüssigkeitsthermometer. → 2 Dies waren oft kunstvolle Rohre aus Glas. Auf ihnen waren kleine Glaskügelchen aufgeschmolzen. Diese stellten die Skala
15 dar (ital. scala: Treppe). Solche Ther-

mometer wurden einzeln angefertigt. Nie besaßen zwei von ihnen genau die gleiche Skala. Auch die Durchmesser der Glasrohre unterschieden sich. Man
20 konnte Temperaturen nur vergleichen, wenn sie mit ein und demselben Thermometer gemessen wurden.

Fixpunkte • Anders Celsius (1701–1744) verwendete für seine Skala zwei Tem-
25 peraturen, die leicht herzustellen sind:
• die Temperatur, bei der Eis schmilzt
• die Temperatur, bei der Wasser siedet
Weil diese Temperaturen feststehen, nennen wir sie Fixpunkte (lat. fixus:
30 fest).
Celsius teilte den Abstand zwischen den Fixpunkten auf der Skala in 100 gleiche Teile. → 3 Mit den gleichen Abständen verlängerte er die Skala
35 auch nach oben und unten. Vorteil der Celsiusskala: Man kann Temperaturen vergleichen, die mit verschiedenen Thermometern gemessen wurden – egal, wie sie gebaut sind.

> Die Celsiusskala wird von zwei Fixpunkten bestimmt:
> • Temperatur, bei der Eis schmilzt (0 °C)
> • Temperatur, bei der Wasser siedet (100 °C)
> Der Abstand zwischen den Fixpunkten ist in 100 gleiche Teile geteilt.

2 Thermometer (17. Jahrhundert)

110 °C
100 °C — Siedetemperatur von Wasser
90 °C
80 °C
70 °C
60 °C
50 °C
40 °C
30 °C
20 °C
10 °C
0 °C — Schmelztemperatur von Eis
−10 °C

3 Fixpunkte auf der Celsiusskala

Aufgabe

1 ⊠ Beschreibe, wie Lisa und Anton das Wetterhäuschen retten könnten.

Material A

Wie kann man eine Thermometerskala entwickeln?

Materialliste: Thermometerrohling, feuerfeste Unterlage, Gasbrenner, Dreifuß, Drahtnetz, Becherglas, Eiswürfel, Rührstab, wasserfester Stift, elektronisches Thermometer

Achtung • Siedendes Wasser: Verbrühungsgefahr! Beachtet die Sicherheitsvorkehrungen beim Umgang mit dem Gasbrenner (siehe Anhang)!

1 ⌧ Der Thermometerrohling soll eine Celsiusskala erhalten.
a Bildet Dreier- oder Vierergruppen.
b Plant und experimentiert selbstständig mit dem gegebenen Material. ⟶ 4
Sprecht euch ab und verteilt die Arbeit fair in der Gruppe. Protokolliert den Versuch sorgfältig.

2 ⌧ Erprobt euer eigenes Thermometer, indem ihr verschiedene Temperaturen messt. Prüft jedes Mal mit dem elektronischen Thermometer.
Tragt jeweils beide Messwerte in eine Tabelle ein und vergleicht sie. ⟶ 5
Gebt an, wie groß die Abweichung zwischen den beiden Messwerten ist.

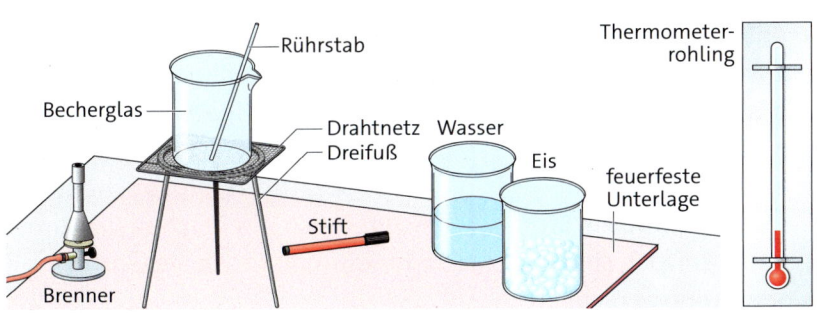

4 Versuchsgeräte

Probe	Thermometer mit neuer Skala	Elektronisches Thermometer	Abweichung
Leitungswasser	7 °C	7,8 °C	0,8 °C
?	?	?	?

5 Beispieltabelle

Material B

Thermometerskala – richtig oder falsch?

In der Klasse 5b entwickeln alle Schülerinnen und Schüler eine Thermometerskala. Es gibt verschiedene Lösungen:
• Marvin überträgt einfach die Skala eines Zimmerthermometers auf seinen Thermometerrohling. ⟶ 6

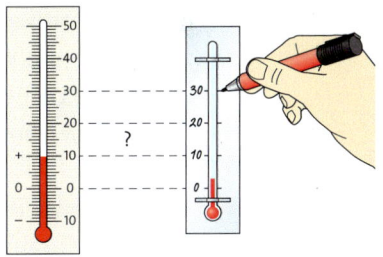

6 Richtig oder falsch?

• Linda stellt dagegen den Thermometerrohling in Schmelzwasser. Sie markiert mit dem Stift den Stand der Flüssigkeit und beschriftet ihn mit „0 °C".
Dann trägt sie im Abstand von jeweils 1 cm darüber die Werte „10 °C", „20 °C" ... ein.

1 ⌧ Werden die Thermometer von Marvin und Linda die richtige Temperatur anzeigen?
Begründe deine Antwort.

Unsere Welt besteht aus Teilchen

1 Hier fließt glühend heiße Lava ins Meer.

Material zur
Erarbeitung: A

Im antiken Griechenland dachte man, dass die Welt aus Erde, Wasser, Feuer und Luft besteht – nicht so der Philosoph Demokrit.

5 **Eine Welt aus Teilchen** • Vor ca. 2400 Jahren lebte der Philosoph Demokrit. Er stellte sich vor, dass die Welt aus kleinsten, nicht weiter teilbaren Teilchen besteht, die er Atome nannte
10 (griech. atomos: unteilbar). ➔ **2** Seine Idee nutzen wir noch heute. Wir stellen uns vor, dass alle Stoffe aus winzigen Teilchen bestehen. Die Teilchen sind so klein, dass wir sie nicht
15 sehen können. Je nachdem, ob ein Stoff fest, flüssig oder gasförmig ist, sind die Teilchen dichter oder weniger dicht zusammen.

> Ich stelle mir vor:
> Die ganze Welt besteht aus winzigen unsichtbaren und unteilbaren Teilchen.

2 Demokrits Vorstellung

Teilchenbewegung • Wir stellen uns vor, dass diese winzigen Teilchen
20 unveränderlich sind und sich ständig bewegen. Je höher die Temperatur ist, desto heftiger ist ihre Bewegung. Wie kann man sich die Ausdehnung von Gegenständen bei Erwärmung
25 erklären? Die Teilchen eines Gegenstands brauchen mehr Platz, wenn sie sich heftiger bewegen. Der Gegenstand hat deshalb bei höherer Temperatur
30 ein größeres Volumen als bei einer niedrigen Temperatur. ➔ **3** **4**

Teilchen

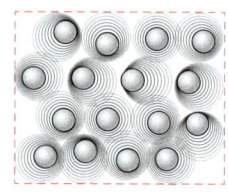

3 Niedrige Temperatur – geringes Volumen

4 Hohe Temperatur – großes Volumen

> Wir stellen uns vor, dass unsere Welt aus kleinsten unveränderlichen Teilchen aufgebaut ist. Die Teilchen bewegen sich ständig. Je höher die Temperatur ist, umso schneller bewegen sich die Teilchen und umso mehr Raum nehmen sie ein.

Aufgaben

1 ☑ Gib die Eigenschaften der Teilchen im Teilchenmodell an.

2 ☑ Gib an, wie Demokrit die kleinsten Teilchen nannte.

Material A

Teilchenspiel

5

Wir stellen uns vor, dass Gegenstände aus kleinen unveränderlichen Teilchen bestehen, die sich stets bewegen.

1 Ihr stellt nun Teilchen dar.
a Stellt euch dicht zusammen und seid ganz ruhig. → 5
b Bewegt euch nun immer stärker.
c ☒ Beschreibt, was ihr beobachtet.

d ☒ Übertragt die Sätze in euer Heft. Ersetzt dabei die Fragezeichen durch die Wörter: heftige, großes, geringe.
• Bei niedriger Temperatur gibt es eine ◇ Teilchenbewegung und ein geringes Volumen.
• Bei hoher Temperatur gibt es eine ◇ Teilchenbewegung und ein ◇ Volumen.

Material B

Die brownsche Bewegung

Materialliste: Mikroskop mit 400-facher Vergrößerung und „Dunkelfeldbeleuchtung", Objektträger, Deckglas, Dosenmilch, Tasse voll Wasser, Löffel

1 Der Versuch sollte von einer Lehrkraft durchgeführt werden.
a Etwa 20 Tropfen Dosenmilch wurden mit dem Wasser verrührt. Ein Tropfen der verdünnten Milch wurde auf den Objektträger gegeben und mit dem Deckglas abgedeckt.
b Der Objektträger wird bei 400-facher Vergrößerung im Mikroskop betrachtet. Dabei wird auf mehrere Fetttröpf-

chen scharf gestellt. → 6
c ☒ Beschreibt die Bewegung der Fetttröpfchen.
d ☒ Lest den Text und erklärt die Bewegung der Fetttröpfchen. → 7
e ☒ Was würdet ihr bei höherer Temperatur beobachten? Vermutet es.

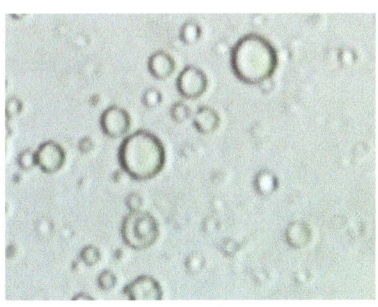

6 Fetttröpfchen in Wasser

Der schottische Biologe Robert Brown hat 1827 zerstoßene Pollenstückchen in Wassertropfen gegeben und diese unter dem Mikroskop beobachtet. Die Pollenstücke haben sich ständig im Zickzack hin- und herbewegt! Die gleiche Beobachtung machte er mit Ruß- und Eisenteilchen. Erst viel später hat der weltberühmte Physiker Albert Einstein eine Erklärung für diese sogenannte brownsche Bewegung gefunden. Das Wasser besteht wie alle Stoffe aus kleinsten Teilchen, die man nicht unter dem Mikroskop sieht. Die Wasserteilchen bewegen sich ständig. Sie stoßen immer wieder an die viel größeren Pollenstücke und schubsen sie mal in die eine, mal in die andere Richtung.

7

Unsere Welt besteht aus Teilchen

Methode

Modelle helfen verstehen

Gegenständliche Modelle

Du kennst sicher Modellautos oder Modellflugzeuge. Im Unterricht hast du vielleicht ein Augenmodell kennengelernt oder mit einem Globus gearbeitet. All diese Modelle zeigen einige wichtige Eigenschaften der „echten" Gegenstände:

- Das Augenmodell zeigt nur die wichtigsten Bestandteile des Auges. Es ist viel größer als das wirkliche Auge.

1 Gegenständliches Modell: Globus

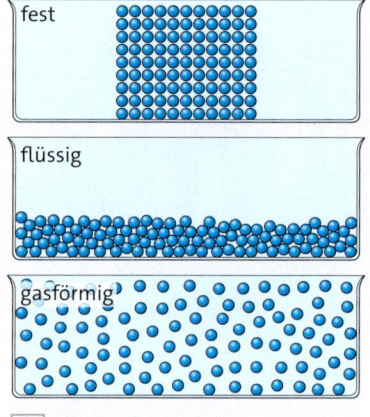

2 Gedankenmodell: Teilchenmodell

- Ein Globus ist ein sehr viel kleineres Modell der Erdkugel. Mit diesem Modell der Erde lassen sich Dinge wie Tag und Nacht oder Finsternisse besser verstehen. → 1

Denkmodelle • Neben den gegenständlichen Modellen gibt es in der Physik auch die „Denkmodelle". Sie werden nicht gebaut, sondern ausgedacht. Du kennst bereits das Modell der Elementarmagnete. Nun hast du das Teilchenmodell kennengelernt. Denkmodelle helfen dir, Beobachtungen zu erklären:

- Beim Magnetisieren eines Nagels mit einem Magneten werden die Elementarmagnete im Nagel ausgerichtet. Der Nagel hat nachher einen Nordpol und einen Südpol. Er ist zum Magneten geworden.
- Wasserteilchen halten mal stärker, mal weniger stark oder auch nicht zusammen. → 2 So erklären wir, dass Wasser mal fest, mal flüssig oder gasförmig sein kann.

Modelle erweitern • Wir müssen das Teilchenmodell erweitern, um zu erklären, dass sich Eisen bei Erwärmen ausdehnt. Wir stellen uns vor, dass sich die Teilchen in einem Stoff ständig hin- und herbewegen. Je höher die Temperatur ist, desto stärker bewegen sich die Teilchen. Für die stärkere Bewegung brauchen die Teilchen mehr Raum. Daher dehnen sich Eisen und auch andere Stoffe beim Erwärmen aus. Das Teilchenmodell begegnet uns in der Physik mehrfach. Immer wieder müssen wir es dabei erweitern.

Aufgaben

1 ☒ Nenne zwei gegenständliche Modelle und beschreibe, was sie darstellen.

2 ☒ Beschreibe, wie das Teilchenmodell zur Erklärung der Ausdehnung beim Erwärmen erweitert wurde.

Modelle im Altertum

Griechenland • Bereits vor Demokrit versuchten einige Menschen in Griechenland, den Aufbau der Erde und die Eigenschaften verschiedener Stoffe zu erklären, zum Beispiel
5 Thales von Milet (ca. 624 v. Chr.–548 v. Chr.). Dazu nutzten sie die verschiedenen Eigenschaften von Wasser, Luft, Erde und Feuer, die sie als Elemente bezeichneten:
- Federn enthielten nach diesem Modell sehr
10 viel vom Element Luft und befähigten so zum Fliegen.
- Steine enthalten hohe Anteile des Elements Erde.
- Der Stein Pyrit, der als Feueranzünder ge-
15 nutzt wurde, hatte neben dem Element Erde auch viel vom Element Feuer.
- Das Wasser wurde als Urelement angesehen, aus dem alles Leben entsteht.

China • Schon lange Zeit vor den Griechen hat-
20 te man in China eine Lehre der fünf Elemente verfolgt: Mit den Eigenschaften von Holz, Metall, Feuer, Wasser und Erde versuchte man dort alle Naturerscheinungen zu erklären.

Ägypten • In Ägypten erklärte man vor mehr
25 als 3000 Jahren viele Naturerscheinungen mithilfe von Kreisläufen: Der Fluss Nil als Lebensspender Ägyptens entsprang nach diesem Weltbild einem Ur-Ozean. Jährlich überschwemmte der Fluss zwischen Juni und Sep-
30 tember die Felder und ließ dort fruchtbaren Schlamm zurück, der den Boden ergiebig machte. Danach kehrte der Nil wieder zurück in den Ur-Ozean. In der ägyptischen Gedan-

kenwelt wurde dieser Kreislauf von dem Gott
35 Hapi in Bewegung gehalten. → 3
In Kreisläufen beschrieben die Menschen in Ägypten auch die Abfolge von Tag und Nacht: Sie sahen in der Sonne den Gott Re, der mit einem Boot aus Gold am östlichen Horizont hin-
40 aufstieg und im Westen wieder herunterfuhr. Abends, wenn die Sonne nicht mehr zu sehen war, reiste Re durch die Unterwelt und erfreute die Verstorbenen mit seinem Licht.

Aufgaben

1 ⊡ Beschreibe die Lehre der vier Elemente der Griechen.

2 ⊠ Beschreibe Kreisläufe in der Natur, die für die Menschen in Ägypten wichtig waren.

3 Hapi, Gott der Nilfluten

Wasser – nicht immer flüssig

1 Eis schmilzt.

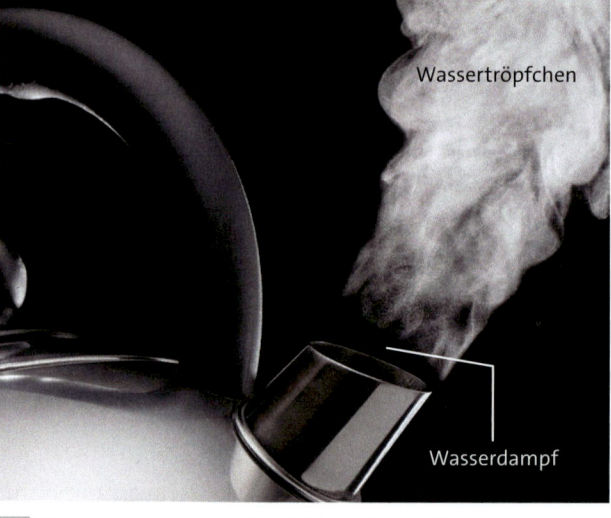

Wassertröpfchen

Wasserdampf

2 Wasser verdampft – Dampf kondensiert.

3 Wasser gefriert.

Wasser, das seinen Zustand ändert – oder gleich ändern wird

Fest – flüssig – gasförmig • Feste Eiswürfel schmelzen in einem Glas Tee
5 rasch zu flüssigem Wasser. ➜ 1
Das Wasser im Teekessel wird erhitzt. Es siedet zu gasförmigem Wasserdampf, der sich mit der Luft vermischt. ➜ 2 Erst wenn der Wasserdampf ab-
10 kühlt, wird das Wasser wieder flüssig und sichtbar – als Tröpfchen an einem Topfdeckel oder in einer Wolke. ➜ 2 Flüssiges Wasser gefriert an kalten Wintertagen zu festem Eis. ➜ 3

Basiskonzept

Struktur der Materie
→ Seite 188 f.

15 **Zustandsänderungen** • Die Zustände fest, flüssig und gasförmig nennt man Aggregatzustände.
Wasser ist unter 0 °C festes Eis. ➜ 4
Wenn es erwärmt wird, erreicht es bei
20 0 °C seine Schmelztemperatur. Es wird flüssig. Erwärmt man das flüssige Wasser weiter, erreicht es seine Siedetemperatur von 100 °C. Das Wasser verdampft dann und wird gasförmig.
25 Wenn man Wasserdampf abkühlt, dann wird er beim Erreichen der Siedetemperatur flüssig. Man sagt: Der Wasserdampf kondensiert. Flüssiges Wasser erstarrt beim Erreichen der
30 Schmelztemperatur und wird fest.

> Der Aggregatzustand von Wasser ändert sich mit der Temperatur. Die Zustandsänderungen nennt man:
> • fest → flüssig: schmelzen
> • flüssig → gasförmig: verdampfen
> • gasförmig → flüssig: kondensieren
> • flüssig → fest: erstarren

Wasser im festen Zustand (Eis), unter 0 °C

Wasser im flüssigen Zustand, 0 °C – 100 °C

Wasser im gasförmigen Zustand, über 100 °C

schmelzen
erwärmen →
← abkühlen
erstarren

verdampfen
erwärmen →
← abkühlen
kondensieren

4 Zustandsänderungen von Wasser

fest (Eis)	flüssig (Wasser)	gasförmig (Wasserdampf)
erwärmen → / ← abkühlen	erwärmen → / ← abkühlen	
Die Wasserteilchen haben • einen starken Zusammenhalt. • feste Plätze, an denen sie sich kaum bewegen können. Beim Erwärmen bewegen sich die Teilchen immer stärker und verlassen ihre Plätze. Das Eis beginnt zu schmelzen.	Die Wasserteilchen haben • einen schwächeren Zusammenhalt als im festen Zustand. • keine festen Plätze. Sie können sich gegeneinander verschieben. Wenn weiter erwärmt wird, bewegen sich die Teilchen immer schneller, bis sie sich voneinander losreißen. Das Wasser beginnt zu verdampfen.	Die Wasserteilchen • haben keinen Zusammenhalt mehr. • bewegen sich sehr schnell. • benötigen sehr viel Platz.

5 | Aggregatzustände von Wasser im Teilchenmodell

Teilchenmodell • Wie können wir uns die Aggregatzustände im Teilchenmo-
40 dell vorstellen? Wasserteilchen bewegen sich bei niedriger Temperatur nur wenig. Je höher die Temperatur steigt, desto stärker bewegen sich die Teilchen. → 5 Sie können dabei den Zu-
45 sammenhalt untereinander verlieren.

Andere Stoffe • Kerzenwachs ist bei Raumtemperatur fest. Wenn man es erwärmt, wird es flüssig. → 6 Das Kerzenwachs ändert seinen Aggregat-
50 zustand. Erwärmt man das flüssige Kerzenwachs weiter, verdampft es. Es können auch Stoffe flüssig oder fest sein, die bei Raumtemperatur gasförmig sind. Stickstoff kondensiert, wenn
55 er unter −196 °C abgekühlt wird. Der flüssige Stickstoff wird dann in vielen technischen Bereichen zur Kühlung eingesetzt.

> Viele Stoffe können in den Aggregatzuständen fest, flüssig und gasförmig vorliegen.

Aufgaben

1 ☑ Nenne die drei Aggregatzustände.

2 ☑ Nenne die Zustandsänderungen, die beim Erhitzen eines anfangs festen Stoffs auftreten.

3 ☒ Skizziere mithilfe des Teilchenmodells, wie Wasser verdampft.

4 ☒ Suche im Internet nach einem Video, das die Aggregatzustände des Wassers im Teilchenmodell zeigt. Was wird über die Beweglichkeit der Teilchen ausgesagt? Vergleiche mit Tabelle 5.

6 | Festes, flüssiges und gasförmiges Kerzenwachs

Wasser – nicht immer flüssig

Eiswasser erhitzen

Wenn ihr Eiswasser erhitzt, schmilzt das Eis und die Temperatur steigt. Aber wie hoch?

Achtung • Siedendes Wasser: Verbrühungsgefahr! Beachtet die Sicherheitsvorkehrungen beim Umgang mit der Heizplatte (siehe Anhang)!

Materialliste: Heizplatte, Stativ, Becherglas (400 ml), elektronisches Thermometer, Glasrührstab, Stoppuhr, Eiswürfel

1 Legt eine Tabelle an für eure Messwerte und Beobachtungen. → 1

2 Gebt 5 Eiswürfel und 150 ml kaltes Wasser in das Becherglas und rührt gut um.

3 Stellt das Becherglas auf die Heizplatte. Spannt den Messfühler des Thermometers ein. Er soll ins Wasser ragen, aber nicht den Boden berühren. → 2

4 Messt die Temperatur und wartet, bis die Anzeige stillsteht. Tragt den Messwert in die Tabelle ein. Schaltet die Heizplatte ein und startet die Stoppuhr.

Zeit nach dem Einschalten	Wassertemperatur	Beobachtungen
0 s	? °C	?
30 s	? °C	?
60 s	? °C	?

1 Beispieltabelle

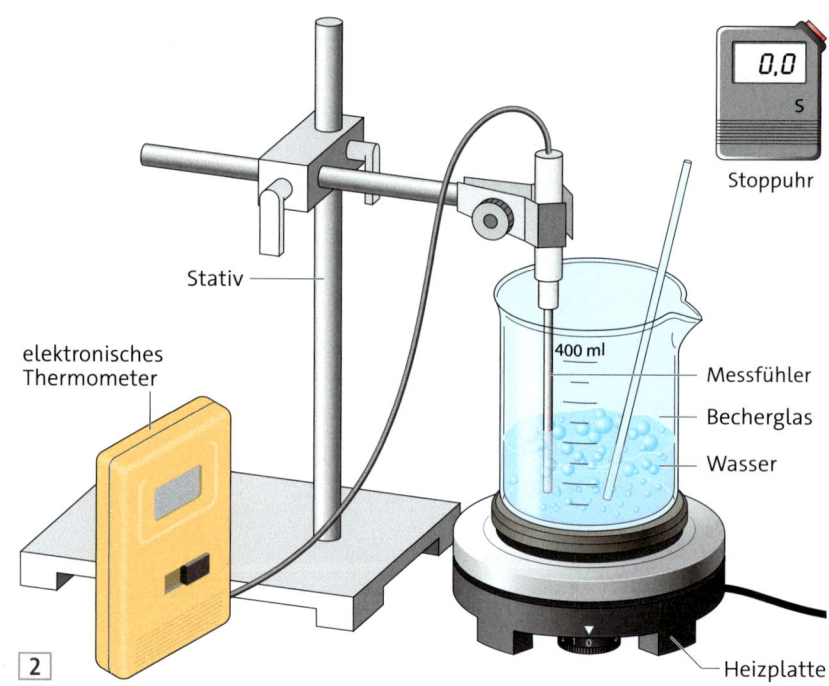

2

5 Lest alle 30 Sekunden die Temperatur ab und tragt sie in eure Tabelle ein. Vergesst nicht, weiter umzurühren.

6 Irgendwann siedet das Wasser. Messt danach noch 2–3 Minuten weiter und tragt die Messwerte in die Tabelle ein.

7 Tabelle
a ☑ Lest aus eurer Tabelle ab, wie heiß das Wasser wird.
b ☒ Stieg die Temperatur gleichmäßig an? Beschreibt den Temperaturverlauf.
c ☒ Findet heraus, zu welchen Zeiten die Temperatur am wenigsten und zu welchen Zeiten sie am meisten anstieg.

Methode

Ein Liniendiagramm zeichnen

Zeit nach dem Einschalten in s	0	30	60	90	120	150	180	210	240	270	300	330
Wassertemperatur in °C	0	3	6	22	35	48	60	71	85	97	100	100

3 Aufzeichnung der Messwerte

Wenn du Wasser erhitzt und dabei regelmäßig die Temperatur abliest, erhältst du ähnliche Messwerte wie in der Tabelle. ➛ 3 So gehst du vor, um diese Messwerte in einem Liniendiagramm aufzuzeichnen: ➛ 4

1. Achsen zeichnen Zeichne mit Bleistift und Lineal die Achsen auf Kästchenpapier. Schreibe an jede Achse die Größe und die Einheit:
• senkrechte Achse: Temperatur in °C
• waagerechte Achse: Zeit in s

2. Messpunkte eintragen Suche zunächst einen Messwert auf der Zeitachse (z. B. 120 s). Ziehe eine dünne Hilfslinie nach oben. Suche dann auf der Temperaturachse den zugehörigen Messwert (35 °C). Zeichne eine Hilfslinie waagerecht nach rechts. Mache am Schnittpunkt der Linien ein Kreuz. Radiere die Hilfslinien am Ende wieder aus.

3. Messpunkte verbinden Verbinde die Messpunkte ohne Lineal mit einer Linie.

Aufgabe

1 ⊠ Erstelle ein Liniendiagramm aus deiner Messwerttabelle von Material A.
a Lies aus deinem Diagramm die Temperatur nach 45 s und nach 225 s ab.
b Lies aus deinem Diagramm ab, wann die Temperatur wenig oder gar nicht steigt.
c Beschreibe, was zu diesen Zeiten im Becherglas passiert.
d Nenne die Vorteile, die ein Diagramm gegenüber einer Tabelle bietet.

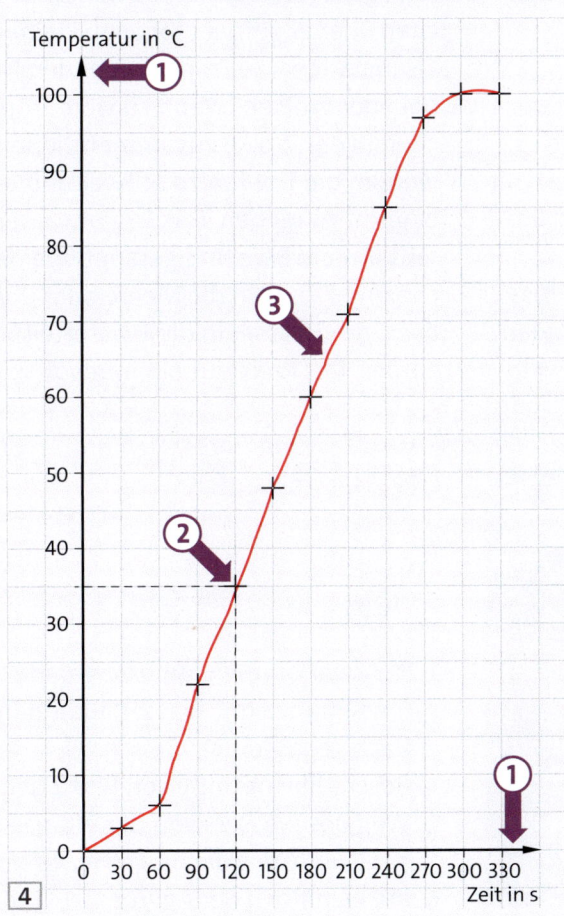

4

Wasser unterwegs

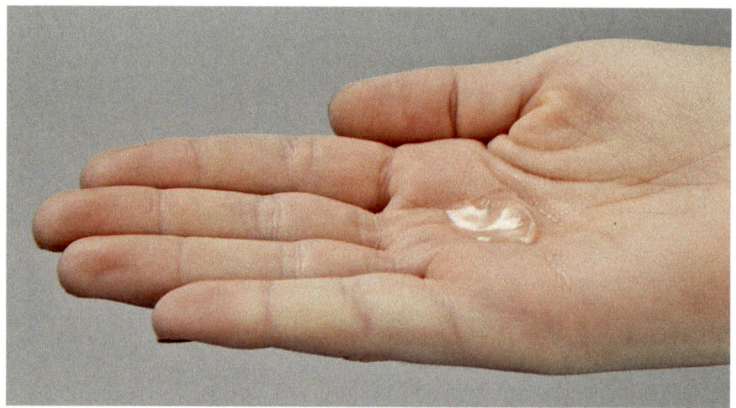

1 Wohin „verschwindet" das Wasser?

Das Wasser auf der Hand stammt aus der Wasserleitung und hat eine lange Reise hinter – und vor sich.

Wasserkreislauf • Das Wasser auf der
5 Hand verdunstet rasch. Das heißt, es wird gasförmig und vermischt sich mit der Luft. Das geschieht auch weit unterhalb der Siedetemperatur.
Überall verdunstet Wasser: aus Flüs-
10 sen, Seen und Meeren, vom Erdboden oder aus Blättern von Pflanzen. → 2

Ein großer Baum verdunstet an einem Sommertag einige Hundert Liter Wasser (etwa zwei Regentonnen). → 3

3 Verdunstung an einem Sommertag

15 Wenn feuchte Luft abkühlt, kondensiert der Wasserdampf zu feinen Tröpfchen oder er gefriert sogar zu kleinen Eiskristallen. Die Tröpfchen bilden Nebel oder Wolken. Wenn zu viele Tröpf-
20 chen in der Wolke zusammenfließen, werden die Tropfen zu schwer und es beginnt zu regnen. Das Regenwasser fällt auf die Erde und gelangt über Bäche und Flüsse in die Meere oder über
25 das Grundwasser in die Wasserleitung zurück. Der Kreislauf beginnt von vorn.

Verdunstung und Regen halten den Wasserkreislauf in Gang.

Aufgabe

1 ⊠ Angenommen, du hast gerade eine Pflanze mit Wasser aus einem Bach gegossen.
Beschreibe mithilfe von Bild 2 den Weg des Wassers von der Pflanze bis zur Quelle des Bachs. Gib jedes Mal an, wenn sich der Aggregatzustand des Wassers ändert.

Niederschlag

Verdunstung von Oberflächen

Pflanzen-
verdunstung

Verdunstung aus Seen und Meeren

Grundwasser

undurchlässige Schicht

2 Wasserkreislauf

Material A

Ein Modell des Wasserkreislaufs bauen

Materialliste: großes Einmachglas, Erde, Sand, Kies, Kressesamen, Wasser, Frischhaltefolie, Gummiband

1 Lege saubere Kieselsteine auf den Glasboden, bis dieser bedeckt ist. Füge dann eine Schicht feuchten Sand und eine Schicht feuchte Blumenerde hinzu. Streue die Kressesamen auf die Erde. Verschließe das Glas mit Frischhaltefolie.

2 ☒ Beobachte die Vorgänge im Glas über einen Zeitraum von zwei Wochen. Notiere täglich deine Beobachtungen.

3 ☒ Erkläre, wieso das Glas als Modell für den Wasserkreislauf angesehen werden kann.

4 ☒ Nenne Unterschiede zwischen deinem Modell und der echten Erde.

5 ☒ Stelle die Vorgänge im Glas schematisch dar.

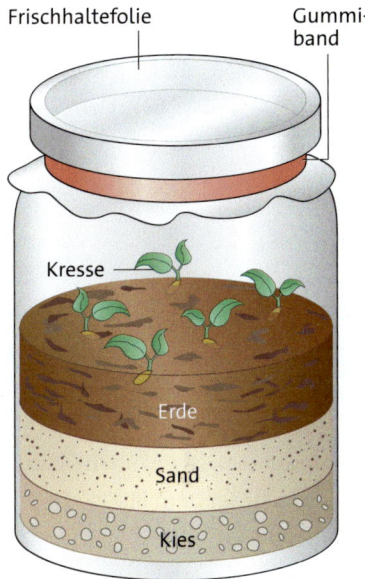

4 Modell des Wasserkreislaufs

Material B

Wasser schlägt sich nieder

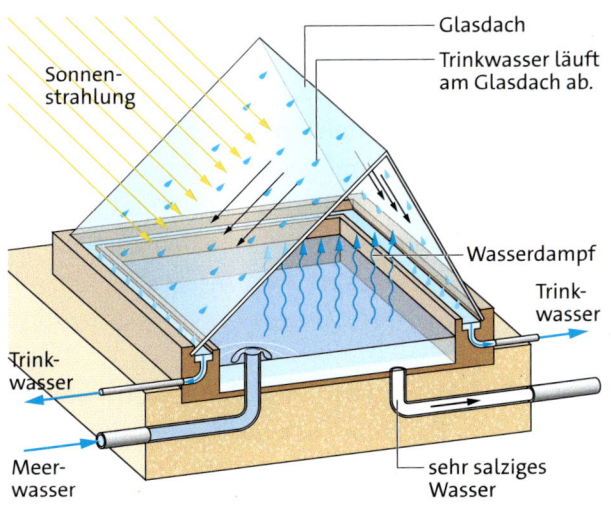

5 Trinkwassergewinnung aus Meerwasser

Materialliste: großes Glas, Wasser, Salz, Frischhaltefolie, Eiswürfel

1 Fülle das Glas halb voll mit Wasser. Mische einen Teelöffel Salz hinein. Verschließe das Glas mit der Frischhaltefolie und lege den Eiswürfel auf die Folie. Stelle das Glas an einen warmen Ort und warte ab. Probiere die Tropfen, die sich unter der Folie bilden.
a ☒ Erkläre deine Beobachtungen.
b ☒ Gib an, wo deine Beobachtung in Bild 2 eine Rolle spielt, und begründe.

2 Bild 5 zeigt, wie in regenarmen Ländern Trinkwasser aus Meerwasser gewonnen wird.
☒ Beschreibe, wie die Anlage funktioniert. Gehe auch auf die Aggregatzustände ein.

Wasser verhält sich nicht normal

1 Fisch unter dem Eis

Materialien zur
Erarbeitung: A–B

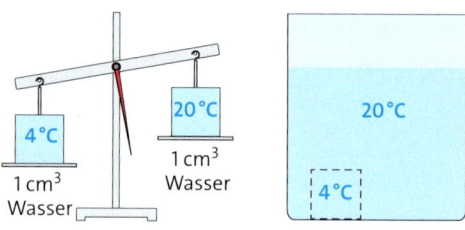

2 Wasser wird beim Abkühlen schwerer.

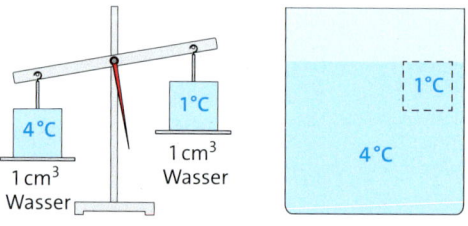

3 Bei 4 °C ist Wasser am schwersten.

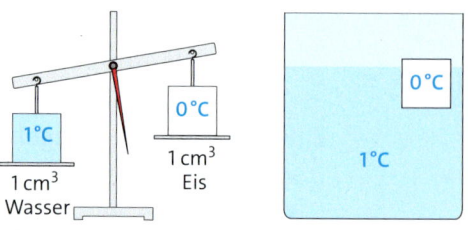

4 Eis ist leichter als flüssiges Wasser.

Wie überleben die Fische im zugefrorenen See? Wieso schwimmt das Eis oben auf dem Wasser?

Wassertemperaturen im See • Wer im
5 Sommer in einem tiefen See taucht, stellt fest: Das Wasser wird nach unten hin kälter. Im Winter dagegen wird es unter dem Eis nach unten hin wärmer. Woran liegt das?

10 **Eine besondere Flüssigkeit** • Du weißt bereits, dass sich Flüssigkeiten beim Abkühlen zusammenziehen. Auch Wasser zieht sich zusammen, wenn es von 20 °C auf 4 °C abgekühlt wird.
15 Dabei wird es schwerer. In Gewässern sinkt es nach unten. → 2
Wenn die Temperatur aber unter 4 °C fällt, dehnt sich das Wasser wieder aus – anders als andere Flüssigkeiten.
20 Es wird dabei leichter. In Gewässern steigt es auf. → 3
Bei 0 °C gefriert das Wasser zu Eis und dehnt sich dabei aus. Eis ist leichter als flüssiges Wasser, es schwimmt oben.
25 → 4

Auch dieses Verhalten ist ungewöhnlich. Die meisten Flüssigkeiten ziehen sich zusammen, wenn sie gefrieren. Weil sich Wasser nicht normal verhält,
30 sondern anders als die meisten Flüssigkeiten, sprechen wir von der Anomalie des Wassers.

> Wasser mit einer Temperatur von 4 °C ist am schwersten. Es sinkt in Gewässern nach unten.
> Eis ist leichter als flüssiges Wasser.
> Eis schwimmt auf dem Wasser.

See im Sommer • Die warme Luft und die Sonneneinstrahlung erwärmen das
40 Wasser an der Oberfläche des Sees. Beim Erwärmen dehnt es sich aus und wird damit leichter. Das warme Wasser bleibt an der Oberfläche, kälteres Wasser liegt am Grund des Sees. → 5

45 **See im Winter** • Im Winter kühlt sich das Wasser an der Oberfläche des Sees ab. Dabei zieht es sich zusammen, es wird schwerer. Bei 4 °C ist Wasser am schwersten. Es sinkt im See nach ganz
50 unten. Wenn das Wasser an der Ober-
fläche unter 4 °C abkühlt, wird es wieder leichter und sinkt deshalb nicht ab.
Die Wassertemperatur nimmt so lange an der Oberfläche ab, bis das Wasser
55 zu Eis erstarrt. Unten im See ist es dann mit 4 °C am wärmsten. → 6

Folgen für Natur und Technik • Wenn Gewässer tief genug sind, frieren sie im Winter nicht zu. Dann befindet sich
60 unter der Eisschicht flüssiges Wasser. Das ist sehr wichtig für Fische und Wasserpflanzen. Sie können so in der kalten Jahreszeit überleben.
Dass sich Wasser beim Gefrieren aus-
65 dehnt und leichter wird, hat noch mehr Folgen:
• Eisberge schwimmen auf dem Wasser. → 7
• Wasser in Felsritzen und -spalten
70 gefriert im Winter. Dabei dehnt es sich aus und „sprengt" so Stücke aus dem Fels. Auch Schlaglöcher im Straßenbelag entstehen so.
• Rohre platzen im Winter, wenn das
75 Wasser darin gefriert.

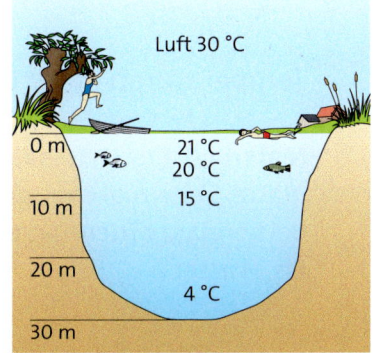

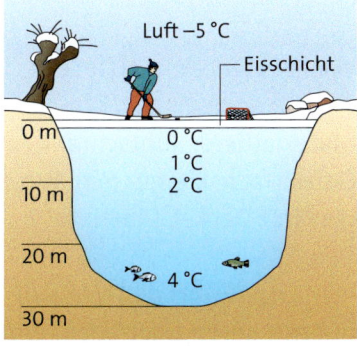

5 See im Sommer   6 See im Winter

7 Eisberge

Aufgaben

1 ☒ Beschreibe die Temperaturen des Wassers in einem See im Sommer und im Winter.

2 ☒ Das besondere Verhalten von Wasser hat für die Tiere in einem See große Bedeutung. Begründe es.

3 ☒ Erkläre, warum ein Eisberg auf dem Wasser schwimmt.

Wasser verhält sich nicht normal

Material A

Wenn Wasser gefriert …

Materialliste: Kühlschrank mit Gefrierfach, kleines Schraubglas mit Deckel, Plastiktüte

Achtung • Führt den Versuch nur mit euren Eltern oder einer Lehrkraft durch.

1 So geht ihr vor:
a Füllt das Glas randvoll mit Wasser. Schraubt es zu. Vermeidet dabei Luftblasen.
b Hüllt das Glas in eine Plastiktüte und stellt es kalt.
c Am nächsten Tag ist das Wasser nicht nur gefroren, sondern ◇.
   ⊠ Vervollständigt den Satz.

Material B

Temperaturen unter Eis

Materialliste: Hartschaumplatte, Stativmaterial, großes Becherglas, 3 Thermometer, Eis, Wasser

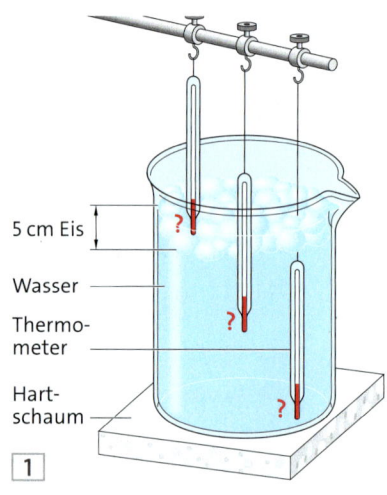

5 cm Eis
Wasser
Thermometer
Hartschaum

1

1 Seht euch das Bild an. → 1
a ⊠ Vermutet, wo man die höchste und wo die niedrigste Wassertemperatur misst. Notiert eure Vermutungen.
b Baut den Versuch dann auf.
c ⊠ Lest nach ein paar Minuten die Temperaturen an den Thermometern ab und notiert sie.

2 ⊠ Vergleicht die Ergebnisse mit euren Vermutungen von Versuchsteil 1a.

Material C

Volumenänderung beim Gefrieren

Materialliste: Becherglas mit „Kältemischung" aus 300 g Eis und 100 g Salz, Reagenzglas, Wasser, wasserfester Filzstift

1 So geht ihr vor:
a Füllt das Reagenzglas zur Hälfte mit Wasser. Markiert den Wasserstand. → 2
b Stellt das Reagenzglas in die Kältemischung.

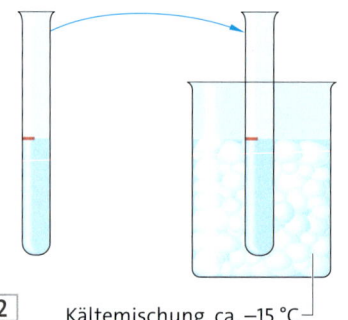

2   Kältemischung, ca. −15 °C

c Wartet 15 Minuten und beobachtet den Wasserstand.

2 ⊠ Erklärt das Ergebnis.

Material D

Wachs schmelzen (Demoversuch)

Materialliste: Reagenzglas mit Wachs, Gasbrenner, Reagenzglasklammer, Schutzbrille

1 Das Reagenzglas enthält flüssiges Wachs. Eine Kugel festes Wachs wird zugefügt.

2 ⊠ Vergleicht das Verhalten der Wachskugel mit dem Verhalten von Eis in Wasser.

Sprengstoff: gefrierendes Wasser

Fels und Boden • Die Wirkung gefrierenden Wassers ist gewaltig. Man sieht sie an den Schotter- und Geröllfeldern im Gebirge. → 3
Jeder Fels hat winzige Spalten und Risse, in die
5 Wasser eindringt. → 4 Im Winter gefriert das Wasser zu Eis. Dabei kann sich das Eis so weit ausdehnen, dass der Fels bricht. Solange das Eis nicht taut, hält es den Fels noch zusammen.
→ 5 Erst wenn im Frühjahr das Eis schmilzt,
10 zerfällt der Fels in kleinere Brocken. → 6
Selbst große Felsen werden so allmählich in immer kleinere Stücke zerlegt.
Bei Frost zerkleinert gefrorenes Wasser den Lehm im Boden. Im Frühjahr ist der Boden
15 lockerer und das Feld besser zu bearbeiten.

Schlaglöcher • Wasser dringt in kleine Risse in der Straße ein und gefriert dort im Winter. Das Eis dehnt sich aus. Im Frühjahr schmilzt es, das Wasser versickert. Der entstandene Hohlraum
20 bricht ein, wenn Autos darüberfahren. → 7

Wasserrohre • Wenn Wasser in Rohren gefriert, kann es großen Schaden anrichten. Deshalb werden Wasserleitungen wärmeisoliert oder bei Frostgefahr entleert. Dem Kühlwasser im
25 Auto setzt man Stoffe zu, die es auch bei niedrigen Temperaturen nicht gefrieren lassen.

Aufgabe

1 ☒ „Nach einem kalten Winter muss ein Feld weniger gepflügt werden als nach einem warmen Winter."
Begründe die Aussage.

3 Geröllfeld in den Dolomiten (Italien)

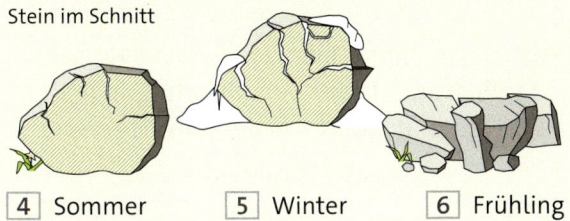

Stein im Schnitt

4 Sommer 5 Winter 6 Frühling

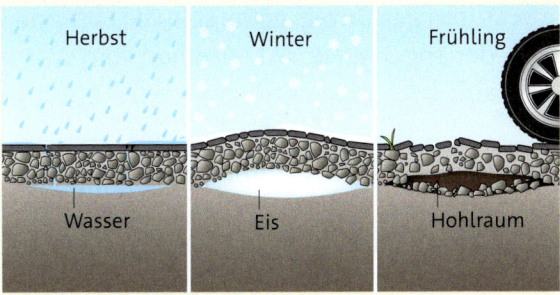

7 Ein Schlagloch entsteht.

Temperatur

Zusammenfassung

Temperatur fühlen und messen • Die Temperatur gibt an, wie warm oder kalt ein Gegenstand ist. Sie wird in Grad Celsius (°C) angegeben. Man misst die Temperatur mit Thermometern.

Ausdehnen beim Erwärmen • Festkörper, Flüssigkeiten und Gase dehnen sich bei Erwärmung in der Regel aus. Beim Abkühlen ziehen sie sich wieder zusammen.
Die Volumenänderung hängt von der Temperaturänderung und bei Festkörpern und Flüssigkeiten auch vom Stoff ab.

Die Celsiusskala • Zwei Fixpunkte bestimmen die Celsiusskala: → 1
• die Schmelztemperatur von Eis (0 °C)
• die Siedetemperatur von Wasser (100 °C)
Der Abstand dazwischen wird in 100 gleiche Teile geteilt, jeder Teil entspricht 1 °C. Die Skala wird in gleichen Schritten fortgesetzt.

°C

Teilchen

Siedetemperatur des Wassers

2 Niedrige Temperatur

Schmelztemperatur von Eis

1 Celsiusskala

3 Hohe Temperatur

Teilchenmodell • Wir stellen uns vor, dass ein Gegenstand aus winzigen unveränderlichen Teilchen besteht. Sie bewegen sich immer – umso heftiger, je höher die Temperatur ist. → 2 3
Mit steigender Temperatur wächst deshalb das Volumen des Gegenstands.

Wasser – nicht immer flüssig • Wasser kann wie viele Stoffe fest, flüssig oder gasförmig sein. Der Aggregatzustand hängt von der Temperatur ab.
→ 4

Wasserkreislauf • Wasser wird auch bei niedrigen Temperaturen gasförmig, gelangt in die Luft und wird wieder abgeregnet. Wir sprechen vom Wasserkreislauf.

Wasser verhält sich nicht normal • Wasser unterscheidet sich von anderen Stoffen:
• Wasser zieht sich zusammen, wenn es auf 4 °C abgekühlt wird. Es ist bei 4 °C am schwersten. Wenn Wasser weiter auf 1 °C abgekühlt wird, dehnt es sich aus. Es wird wieder leichter. → 5

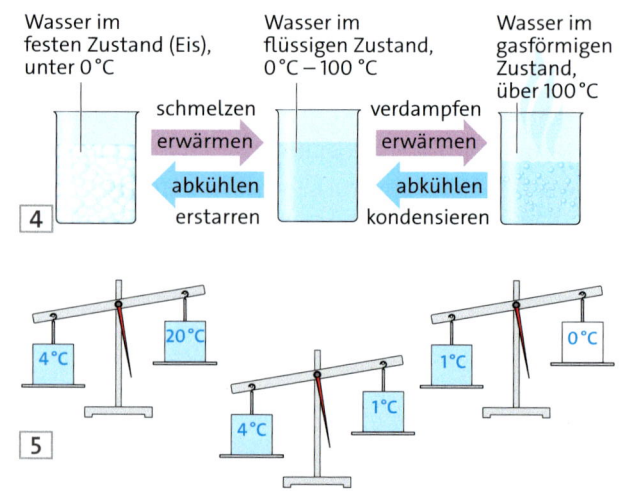

Wasser im festen Zustand (Eis), unter 0 °C — Wasser im flüssigen Zustand, 0 °C – 100 °C — Wasser im gasförmigen Zustand, über 100 °C

schmelzen
erwärmen
abkühlen
erstarren

verdampfen
erwärmen
abkühlen
kondensieren

4

20 °C
4 °C

1 °C
4 °C

0 °C
1 °C

5

• Bei 0 °C gefriert Wasser. Dabei dehnt es sich aus. Eis ist leichter als flüssiges Wasser. → 5
Eis schwimmt deshalb auf Wasser.

Temperatur fühlen und messen

1 Temperatursinn

a ☒ Nenne eine Situation, in der unser Temperatursinn wichtig ist.

b ☒ Oft täuscht uns unser Temperatursinn. Beschreibe dazu ein Beispiel.

Ausdehnen beim Erwärmen

2 ☒ Beschreibe, wie du einen eingebeulten Tischtennisball auf einfache Weise wieder „reparieren" kannst . → 6

6

Die Celsiusskala

3 ☒ Die Temperaturen 0 °C, 37 °C und 100 °C solltest du dir merken.
Nenne die Bedeutung dieser Temperaturen.

Unsere Welt besteht aus Teilchen

4 ☒ Gib an, welche Aussagen zum Teilchenmodell passen.

a Man kann Atome nicht teilen.

b Man kann Atome zusammenpressen.

c Die ganze Welt besteht aus Atomen.

d Man kann einen Körper endlos immer weiter zerteilen.

e Atome können nicht zerstört werden.

f Atome bewegen sich nicht.

Wasser und Wasserkreislauf

5 ☒ Nenne die Aggregatzustände. Wähle sie aus den folgenden Begriffen aus: schwer, heiß, elastisch, fest, flüssig, unsichtbar, kalt, hart, gasförmig, leicht.

6 ☒ Beschreibe mithilfe des Bilds die folgenden Vorgänge mit Fachbegriffen: → 4

• Das Wasser für den Tee kocht.

• Eine Wasserpfütze gefriert im Winter.

• Morgens bildet sich Tau auf der Wiese, an den Gräsern hängen kleine Tröpfchen.

• Eiszapfen „verschwinden".

• Schokolade wird im Sonnenlicht weich.

• Heißes Kerzenwachs wird wieder fest, wenn die Flamme ausgepustet wird.

7 ☒ Erkläre, warum der Wasserkreislauf der Erde für uns lebenswichtig ist. Nutze die Begriffe verdunsten, kondensieren, Tröpfchen, Bäche, Nebel, Regen, Wolken, Flüsse, Meer.

8 Wie ändert sich die Temperatur in einem See mit zunehmender Wassertiefe? → 7 Ordne den Ziffern 1–6 die richtigen Temperaturen zu:

a ☒ See im Sommer: 4 °C, 15 °C, 22 °C

b ☒ See im Winter: 0 °C, 3 °C, 4 °C

c ☒ Erkläre die Reihenfolge der Wassertemperaturen im Sommer und im Winter.

7

Schall

Wir leben in einer Welt von Stimmen, Tönen und Geräuschen – wie entstehen sie und wie kommen sie zu uns?

Zum einen Ohr hinein und zum anderen hinaus? Was geschieht dazwischen?

Lärm stört. Ab welcher Lautstärke gefährdet er die Gesundheit?

Wie Schall entsteht

1 Schlagzeug

Material zur
Erarbeitung: A

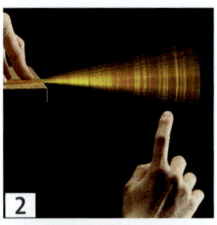

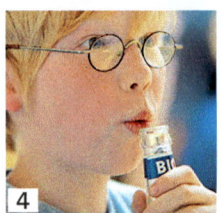

Tanja spielt Schlagzeug in der Schulband. Dabei wird es richtig laut. Man kann das Schlagzeug im ganzen Schulhaus hören.

5 **Schall** • Schall ist alles, was wir hören: den Ton einer Stimmgabel, das Geräusch eines Motors oder das Gebell von Hunden ...

So entsteht Schall • Mit einem Lineal
10 kannst du Schall erzeugen. → **2** Nach dem Anzupfen schwingt das freie Ende auf und ab – und du hörst einen Ton. Auch andere Gegenstände erzeugen Schall, wenn sie hin- und herschwin-
15 gen: eine angeschlagene Stimmgabel oder die Luft in einer Flasche. → **3** **4**

> Schall entsteht, wenn Gegenstände schnell hin- und herschwingen.

Schallübertragung in Luft • Beim An-
20 schlagen wird das Fell der Trommel rasch eingedrückt. → **5** Die Luftteilchen direkt dahinter können nicht ausweichen und werden dichter zusammengeschoben. Eine Luftverdichtung
25 entsteht. Gleich nach dem Anschlagen schwingt das Fell zurück. Die Luftteilchen können nicht so schnell folgen, es entsteht eine Luftverdünnung. → **6** Die Folge aus Luftverdichtung und
30 Luftverdünnung überträgt sich von einer Luftschicht auf die nächste. Sie „wandert" vom Trommelfell weg. → **7** Gleich danach werden die nächsten Luftverdichtungen und -verdünnungen
35 ausgelöst – weil das Trommelfell weiter hin- und herschwingt.

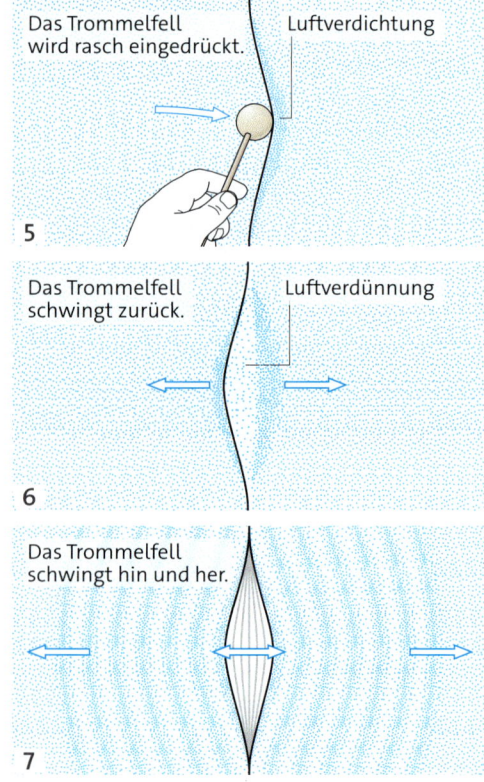

Das Trommelfell wird rasch eingedrückt. Luftverdichtung

5

Das Trommelfell schwingt zurück. Luftverdünnung

6

Das Trommelfell schwingt hin und her.

7

Schallgeschwindigkeit • Die Klappe gibt das Signal zum Start des 100-m-Laufs. ➜ 8 Der Zeitnehmer steht am Ziel. Er
40 beginnt zu messen, wenn er die Bewegung der Klappe sieht. Der Knall erreicht wenig später seine Ohren. Schall breitet sich langsamer aus als Licht.

Schall – in vielen Stoffen • Weil Luft
45 den Schall weiterleitet, bezeichnet man sie als Schallleiter. Auch andere Stoffe leiten Schall, Beton zum Beispiel viel schneller als Luft. ➜ 9
Wie kommt es dazu? Alle Stoffe bestehen aus kleinsten Teilchen. In Beton
50 haben aber die Teilchen geringere Abstände als die Teilchen in der Luft. Auch Wasser leitet Schall schneller als Luft.
55 Im fast leeren Weltraum haben die vereinzelten Teilchen riesige Abstände. Schall breitet sich dort nicht aus.

> In der Luft breitet sich Schall als Folge von Luftverdichtungen und Luftverdünnungen aus.
> Schall braucht einen Stoff, um sich auszubreiten.
> In der Luft legt der Schall 1 Kilometer in etwa 3 Sekunden zurück.

65 **Vom Sender zum Empfänger** • Schallquellen senden Schall aus. ➜ 10 Die Luft oder ein anderer Stoff überträgt den Schall. Schallempfänger, wie unser Ohr oder ein Mikrofon, können den
70 Schall aufnehmen. Wenn Schall an unser Ohr gelangt, hören wir etwas.

> ❙ Unsere Ohren sind Schallempfänger.

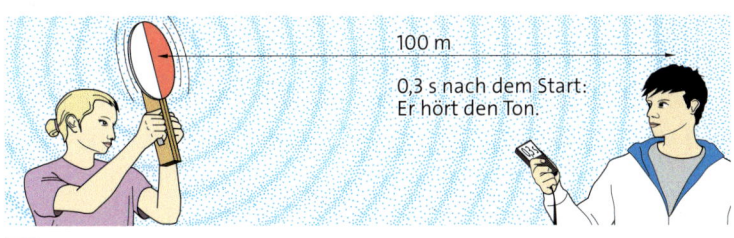

100 m

0,3 s nach dem Start: Er hört den Ton.

8 So schnell ist der Schall in Luft.

Stoff	Strecke, die Schall pro Sekunde zurücklegt
Luft	343 m
Wasser	1484 m
Holz	3300 m
Beton	3800 m

9 Schallgeschwindigkeit bei 20 °C

Schallsender   Schall   Schallempfänger

10 Schall – vom Sender zum Empfänger

Aufgaben

1 ☑ Nenne fünf Schallquellen. Beschreibe jeweils, was schwingt.

2 ☒ Erkläre am Beispiel einer Glocke die Entstehung und Ausbreitung des Schalls.

3 ☒ In vielen Science-Fiction-Filmen hört man Raumschiffe durch den Weltraum fliegen. Nimm Stellung.

Wie Schall entsteht

Material A

Schallerzeugung beobachten und vergleichen

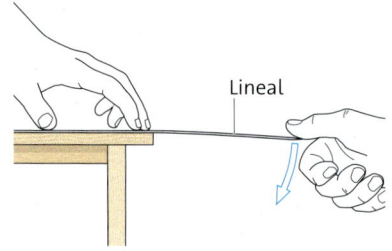

1 | Schallquelle: Lineal

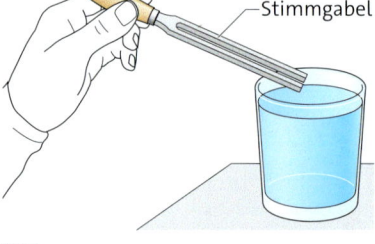

2 | Schallquelle: Stimmgabel

Materialliste: Lineal, Stimmgabel, Glas mit Wasser, Gummiband, Kuchenform, Trommel, Sand (Reis)

1 ☒ Führt die Versuche durch. Beschreibt, was ihr hört und seht. Nennt Gemeinsamkeiten.

a Spannt das Lineal mit einem Ende an der Tischkante fest.

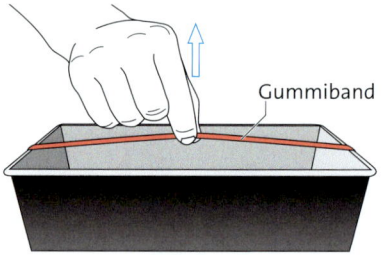

3 | Schallquelle: Gummiband

Zupft am freien Ende des Lineals. → 1

b Schlagt die Stimmgabel an. Haltet ihre Enden dann in das Glas Wasser. → 2

c Spannt das Gummiband über die Kuchenform. Zupft an dem Band. → 3

d Streut Sand oder Reis auf das Trommelfell. Schlagt die Trommel an. → 4

4 | Schallquelle: Trommel

Material B

Schallausbreitung

Materialliste: 3 Stative, 2 Stativklemmen, 2 Handtrommeln (Tamburine), Faden, Tischtennisball, Klöppel; Joghurtbecher ohne Boden, Luftballon, Gummiband, Kerze, Feuerzeug

1 Führt die beiden folgenden Versuche (a und b) durch.
☒ Beschreibt jeweils, was ihr hört und seht.

a Schallquelle – Schallempfänger: → 5
Schlagt das linke Tamburin kräftig mit dem Klöppel an.

b „Schallkanone": → 6
Verschließt die größere Öffnung des Joghurtbechers mit einer gespannten Luftballonhaut.
Haltet das offene Ende an die brennende Kerze und schlagt die Ballonhaut an.

c ☒ Erklärt eure Beobachtungen.

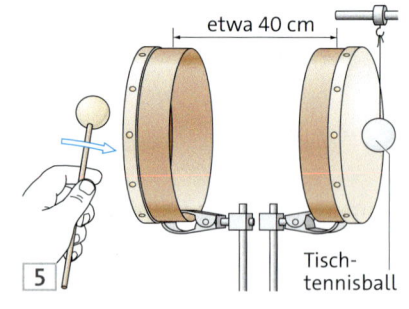

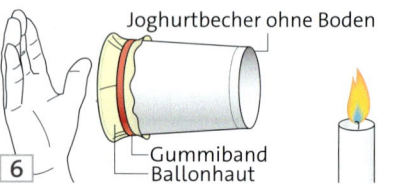

Material C

Schallgeschwindigkeit überprüfen

1 Eine Personengruppe hat eine Strecke von 250 m abgesteckt. An einem Ende der Strecke steht Alex und schlägt mit einem Hammer kräftig gegen ein Kuchenblech. Am anderen Ende stehen mehrere Schülerinnen und Schüler und messen, wie viel Zeit zwischen dem Aufschlag und dem Knall vergeht. → 7

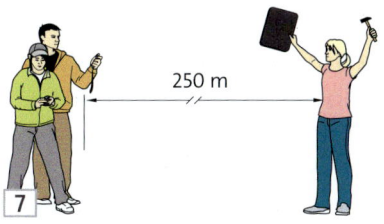

250 m

7

a ☒ Bestimme den Mittelwert der Zeiten auf eine Stelle genau. → 8
b ☒ Berechne, wie lange der Schall für 1 km braucht.
c ☒ Berechne, wie weit der Schall in 1 s kommt.

Zeitnehmer	Zeit für 250 m
1	0,7 s
2	0,6 s
3	0,8 s
4	0,8 s
5	0,7 s

8 Gemessene Zeiten

Material D

Welche Schnur leitet den Schall am besten?

Materialliste: 2 Kunststoffbecher, abgebrannte Streichhölzer, je 5 m lange Schnüre aus Angelschnur, Wollfaden, Metalldraht und Nähgummi

1 ☒ Baut zu zweit ein Schnurtelefon. Spannt dazu Angelschnur straff zwischen die Becher. → 9

a Flüstert leise in den einen Becher. Beschreibt, wie gut man es im zweiten Becher hören kann.
b Ersetzt die Angelschnur erst durch den Wollfaden, dann durch den Metalldraht und zum Schluss durch Nähgummi. Beschreibt die Unterschiede.
c Ermittelt den besten Schallleiter.

Plastikbecher Wolle Kupferdraht fertiges Schnurtelefon

9 Streichhölzer Nylonschnur Nähgummi

Material E

Warum höre ich nichts?

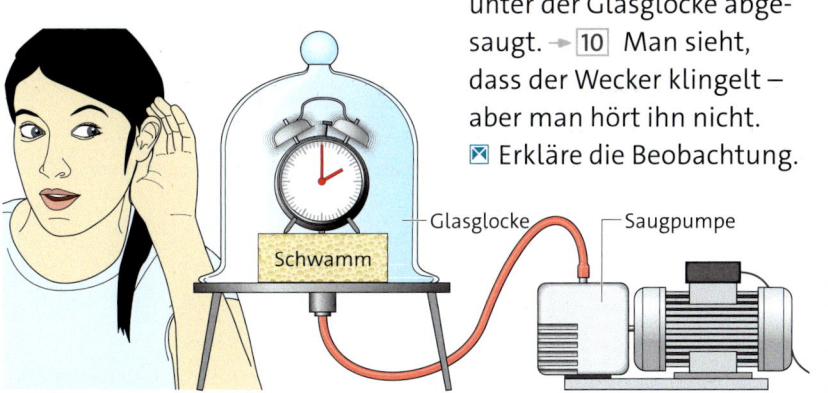

Schwamm

Glasglocke Saugpumpe

10 Wecker im luftleeren Raum

1 Die Saugpumpe hat die Luft unter der Glasglocke abgesaugt. → 10 Man sieht, dass der Wecker klingelt — aber man hört ihn nicht. ☒ Erkläre die Beobachtung.

Hoch und tief – laut und leise

1 Schwingende Gitarrensaite

Materialien zur Erarbeitung: A–C

Mit der Gitarre kannst du hohe und tiefe Töne erzeugen. Je kräftiger du die Saiten zupfst, desto lauter wird der Ton.

Tonhöhe und Frequenz • Wir bringen
5 ein Lineal an der Tischkante zum Schwingen. → 2
Wenn wir es einkürzen, schwingt das Lineal schneller hin und her. Dabei wird der erzeugte Ton höher. Die Fre-
10 quenz („Anzahl der Schwingungen pro Sekunde") ist dann größer.

> Je schneller eine Schallquelle hin- und herschwingt, desto höher ist der Ton und desto größer ist die Frequenz.

Die Frequenz wird in Hertz (Hz) angegeben. 1 Hz ist eine Schwingung pro Sekunde; 1000 Hz = 1 kHz.
Heinrich Hertz (1857–1894) war ein
20 wichtiger deutscher Physiker.

Stimmbereich • Beim Sprechen und Singen spannen wir mit Muskeln die Stimmbänder in unserem Kehlkopf an.
→ 3 Aus der Lunge strömende Luft
25 versetzt sie in Schwingungen, es entstehen Töne. Durch die Änderung der Spannung können wir höhere oder tiefere Töne erzeugen. Eine tiefe Männerstimme erzeugt Töne von 85 bis 350 Hz,
30 Frauenstimmen liegen im Bereich von etwa 250 bis 1100 Hz.

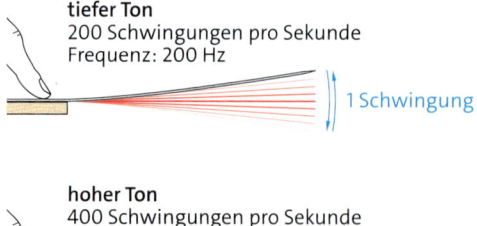

tiefer Ton
200 Schwingungen pro Sekunde
Frequenz: 200 Hz
1 Schwingung

hoher Ton
400 Schwingungen pro Sekunde
Frequenz: 400 Hz

2 Tonhöhe

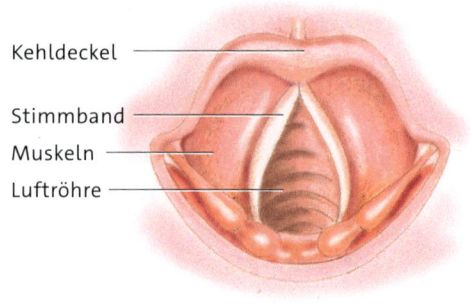

Kehldeckel
Stimmband
Muskeln
Luftröhre

3 Kehlkopf mit Stimmbändern

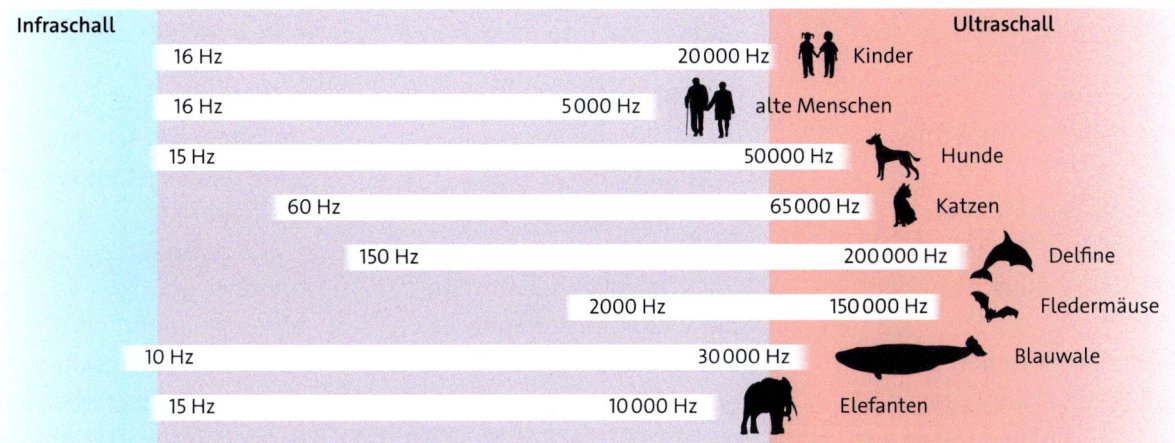

Infraschall			Ultraschall
16 Hz		20 000 Hz	Kinder
16 Hz		5 000 Hz	alte Menschen
15 Hz		50 000 Hz	Hunde
60 Hz		65 000 Hz	Katzen
150 Hz		200 000 Hz	Delfine
2000 Hz		150 000 Hz	Fledermäuse
10 Hz		30 000 Hz	Blauwale
15 Hz		10 000 Hz	Elefanten

4 Hörbereiche von Menschen und Tieren

Hörbereich • Junge Menschen mit gesunden Ohren können Töne mit Frequenzen von 16 Hz bis 20 000 Hz hören. 35 Sehr tiefe Töne im Infraschallbereich unter 16 Hz und die besonders hohen Töne des Ultraschallbereichs über 20 000 Hz können unsere Ohren nicht wahrnehmen. Viele Tiere haben einen 40 größeren Hörbereich. ➝ 4

Lautstärke • Wenn wir ein Gummiband zwischen zwei Stühle spannen und anzupfen, schwingt es hin und her und wir hören einen Ton. ➝ 5

45 Zupfen wir das Gummiband stärker an, schwingt das Band weiter hin und her. Der Ton ist dann lauter. ➝ 6 Die größte Schwingungsweite bezeichnen wir als die Amplitude der Schwin-50 gung.

> Je weiter eine Schallquelle hin- und herschwingt, desto lauter ist der Ton und desto größer ist die Amplitude.

Aufgaben

1 ⬛ Ergänze in deinem Heft:
a Je langsamer eine Schallquelle schwingt, desto ◇ ist die Frequenz.
b Je stärker eine Saite angezupft wird, desto ◇ ist die Lautstärke.

2 ⬛ Vergleiche das Hörvermögen von jungen und alten Menschen. ➝ 4

3 ⬛ Ein Ton soll leiser werden. Gib an, wie sich die Amplitude der Schwingung dazu ändern muss.

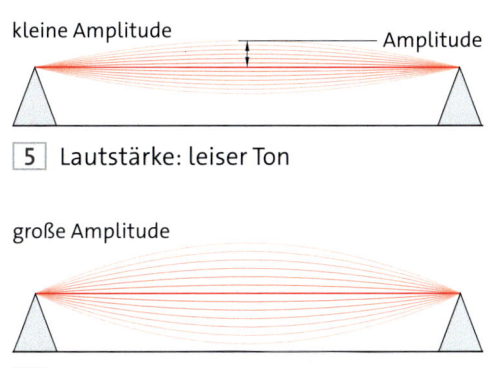

kleine Amplitude — Amplitude

5 Lautstärke: leiser Ton

große Amplitude

6 Lautstärke: lauter Ton

Hoch und tief – laut und leise

Material A

Eine „Saite" – verschieden hohe Töne

Materialliste: Nylonfaden (2 m lang), 2 PET-Flaschen voll Wasser (1 l), 2 Bleistifte

1 Bindet die Flaschen an den Enden des Nylonfadens fest. Legt den Faden dann so auf den Tisch, dass die Flaschen links und rechts herunterhängen. → 1 Schiebt nun die Bleistifte mit einem Abstand von rund 60 cm unter den Faden.

a ⊠ Zupft an dem gespannten Fadenstück zwischen den Bleistiften. Berührt es dann leicht mit dem Handrücken. Beschreibt, was ihr hört und fühlt.

b ⊠ Wie verändert sich der Ton der „Saite", wenn die Bleistifte enger zusammen- oder weiter auseinanderliegen? Untersucht es.

1 Gespannter Faden als „Saite"

Stellt Regeln auf:
• Je kürzer das schwingende Fadenstück ist, desto ⬦.
• Je länger ⬦.

c ⊠ Wie verändert sich die Tonhöhe, wenn der Faden stärker gespannt wird? Zieht dazu die Flaschen vorsichtig noch etwas weiter nach unten. Der Abstand zwischen den Bleistiften soll gleich bleiben. Stellt eine Regel auf:
Je stärker der Faden gespannt ist, ⬦.

d ⊠ Wie erzeugt man möglichst hohe Töne mit der „Saite"? Fasst eure Ergebnisse zusammen.

Material B

Verschiedene Töne

Materialliste: Gummiband, Lineal, Stimmgabel, PET-Flasche, Wasser

1 ⊠ Erzeuge verschieden laute Töne mit der gleichen Schallquelle. Verwende:
• ein gespanntes Gummiband
• ein Lineal, das an der Tischkante festgehalten wird
• eine Stimmgabel

a Beschreibe jeweils, wie du die verschieden lauten Töne erzeugst.

b Wie hängt die Lautstärke mit den Schwingungen der Schallquelle zusammen? Stelle eine Regel auf: Je stärker die Schallquelle hin- und herschwingt, desto ⬦.

2 ⊠ Erzeuge verschieden hohe Töne mit der gleichen Schallquelle. Verwende:
• ein gespanntes Gummiband

• ein Lineal, das an der Tischkante festgehalten wird
• eine teilweise mit Wasser gefüllte Flasche

a Beschreibe jeweils, wie du die verschieden hohen Töne erzeugst.

b Wie hängt die Tonhöhe mit den Schwingungen der Schallquelle zusammen? Stelle eine Regel auf:
Je schneller die Schallquelle hin- und herschwingt, desto ⬦.

Was kein Mensch hören kann

2 Elefantenherde an einem Wasserloch

3 Hunde reagieren auf den Pfiff der Hundepfeife.

Infraschall • Der Mensch kann tiefe Töne mit Frequenzen unterhalb von 20 Hz kaum oder gar nicht hören.
Elefanten, Giraffen und Wale nutzen jedoch
5 solche Infraschalllaute zur Kommunikation. Elefanten kommunizieren untereinander nicht nur durch laute Trompetentöne, sondern erzeugen in ihrem Kehlkopf vor allem auch Infraschalllaute. Die Schallwellen werden durch
10 die Luft und den Erdboden mehrere Kilometer weit übertragen. Dadurch können Elefanten Artgenossen über weite Entfernungen vor Gefahren warnen sowie über Nahrungsquellen oder Wasserlöcher informieren. ⇥ 2

15 **Ultraschall** • Der Mensch kann hohe Töne mit Frequenzen über 20 kHz nicht hören.
Hunde, Ratten, Wale und Fledermäuse können jedoch Ultraschall wahrnehmen. Deshalb hört z. B. „Herrchen" den hohen Ton der Hundepfei-
20 fe kaum, sein Hund aber sehr laut. ⇥ 3
Delfine nehmen unter Wasser Ultraschall von über 120 kHz wahr. Außerdem erzeugen sie auch selbst Ultraschalllaute zur Kommunikation und beim Beutefang. Dieser Schall wird von
25 der Umwelt zurückgeworfen. Am Echo erkennen die Delfine, wo und wie weit entfernt ein Gegenstand ist, welche Größe er hat und ob er sich bewegt. ⇥ 4

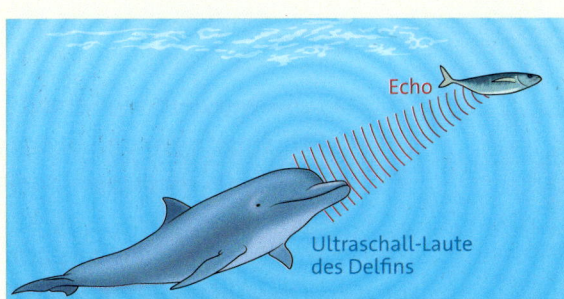

Echo

Ultraschall-Laute des Delfins

4 Der Delfin ortet seine Beute mit Ultraschall.

Aufgaben

1 ✏ Ergänze in deinem Heft: Infraschall liegt im Frequenzbereich unter ◇, Ultraschall im Frequenzbereich ◇.

2 ✘ Delfine können auch in dunklen Wassertiefen ihre Beute erkennen. Erkläre, wie sie es machen. ⇥ 4

Das Ohr als Schallempfänger

1 Die Richtung bestimmen – mit dem Gehör!

Auch mit verbundenen Augen kannst du bestimmen, woher ein Geräusch kommt. Wie arbeitet unser Gehör?

Ohr • Schall wird von der Ohrmuschel
5 aufgefangen und zum Trommelfell geleitet. → **2** Die Schwingungen des Trommelfells werden von den Gehörknöchelchen auf die Schnecke übertragen. Sie ist mit Flüssigkeit gefüllt.
10 Die Schwingungen erzeugen Wellen, die durch die Flüssigkeit wandern. In der Schnecke sitzen rund 20 000 Hör-

sinneszellen. Je nach Tonhöhe werden verschiedene Hörsinneszellen von den
15 Wellen gereizt. Die Hörsinneszellen eines Kinds reagieren auf Töne zwischen 16 Hz und 20 000 Hz. Die obere Grenze sinkt mit zunehmendem Alter.

Ohren und Gehirn • Die gereizten Hör-
20 sinneszellen schicken elektrische Signale über den Hörnerv zum Gehirn. Das Gehirn wertet die Signale aus: Jetzt erst nimmst du die Stimmgabel wahr, unterscheidest Stimmen und
25 weißt, ob ein Geräusch weit entfernt oder bedrohlich ist. Die Richtung einer Schallquelle kann dein Gehirn bestimmen, weil du zwei Ohren hast: Liegt die Schallquelle links von dir, kommt der
30 Schall erst ins linke Ohr und ganz kurze Zeit später ins rechte Ohr. Das Gehirn nutzt den winzigen Zeitunterschied zur Richtungsbestimmung.

> Unsere Ohren empfangen Schall und schicken daraufhin Signale ans Gehirn. Das Gehirn erzeugt aus den Signalen beider Ohren einen gemeinsamen Höreindruck.

Basiskonzept

Wechselwirkung
→ Seite 188 f.

Aufgaben

1 ☒ „Das Ohr wandelt den Schall erst in Schwingungen und dann in Wellen um." Erkläre diese Aussage.

2 ☒ Jemand kommt von rechts auf dich zu. Obwohl du ihn nicht siehst, drehst du deinen Kopf zur richtigen Seite. Erkläre diese Beobachtung.

Luftverdichtung
Luftverdünnung

Bogengänge

Schnecke mit Hörsinneszellen

Gehörknöchelchen

Hörnerv

Trommelfell

Gehörgang

Ohrtrompete (Verbindung zum Rachenraum)

| Äußeres Ohr | Mittelohr | Innenohr |

2 So ist unser Ohr aufgebaut.

Material A

Richtungshören

Materialliste: Gummischlauch
(1 m lang)

1 So könnt ihr das Richtungs-
   hören erproben.
a ⊠ Alle stehen im Kreis um
   die Versuchsperson herum
   und klatschen einzeln. Sie
   soll mit verbundenen Augen
   angeben, aus welcher Richtung das Klatschen kommt.
b ⊠ Die Versuchsperson deckt
   ein Ohr mit einer Hand ab.
   Kann sie die Richtungen
   immer noch erkennen?
c ⊠ Erklärt die unterschiedlichen Ergebnisse.

2 Wenn eine Schallquelle
   schräg hinter uns ist, kann
   das Gehirn ihre Richtung
   bestimmen. Denn der Schall
   braucht unterschiedlich lang
   zu beiden Ohren. Wie groß
   ist der Zeitunterschied?
a ⊠ Markiert genau die Mitte
   des Gummischlauchs. Die
   Versuchsperson hält nun
   die beiden Schlauchenden
   an ihre Ohren. ➙ 3
   Klopft mit einem Stift
   leicht in der Mitte auf den
   Schlauch. Geht dann langsam von der Mitte weg, bis
   die Versuchsperson sagt,
   dass sie das Klopfen rechts
   oder links von der Mitte hört.

Markiert die Stelle. Messt
den Abstand zur Mitte.
b ⊠ Berechnet, wie lange der
   Schall von dieser Stelle zu
   jedem Ohr braucht. Berechnet aus beiden Werten den
   Zeitunterschied.
   Tipp: Der Schall legt in Luft
   340 m in 1 s zurück.

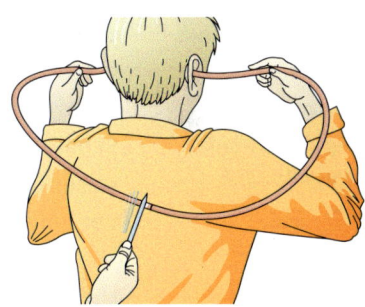

3 Mitte oder links?

🖳 Material B

Hohe Töne hören

Materialliste: Tongenerator
oder Handy mit Tongenerator-
App, Kopfhörer

1 Wer hört die höchsten Töne?
a Messt eure Hörgrenze mit
   dem Tongenerator. ➙ 4
   Achtung • Die Ohren können
   bei zu großer Lautstärke geschädigt werden!
b ⊠ Vergleicht die Werte. Hört
   die Lehrkraft so gut wie ihr?
   Begründet den Unterschied.

4 So könnt ihr die obere Hörgrenze bestimmen.

Lärm und Lärmschutz

1 Schutz für die Ohren

Materialien zur Erarbeitung: A–C

Schall kann eine große Belastung für unser Gehör sein. Wie können wir uns vor gefährlichem Schall schützen?

Lärm • Laute Musik findest du toll, dei-
5 ne Eltern empfinden sie als Lärm – die Einschätzung trifft jeder für sich selbst. Keine Einschätzungssache sind dagegen Gesundheitsschäden durch zu lauten Schall. Bei großer Lautstärke kann
10 der Schall die Hörsinneszellen zerstören. Sie wachsen nicht mehr nach – dieser Hörschaden bleibt ein Leben lang! Wenn das Trommelfell beschä-
digt wird, wird außerdem der Gleich-
15 gewichtssinn gestört.
Dauerhafte Lärmbelastung erhöht das Risiko von Erkrankungen des Herz-Kreislauf-Systems sowie des Verdauungssystems.

> Lärm ist störender Schall. Bei zu großer Lautstärke kann das Gehör dauerhaft geschädigt werden.

Lautstärke messen • Die Lautstärke wird mit dem Schallpegelmessgerät
25 oder dem Handy gemessen und in dB(A) angezeigt (sprich: Dezibel A).
→ 2 Die Geräte reagieren ähnlich empfindlich wie unsere Ohren. Wenn zwei gleiche Motorroller an dir vorbei-
30 fahren, zeigt das Messgerät rund 3 dB(A) mehr an als bei einem. → 3 Du hörst sie nicht doppelt so laut – das ist erst bei zehn Motorrollern der Fall! Bei ihnen werden 10 dB(A) mehr ge-
35 messen als bei einem einzelnen.

> Die Lautstärke wird in dB(A) angegeben. Ab ungefähr 40 dB(A) gilt: Zunahme um 10 dB(A) → doppelte Lautstärke.

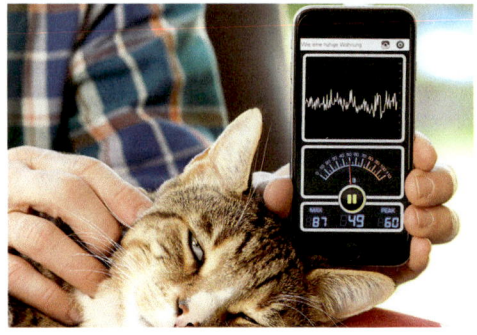

2 Lautstärke messen

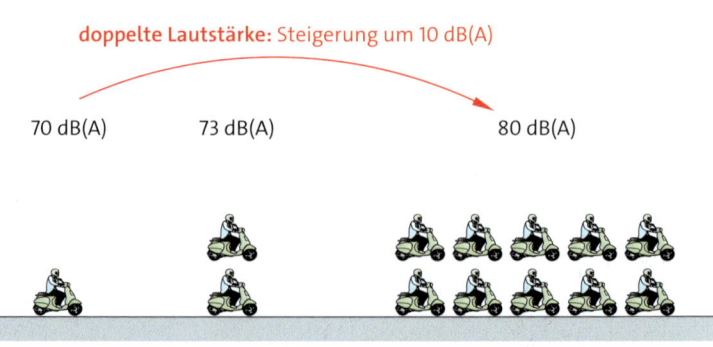

doppelte Lautstärke: Steigerung um 10 dB(A)

70 dB(A)   73 dB(A)   80 dB(A)

3 10 db(A) mehr – doppelte Lautstärke wird wahrgenommen.

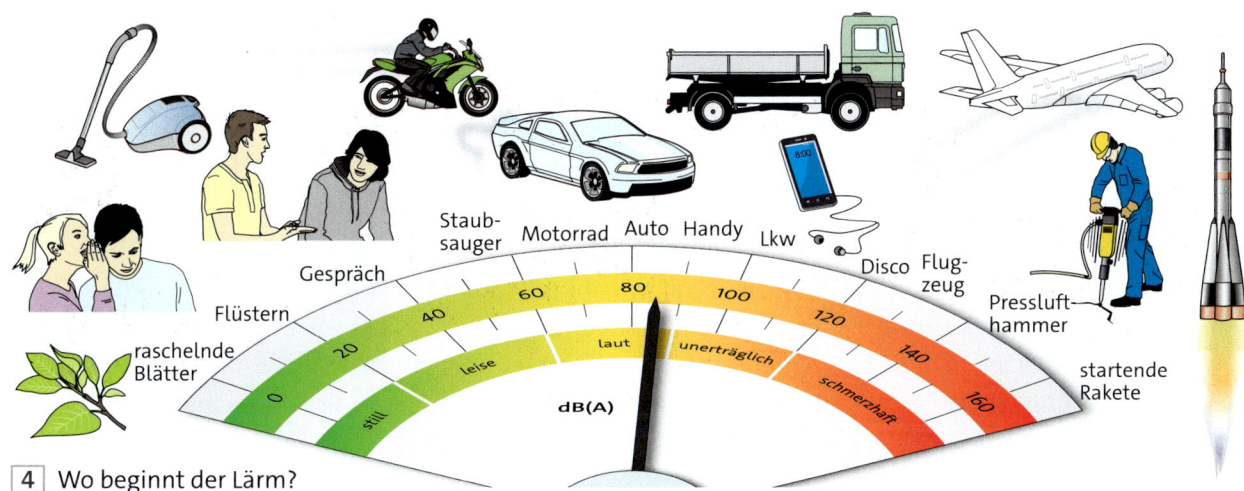

4 Wo beginnt der Lärm?

40 **Leise und laut** • Die Lärmskala gibt dir einen Überblick über verschiedene Lautstärken in Umwelt und Technik: → 4

- Bei 0 dB(A) beginnen wir, etwas zu
45 hören (Hörschwelle).
- Schall bis zu 30 dB(A) empfinden wir als ruhig.
- In Deutschland ist der Lärmschutz am Arbeitsplatz gesetzlich geregelt.
50 In Büroräumen darf es nicht lauter als 70 dB(A) sein. In Klassenzimmern ist es während des Unterrichts etwa genauso laut.
- Andauernder Schall mit mehr als
55 85 dB(A) kann schwerhörig machen.
- Zum Beispiel auf Baustellen, auf dem Flughafen und in Werkhallen kann es aber noch wesentlich lauter werden. Ab 90 dB(A) ist es daher Pflicht, einen
60 Gehörschutz zu tragen. → 5

Lärmschutz • Welche Maßnahmen eignen sich, um uns vor Lärm zu schützen? Im Alltag versucht man meist, störenden Schall abzulenken, mit

65 schallschluckenden Materialien zu absorbieren oder Lärm gar nicht erst entstehen zu lassen:
- Im Klassenraum und im Büro helfen vor allem Teppichböden, Pinnwände
70 aus Kork und Hartschaumplatten, störenden Schall zu schlucken.
- Verkehrsmittel sind für einen großen Teil der Lärmbelastung verantwortlich. Leisere Flugzeugtriebwerke,
75 „Flüsterasphalt" auf den Straßen und leisere Reifen erzeugen geringere Lautstärken. Lärmschutzwände an Straßen und Bahnstrecken lenken Schall weg von Wohnhäusern.
80 → 6 Auch Schallschutzfenster helfen, den Verkehrslärm zu bekämpfen.

5 Gehörschutzkapsel

6 Lärmschutzwand

Aufgaben

1 ☒ Liste Schallquellen auf, die das Gehör schädigen können.

2 ☒ „Doppelt so viele Autos sind doppelt so laut." Bewerte die Aussage.

Lärm und Lärmschutz

Material A

Lautstärke messen

Materialliste: Schallpegelmessgerät oder Handy mit
App zur Schallpegelmessung

1 ⊠ Messt die Lautstärke an
verschiedenen Orten in der
Schule, direkt an einem

Kopfhörer bei lauter Musik,
an einer Lautsprecherbox,
auf der Straße ... → 1
Notiert die Messwerte in
einer Tabelle. Schreibt auch
jeweils auf, wie ihr die Lautstärke empfindet: ange-
nehm, störend, unange-
nehm, schmerzhaft ...

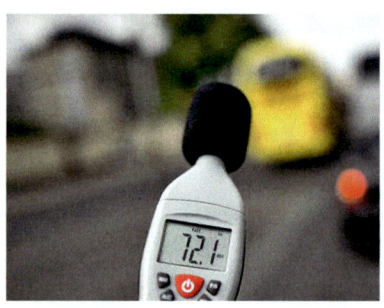

1 Schallpegelmessgerät

Material B

Schall dämpfen

Materialliste: Schallpegelmessgerät oder Handy mit App
zur Lautstärkemessung, Handy
als Schallquelle, Schuhkarton,
Dämmstoffe (Hartschaum,
Watte, Teppich, Waben von
Eierkartons ...)

1 ⊠ Viele Dämmstoffe „schlucken" Schall. Welcher Stoff
dämpft den Klingelton des
Handys am besten?

a Plant einen Versuch mit verschiedenen Dämmstoffen.
Tipp: Die Schicht der Dämmstoffe sollte immer gleich
dick sein. Der Schuhkarton
kann dabei helfen.

b Führt den Versuch durch
und notiert eure Messwerte.

c Gebt an, welche Dämmung
am besten wirkt und welche
am schlechtesten.

Material C

Wirksamkeit von Lärm-schutzmaßnahmen

Materialliste: Schallpegelmessgerät oder Handy mit App
zur Schallpegelmessung

1 Bildet Vierergruppen und
untersucht durch Messun-
gen, wie gut Lärmschutz-
maßnahmen wirken.
Sprecht euch in den Grup-
pen ab und verteilt die Aufgaben:

2 Lärmschutzwall

a Erkundigt euch nach Lärmschutzmaßnahmen in eurer
Schule, eurem Wohnort oder
zu Hause.

b Messt beispielsweise:
  • wie laut es auf einer Wiese
    vor und hinter einem
    Lärmschutzwall ist. → 2
  • um wie viele dB(A) ein
    Schallschutzfenster den
    Lärm mindert.

c Notiert die Messwerte.

2 ⊠ Vergleicht in der Gruppe
die Messwerte miteinander.
Diskutiert die Ergebnisse
und bewertet gemeinsam
die Lärmschutzmaßnahmen.
Welche Maßnahmen sind
wirksam?

3 ⊠ Erstellt gemeinsam eine
Präsentation und berichtet
der Klasse von euren Ergeb-
nissen.

Zu laute Musik?

Julian hört stundenlang laute Musik. Seine Mutter will das einschränken, weil sie Angst um seine Gesundheit hat. Um gut verhandeln zu können, schreibt Julian an die Bundeszentrale für gesundheitliche Aufklärung (BZgA). → 3

1 ✉ Du arbeitest in der BZgA und sollst Julian antworten. Verwende die Informationen im grauen Kasten. → 4

Sehr geehrte Damen
und Herren,

ich höre gerne Musik. Meine Mutter möchte, dass ich die Lautstärke um die Hälfte reduziere. Meinen Messungen zufolge ist meine Musik bis zu 91 dB(A) laut. Ich wäre Ihnen dankbar, wenn Sie mir mitteilen könnten, welche Folgen diese Lautstärke und ihre Hälfte jeweils haben würden. Ich interessiere mich auch für die gesundheitlich unbedenkliche Hördauer.

Mit freundlichen Grüßen
Julian Schmidtbauer

3 | Julians Anfrage

Je lauter, desto kürzer!

Ärzte und Ärztinnen warnen vor Lautstärken über 100 dB(A). Bei Hördauern von mehreren Minuten können sie zu akuter Lärmschwerhörigkeit führen. Eine allgemein gültige unbedenkliche Hördauer für bestimmte Lautstärken kann man nicht angeben. Schon Schall mit 60 dB(A) kann die Gesundheit gefährden. Wichtig ist unter anderem, wie lange man dem Schall ausgesetzt ist und wie lange die Erholungszeiten sind. Als Richtwerte gelten:

- Wenn man Schall von 85 dB(A) acht Stunden pro Tag an fünf Tagen in der Woche hört, werden die Ohren der meisten Menschen wahrscheinlich erst nach vielen Jahren Schaden nehmen.
- Schall von 96 dB(A) sollte höchstens drei Stunden lang gehört werden – und zwar für die ganze Woche!
- Bei 100 dB(A) ist das wöchentliche „Lärmkontingent" schon nach einer Stunde ausgeschöpft.

Eine dauerhafte Lautstärke von 40 dB(A) kann Leistungsbereitschaft und Konzentration beeinträchtigen. Verhaltensveränderungen wie erhöhte Aggressivität sowie Schlafstörungen sind möglich. Personen klagen häufig über erhöhten Stress, der sich auf das Immunsystem auswirkt. Ab 60 dB(A) steigt das Risiko von Herzschäden.

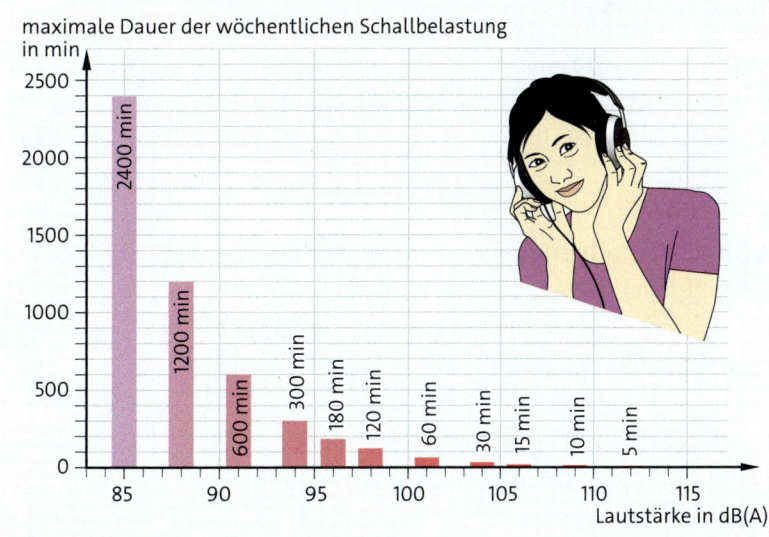

4 | Informationen zu Lautstärken und Einwirkungsdauern

Schall

Zusammenfassung

Wie Schall entsteht • Schall entsteht durch schnelle Schwingungen eines Gegenstands. In der Luft breitet sich Schall als Abfolge von Luftverdichtungen und Luftverdünnungen aus. ➔ 1 Schall breitet sich auch in anderen Stoffen aus. Die Schallgeschwindigkeit hängt vom Stoff ab. In Luft beträgt sie 343 Meter pro Sekunde. Im Vakuum kann sich Schall nicht ausbreiten.

Luftverdichtung
Luftverdünnung

1 km

Der Ton ist nach 3 s zu hören.

1 Schallausbreitung in Luft

Hoch und tief • Die Frequenz gibt an, wie viele Schwingungen eine Schallquelle pro Sekunde ausführt. Ihre Einheit ist 1 Hertz (1 Hz): $1\,\text{Hz} = 1\frac{1}{s}$. Je größer die Frequenz ist, desto höher ist ein Ton. ➔ 2

tiefer Ton
200 Schwingungen pro Sekunde
Frequenz: 200 Hz

hoher Ton
400 Schwingungen pro Sekunde
Frequenz: 400 Hz

2 Je größer die Frequenz, desto höher der Ton.

Laut und leise • Je weiter eine Schallquelle schwingt, desto lauter ist der Ton. ➔ 3 Die größte Schwingungsweite bezeichnen wir auch als Amplitude der Schwingung.

leiser Ton
Amplitude

lauter Ton
Amplitude

3 Je weiter die Schwingung, desto lauter der Ton.

Hörbereich und Stimmbereich • Unser Hörbereich liegt ungefähr zwischen 16 Hz und 20 kHz, der Stimmbereich zwischen 85 Hz und 1,1 kHz. Unter 20 Hz sprechen wir von Infraschall, über 20 kHz von Ultraschall.

Das Ohr als Schallempfänger • Unsere Ohren empfangen Schall und senden daraufhin Signale an das Gehirn. Das Gehirn verarbeitet die Signale der Ohren zu einem gemeinsamen Höreindruck.

4 Schallpegelmessgerät   5 Gehörschutzkapsel

Lärm und Lärmschutz • Lärm ist störender Schall. Bei zu großer Lautstärke kann das Gehör dauerhaft geschädigt werden. Die Lautstärke misst man mit Schallpegelmessgeräten in dB(A). ➔ 4

Andauernder Schall mit mehr als 85 dB(A) kann schwerhörig machen. Gehörschutzkapseln schützen die Ohren vor zu lautem Schall. ➔ 5

Wie Schall entsteht

1 ☒ Sara spielt Gitarre, Björn hört zu. Bringe die Sätze dazu in die richtige Reihenfolge:
- Sara zupft die Gitarrensaite an.
- Die breiten sich in der Luft aus.
- Die Saite beginnt zu schwingen.
- Wenn sie Björns Ohr erreichen, hört er den Gitarrenton.
- Dadurch entstehen Luftverdichtungen und -verdünnungen.
- Die schwingende Saite reißt die Luft in der Umgebung immer wieder mit.

2 ☒ Blitz und Donner
a Es blitzt – und eine Sekunde später donnert es. Berechne, wie weit entfernt der Blitz war.
b Du siehst den Blitz immer zuerst und hörst den Donner später. Erkläre den Unterschied.
c Beschreibe eine Methode, mit der du die Entfernung eines Gewitters bestimmen kannst.

Hoch und tief – laut und leise

3 ☒ Ein gespanntes Gummiband wird ange-zupft. Setze den folgenden Satz richtig fort: Das Gummiband erzeugt einen lauten, hohen Ton, wenn es
- schwach angezupft wird und schnell schwingt.
- straff gespannt und stark angezupft wird.
- langsam schwingt und stark angezupft wird.
- schwach angezupft wird und stark schwingt.

4 Wenn Insekten fliegen, summt es oft.
a ☒ Beschreibe, wie diese Töne entstehen.
b ☒ Hummeln summen mit 240 Hz, Mücken mit 600 Hz. Erkläre den Unterschied der Tonhöhen.

Das Ohr als Schallempfänger

5 ☒ „Jedes Ohr besteht aus drei Ohren!"
a Erkläre, was mit dieser Aussage gemeint ist.
b Beschreibe den Aufbau des Ohrs und nenne die Bereiche des Ohrs mit ihren wichtigsten Teilen. → 6 Gib auch jeweils ihre Funktion an.
c Morgens klingelt der Wecker und hört nicht mehr auf. Du drückst mit geschlossenen Augen die Abschalttaste. Erkläre, weshalb du die Taste zielsicher finden kannst.

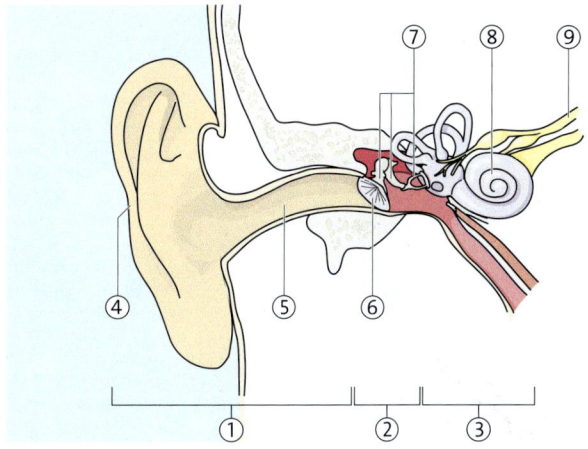

6 Aufbau des Ohrs

Lärm und Lärmschutz

6 „Die neue Lärmschutzwand aus Glas senkt die Lautstärke an der Bundesstraße von 60 dB(A) auf 50 dB(A). Die Nachbarschaft ist unzufrieden, weil sie eine Verringerung um mindestens ein Drittel gefordert hat."
a ☒ Beschreibe, wie die Lärmschutzwand funktioniert.
b ☒ Nimm Stellung zur Zeitungsmeldung.

Licht und Schatten

In der Disco zaubern Laser und Spiegel eine bunte Lightshow.

In der Höhle wird es klar: Unsere
Augen benötigen Licht zum Sehen.

Wie entsteht ein Schattenbild?

Sehen und gesehen werden

1 Forscher im Untergrund

Materialien zur
Erarbeitung: A–C

Basiskonzept

Wechselwirkung
→ Seite 188 f.

**Das Erforschen von Höhlen und Berg-
werken ist spannend und gefährlich.
Man braucht dafür helle Lampen.**

Licht aussenden und empfangen • Licht
5 ist nie von alleine da. Es kommt immer
von einer Quelle: von einer Kerze, einer
Lampe, der Sonne, den Sternen ... Diese Lichtquellen erzeugen Licht. → **2**
Licht wird ohne einen Stoff übertra-
10 gen. Eine Kamera braucht Licht. Auch
Solarzellen, grüne Blätter von Bäumen
und unsere Augen nehmen Licht auf.
Sie alle sind Lichtempfänger.

> Lichtquellen senden Licht aus.
> Lichtempfänger fangen Licht auf.

Lichtquellen sehen • Du siehst die
Flamme, wenn ihr Licht in deine Au-
gen gelangt. → **3** Die Flamme sendet
Licht aus, die Augen empfangen es.
20 „Ich blicke zur Flamme" bedeutet:
Meine Augen sind so gerichtet, dass
Licht von der Flamme hineingelangt.
Die Augen selbst senden kein Licht zur
Flamme hin aus.

> Augen sind Lichtempfänger.
> Wir sehen Lichtquellen nur dann,
> wenn ihr Licht in unsere Augen
> gelangt.

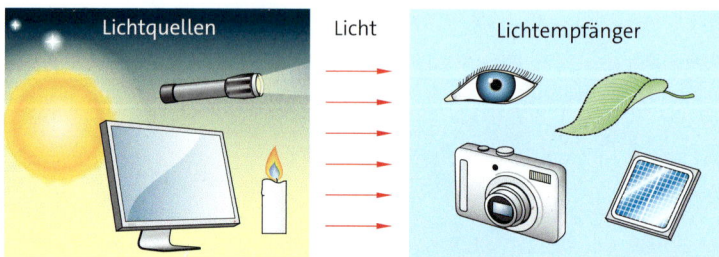

2 Lichtquellen und Lichtempfänger

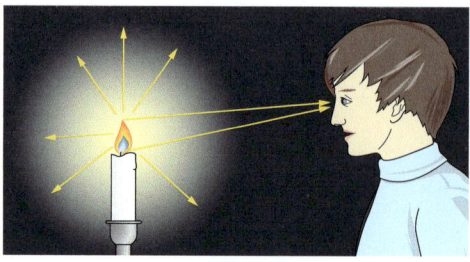

3 Die Lichtquelle sehen

Licht trifft auf Gegenstände • Leuchte
30 im dunklen Raum mit der Taschenlampe auf eine weiße Wand. Dann
wird nicht nur die angestrahlte Stelle
hell, sondern auch Dinge in der Nähe.
Die helle Stelle verteilt Licht in alle
35 Richtungen. Sie streut das Licht. ➜ 4
Trifft weißes Licht auf rote Gegenstände, ist das Streulicht rot. ➜ 5
Schwarze Gegenstände nehmen das
Licht auf. Sie absorbieren es. ➜ 6
40 Spiegel lenken Licht in eine bestimmte
Richtung. Sie reflektieren es. ➜ 7
Glas lässt einen großen Teil des Lichts
ungehindert durch. ➜ 8

> Wenn Licht auf einen Gegenstand
> trifft, kann es gestreut, absorbiert,
> reflektiert oder durchgelassen
> werden.

Beleuchtete Gegenstände sehen • Das
Buch ist keine Lichtquelle. Du siehst
50 es trotzdem. Das Licht von der Sonne
oder einer Lampe beleuchtet das Buch.
Das Buch streut das Licht. Ein Teil des
Streulichts fällt in deine Augen. ➜ 9

> Wir sehen beleuchtete Gegenstän-
> de, wenn das gestreute oder reflek-
> tierte Licht in unsere Augen fällt.

9   Das beleuchtete Buch sehen

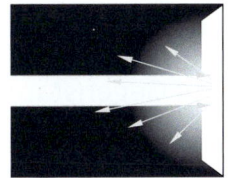

4   Streuung

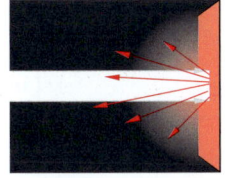

5   Streuung

6   Absorption

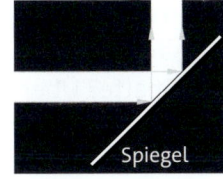

7   Reflexion

8   Durchlassen

Aufgaben

1 ☒ Ordne nach Lichtquelle und Lichtempfänger: Sonne, Bildschirm, Kamera (ohne Blitz), Solarzelle, Auge,
Reflektor am Fahrrad.

2 ☒ Erkläre den Unterschied zwischen
Lichtquellen und Lichtempfängern.

3 ☒ „Ohne die Streuung des Lichts
könnten wir fast nichts sehen."
Erkläre diese Aussage.

4 ☒ Der Vollmond erhellt die Nacht.
Erkläre, wie das möglich ist.

5 ☒ „Du leuchtest mit dem Spiegel in
meine Augen!" Der Spiegel ist keine
Lichtquelle: Erkläre, was gemeint
ist.

6 ☒ Beschreibe die Streuung, die
Absorption und die Reflexion des
Lichts an je einem Beispiel.

Sehen und gesehen werden

Material A

Leuchtet die Lampe?

Materialliste: Taschenlampe, schwarzer Karton, leere Blechdose (innen schwarz)

1 ⊠ Im dunklen Raum wird das Licht der Taschenlampe in die geschwärzte Dose gerichtet. → 1
a Seht ihr von der Seite, ob die Lampe leuchtet? Beschreibt eure Beobachtung.
b Beschreibt, wie man von der Seite her sicher feststellen kann, ob die Lampe leuchtet.

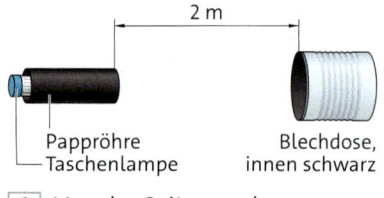

2 m

Pappröhre Taschenlampe

Blechdose, innen schwarz

1 Von der Seite gesehen

Material B

Licht und Gegenstände

1 Bei dieser Tabelle fehlen die Überschriften noch. → 2
a ⊠ Was haben alle Gegenstände in der linken Spalte gemeinsam, was alle in der rechten Spalte? Übertrage die Tabelle ins Heft und ergänze die Überschriften.
b ⊠ Trage diese Gegenstände in die Tabelle ein: Display eines Tablets, Handykamera, Blitz, Glühwürmchen.
c ⊠ In welche Spalte gehören das Auge und der Mond? Besprecht es miteinander.

?	?
Taschenlampe	Kamera
Kerze	Laubblatt
Sonne	Sonnenkollektor

2 Was haben sie gemeinsam?

Material C

Indirektes Licht

Materialliste: Taschenlampe, Karton (weiß, rot, schwarz ...), Transparentpapier, zerknitterte Alufolie, Spiegel

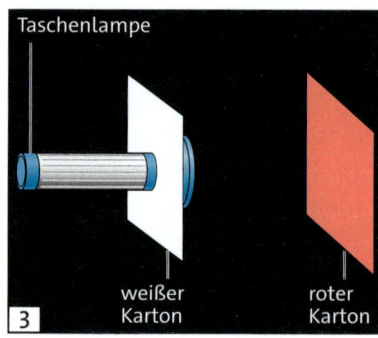

Taschenlampe

weißer Karton

roter Karton

3

1 Schneidet ein Loch in den weißen Karton. Schiebt die Lampe hindurch. → 3 Geht in einen dunklen Raum.
a ⊠ Schaltet die Lampe ein. Haltet den roten Karton ins Licht. Schaut von seiner Seite her auf den weißen Karton. Beschreibt, was ihr dort beobachtet.
b ⊠ Haltet die Materialien nacheinander ins Licht. Notiert, was ihr auf dem Karton an der Lampe beobachtet.

2 ⊠ Wie verläuft das Licht von der Lampe bis zum weißen Karton? Fertige eine Skizze an und zeichne den Lichtweg mit Pfeilen.

Material D

Schwarz und Weiß

1 ⊠ Gesicht und Hände ohne Körper? Erkläre, wie dieser Eindruck entsteht. → 4

4

Sichtbar im Straßenverkehr

Lichtquellen im Straßenverkehr • Motorräder fahren am Tag mit Licht, alle neuen Autos auch. Hier geht es nicht darum, die Straße zu beleuchten, sondern gesehen zu werden. Be-
5 sonders auffällig sind Blinklichter: Das gelbe Blinklicht eines Autos gibt an, wohin es abbiegen wird. Bei Blaulicht heißt es, schnell Platz zu machen. → 5
Auch Ampeln und Blinklichter an Bahnschran-
10 ken dienen nicht der Beleuchtung, sondern der Information der Verkehrsteilnehmer.

Nachts gesehen werden • Personen und Gegenstände auf der Straße müssen im Dunkeln gut zu sehen sein. Wenn du nachts mit dem
15 Fahrrad oder zu Fuß unterwegs bist, solltest du deshalb helle Kleidung tragen. → 6 Sie streut viel mehr Licht als dunkle Kleidung. Leuchtstreifen und Katzenaugen reflektieren das Licht der Scheinwerfer. Daher können Au-
20 tofahrer und Autofahrerinnen hell gekleidete Personen mit Warnwesten schon von Weitem erkennen und ihnen rechtzeitig ausweichen.

5 Blinkendes Blaulicht – schnell zur Seite fahren!

6 Warnwesten und Leuchtstreifen

Aufgaben

1 ⊠ Blinkende Lichter fesseln die Aufmerksamkeit – nicht nur im Straßenverkehr. Wo noch?
Beschreibe weitere Beispiele.

2 ⊠ Welche Farbe sollte Kleidung haben, wenn man bei Dunkelheit auf die Straße geht?
Begründe deine Antwort.

3 ⊠ „Das Rücklicht am Fahrrad schützt dein Leben."
Erkläre diesen Satz.

4 ⊠ In jedem Auto müssen für Gefahrensituationen genügend Rettungswesten mitgeführt werden.
Überprüfe im Versuch, ob diese Westen tatsächlich gut zu erkennen sind.

Unser Auge als Lichtempfänger

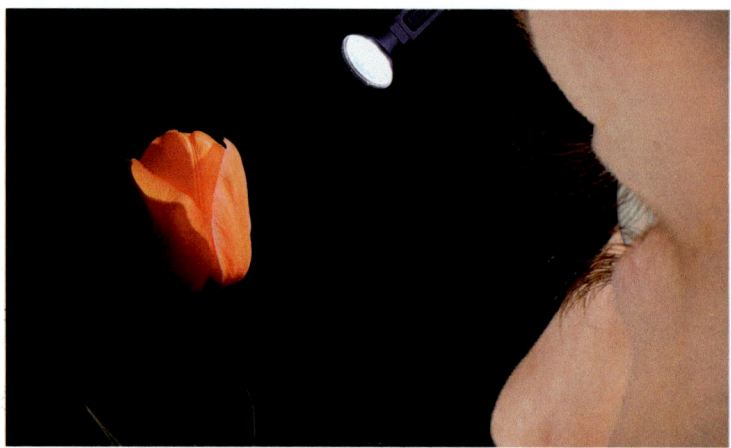

1 | Amelie sieht eine Tulpe an.

Die Tulpe muss beleuchtet sein, damit Amelie sie sehen kann. Wie ist unser Auge aufgebaut?

Das Auge nimmt Licht auf • Unser Auge
5 ist ein Lichtempfänger. Damit wir etwas sehen können, muss Licht von einer Lichtquelle oder von beleuchteten Gegenständen in unser Auge gelangen.

Basiskonzept

System
→ Seite 188 f.

Licht gelangt zur Netzhaut • Durch die
10 Hornhaut und die Pupille fällt das Licht auf die Linse. → 2 Die Linse lenkt das

Licht durch den Glaskörper auf die Netzhaut. Dort entsteht ein umgekehrtes Bild des Gegenstands, den wir be-
15 trachten.

Netzhaut • Die Netzhaut besteht aus vielen Sinneszellen, die alle Licht aufnehmen. Von diesen Lichtsinneszellen gibt es mehrere Typen mit unterschied-
20 lichen Aufgaben. Ein Typ ist besonders lichtempfindlich. Andere Typen nehmen rotes, grünes oder blaues Licht besonders gut auf. Wenn Licht auf sie fällt, erzeugen die Sinneszellen elektri-
25 sche Signale. Sie werden über den Sehnerv an das Gehirn geleitet. Das Gehirn wertet die Signale aus und erkennt, was wir sehen. Fehlbildungen der Sinneszellen führen zu Sehfehlern. So gibt
30 es Menschen, die eine Rotsehschwäche haben und rotes Licht nur schwach oder gar nicht wahrnehmen.

Blinder Fleck • Keine Sinneszellen befinden sich an der Stelle der Netzhaut,
35 an der der Sehnerv beginnt. Dort können wir kein Licht aufnehmen. Wir sprechen daher vom blinden Fleck.

> **Das Auge ist ein Lichtempfänger. Lichtsinneszellen in der Netzhaut erzeugen elektrische Signale und leiten sie über Nerven zum Gehirn.**

Aufgabe

1 ⊠ Beschreibe den Weg des Lichts von der Tulpe bis zur Netzhaut.
→ 2

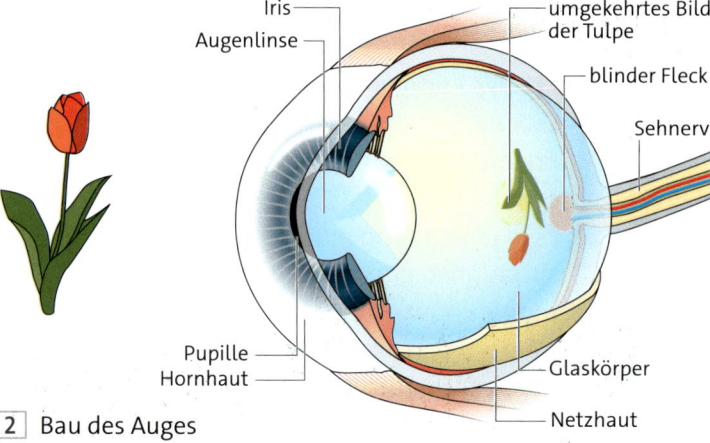

Iris
Augenlinse
umgekehrtes Bild der Tulpe
blinder Fleck
Sehnerv
Pupille
Hornhaut
Glaskörper
Netzhaut

2 | Bau des Auges

Material A

Grenzen der Sehfähigkeit

Unsere Augen haben Grenzen. Die Punkte, aus denen gedruckte Bilder bestehen, können wir ohne Hilfsmittel nicht einzeln wahrnehmen.

1 Betrachte die Flächen aus einem Abstand von 30 cm.
☒ Bei welcher Fläche kannst du die einzelnen Punkte noch unterscheiden? → 3

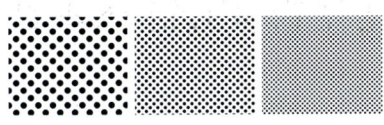

3 Punkte

Material B

Der blinde Fleck

Zeichne auf ein weißes Blatt Papier zuerst ein ausgemaltes schwarzes Quadrat und rechts daneben in einem Abstand von 10 cm einen ausgemalten schwarzen Punkt. Decke dann dein linkes Auge mit einer Hand ab und schaue mit dem rechten Auge auf das linke Quadrat. Nun näherst du das Blatt langsam deinem Gesicht, wobei dein Blick auf das linke Quadrat gerichtet bleibt. → 4

1 ☒ Beschreibe deine Beobachtungen.

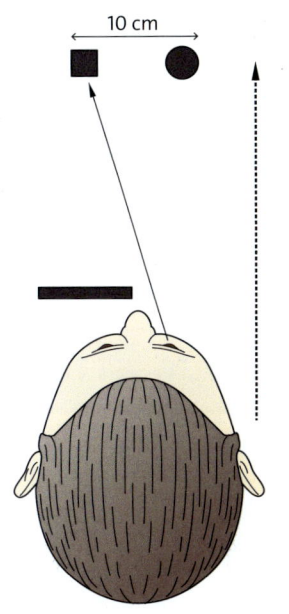

4 So findest du den blinden Fleck.

Material C

Farbsehschwächen – mit Farbsehtafeln schnell erkennen

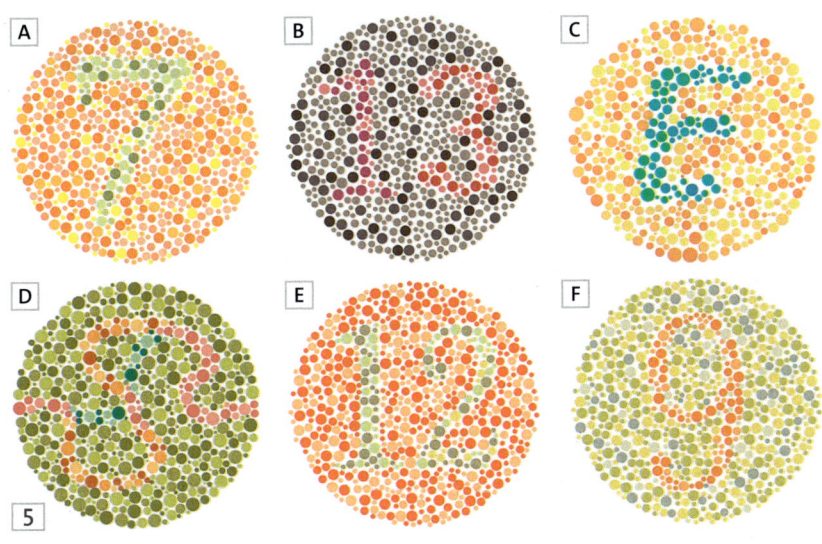

1 ☒ Schau dir die Farbsehtafeln genau an. → 5 Notiere die Zahlen, die du erkennst. Siehst du noch mehr?

2 ☒ Tausche dich mit deinem Nachbarn oder deiner Nachbarin aus. Wenn ihr nicht das Gleiche seht, gebt euch gegenseitig Tipps.

3 ☒ Ordne die Farbsehtafeln einer Rotsehschwäche oder einer Grünsehschwäche zu. Begründe die Zuordnungen.

Licht unterwegs

1 Wo hat sich die Sonne versteckt?

Materialien zur
Erarbeitung: A, C

Die Sonne wird von Wolken verdeckt. Trotzdem kann man ziemlich genau vermuten, wo sie am Himmel steht.

Licht wird sichtbar • Wenn Staub oder
5 Nebel in der Luft sind, sieht man, wie sich Licht ausbreitet. → **2** **3** Jedes beleuchtete Staubkörnchen oder Wassertröpfchen streut ein wenig Licht in alle Richtungen. Ein Teil des gestreu-
10 ten Lichts fällt in unsere Augen. Die im Licht aufleuchtenden Körnchen oder Tröpfchen sind zwar einzeln nicht zu erkennen. Sie machen aber zusammen den Weg des Lichts sichtbar.

15 **Geradlinig** • Unter dem „Lichtwürfel" steht eine Glühlampe. Der Kreidestaub macht sichtbar, dass sich das Licht geradlinig ausbreitet.
Auch das Licht von der Sonne breitet
20 sich geradlinig aus. → **1** Tröpfchen in der Luft machen die Lichtwege sichtbar.

Strahlenmodell • In Zeichnungen stellen wir den Weg des Lichts durch gerade Linien dar. → **4** Pfeilspitzen an
25 den Linien zeigen die Ausbreitungsrichtung an. Die Linien mit den Pfeilspitzen werden als Strahlen bezeichnet. Man spricht vom Strahlenmodell des Lichts.

> Das Licht breitet sich von einer Lichtquelle geradlinig in alle möglichen Richtungen aus.

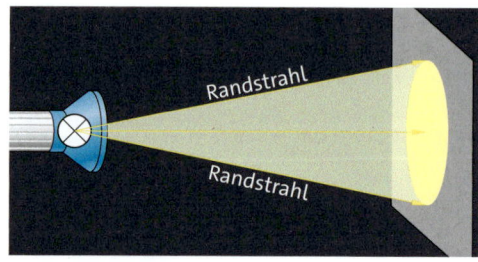

4 Gezeichnete Lichtwege

2 **3** „Lichtwürfel" – ohne und mit Nebel in der Luft

Aufgaben

1 ☒ Bei einer Taschenlampe sieht man den Lichtweg im Nebel gut. Erkläre diese Beobachtung.

2 ☒ Bestimme nur mit zwei Linealen, wo sich die Sonne versteckt. → **1** Erkläre, wie du vorgehst.

Material A

Licht wird sichtbar

Materialliste: Kreidestaub oder Nebelmaschine, Karton aus Pappe, Glühlampe mit Lampenfassung, Anschlusskabel

1 Stecht viele Löcher in den Karton. Stülpt ihn über die Lampe. Schaltet die Lampe an.
☑ Beschreibt, was ihr seht.

2 Die Umgebung des Kartons wird „vernebelt".
a ☑ Beschreibt, was ihr jetzt seht.
b ☒ Schreibt auf, was der Versuch über die Ausbreitung des Lichts zeigt.

3 ☑ Vergleicht den Versuch mit Bild 1: Was entspricht der Lampe, was dem Karton und was dem Kreidestaub (Nebel)?

Material B

Blick durch den Schlauch

Materialliste: Schlauch (rund 50 cm lang), Teelicht, Feuerzeug

1 ☑ Blickt durch den Schlauch hindurch auf die Flamme.
➔ 5 Beschreibt, wie es euch gelingt.

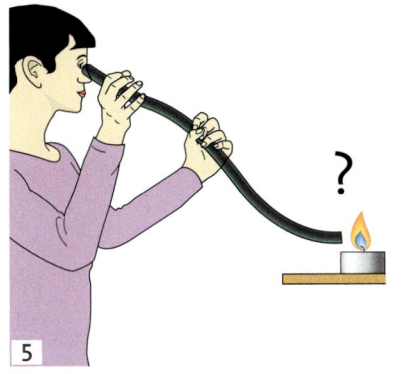

Material C

Laserstrahl und Schnur

Materialliste: Laserpointer, Schnur, Kreidestaub, Stativ

Die Lehrkraft baut den Laserpointer auf. ➔ 6

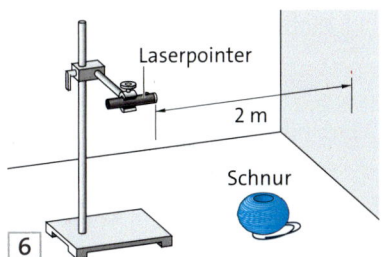

Achtung • Mit dem Laserpointer nicht in Augen leuchten! Nicht hineinblicken!

1 Befestigt die Schnur am Laserpointer. Spannt sie bis zum Lichtfleck an der Wand. Macht den Laserstrahl jetzt mit Kreidestaub sichtbar.
☑ Beschreibt eure Beobachtungen.

Material D

Lichtwege

1 Eine kleine Lampe sendet Licht in alle Richtungen aus. Ein Teil davon geht durch ein Blendenloch hindurch auf eine Pappe. ➔ 7

☑ Zeichne das Bild groß ins Heft ab. Ergänze die Randstrahlen des Lichts, das vom Mittelpunkt der Lampe zur Pappe geht. Zeichne den ganzen Lichtfleck auf der Pappe ein.

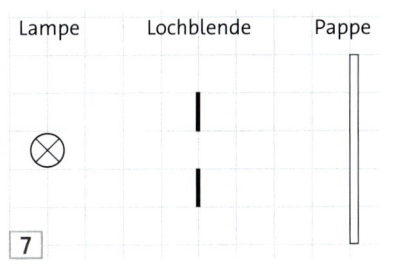

Licht wird reflektiert

1 | Reflektoren machen sichtbar.

Material zur
Erarbeitung: A

**Reflektoren machen uns im Dunkeln
für Autofahrer sichtbar.**

Reflexionsgesetz • Wenn Licht auf
einen Spiegel trifft, wird es reflektiert.
5 → 2 Einfallender und reflektierter
Lichtstrahl bilden ein V, das senkrecht

2 | Einfallswinkel = Reflexionswinkel

Basiskonzept

Wechselwirkung
→ Seite 188 f.

auf dem Spiegel steht. Durch die
Spitze des V geht eine Senkrechte auf
die Spiegelfläche, das Einfallslot.
10 Das V kann breit oder schmal sein. Das
hängt davon ab, wie groß der Einfallswinkel zwischen dem einfallenden
Lichtstrahl und dem Einfallslot ist.

> Am Spiegel gilt das Reflexions-
> gesetz: Der Einfallswinkel ist genau-
> so groß wie der Reflexionswinkel.

Der einfallende und der reflektierte
Lichtstrahl liegen in einer Ebene mit
dem Einfallslot.

20 **Reflexion im Verkehr** • Alle Fahrzeuge
haben Reflektoren mit vielen kleinen
Ecken, in denen drei Spiegelflächen
senkrecht aufeinanderstehen. → 3
Einfallendes Licht wird dreimal reflek-
25 tiert. Am Ende fällt es in die Richtung
zurück, aus der es gekommen ist. Auto-
fahrern und -fahrerinnen fällt daher das
Licht ihrer Scheinwerfer ins Auge, wenn
sie einen Fahrradreflektor anleuchten.
30 In Rückspiegeln sehen sie die Fahrzeuge
hinter sich. Doch Vorsicht: Wer sich im
„toten Winkel" befindet, wird im Spiegel nicht gesehen! → 4

Aufgaben

1 ✉ Die Lkw-Fahrerin sieht den vorde-
ren Radfahrer nicht. → 4 Erkläre.

2 ✉ Weiße Wände streuen Licht,
Spiegel reflektieren es. Erkläre den
Unterschied.

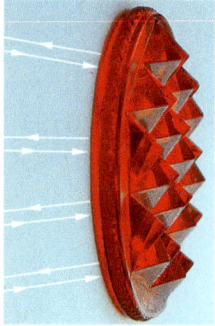

3 | Reflektor

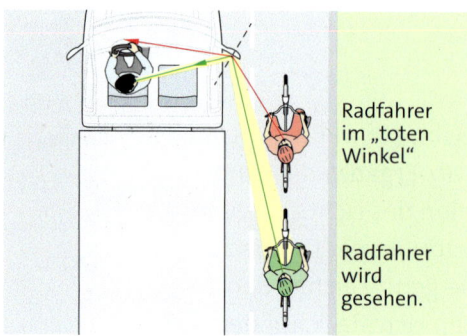

4 | Achtung: Radfahrer im „toten Winkel"

Material A

Der Lichtweg am Spiegel

Materialliste: abgeklebte Taschenlampe, Papier (DIN A4), Taschenspiegel

1 Lege ein Blatt Papier auf den Tisch und baue den Versuch darauf auf. ➜ 5
a ☑ Zeichne die Stellung des Spiegels und einige Punkte des Lichtwegs auf dem Papier ein. Zeichne dann den Lichtweg sorgfältig nach.
b ☑ Drehe den Spiegel etwas zur Seite. Zeichne wieder.
c ☒ Erkennst du eine Gesetzmäßigkeit? Beschreibe sie.

5

Material B

Licht ins Ziel lenken

Materialliste: abgeklebte Taschenlampe mit Lichtspalt ➜ 5 , Papier, 2 Taschenspiegel

1 ☒ Zeichnet das Zimmer groß auf ein Blatt Papier. ➜ 6
a Das Licht der Lampe soll das Kreuz erreichen. Überlegt, wo die Spiegel stehen müssen. Zeichnet sie und den Lichtweg ein.
b Überprüft eure Skizze mit Taschenlampe und Spiegeln.
c Wiederholt das Experiment mit anderen Grundrissen.

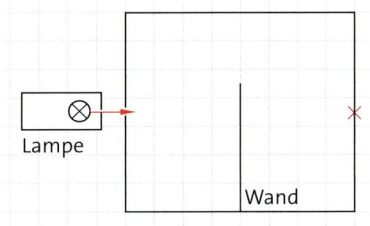

6 Zimmer (Blick von oben)

Material C

Reflektoren

Materialliste: Fahrradreflektor, Schutzweste, Schultaschenreflektoren, Reflektorenbänder, Taschenlampe, Lupe

1 Betrachtet die Reflektoren mit der Lupe. ➜ 7 8
☒ Beschreibt, was ihr seht.

7 Weste mit Reflektorstreifen

8 Verschiedene Reflektoren

2 Dunkelt den Raum ab. Stellt die Reflektoren aufrecht auf einen Tisch oder hängt sie an eine Wand.
a Eine Person leuchtet mit der Taschenlampe von verschiedenen Standpunkten auf die Reflektoren. Wechselt euch dann ab.
b ☒ Beschreibt eure Beobachtungen.

Material D

Winkelspiegel

1 ☒ Übertrage die Zeichnung in dein Heft. ➜ 9 Setze die Lichtwege mithilfe eines Geodreiecks fort. Beschreibe, was dir auffällt.

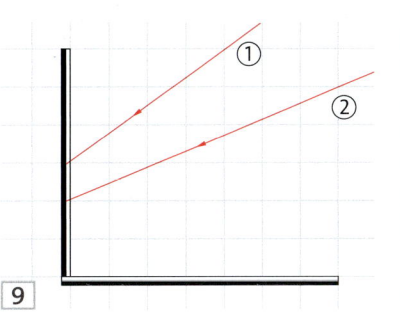

9

Schatten und Schattenbild

`1` Schattenspiel

Richtungen aus. Ein Teil des Lichts geht an der Hand vorbei. Ein anderer Teil des Lichts wird von der Hand nicht durchgelassen. Hinter der Hand entsteht ein
10 dunkler Bereich ohne Licht – der Schatten.

Wenn man einen Schirm hinter die Hand hält, passiert Folgendes: ➙ `3`
• Der Schirm wird dort hell beleuchtet,
15 wohin das Licht der Kerze gelangt.
• Der Schirm bleibt dort dunkel, wo er sich im Schatten der Hand befindet.
Die dunkle Fläche auf dem Schirm hat den gleichen Umriss wie die Hand. Wir
20 bezeichnen sie deshalb als Schattenbild der Hand.

Die Größe des Schattenbilds hängt von den Abständen zwischen der Kerze, der Hand und dem Schirm ab.

Material zur Erarbeitung: A

Die „Schattenmaus" ist riesig. Wie entsteht das dunkle Bild an der Wand?

Schatten • Wie entstehen Schatten? Wir erklären es so: ➙ `2` Das Licht brei-
5 tet sich von der Kerze geradlinig in alle

> Wenn ein beleuchteter Gegenstand Licht nicht durchlässt, entsteht dahinter ein Schatten.
> Ein Schirm hinter dem Gegenstand wird dort dunkel, wo er sich im Schatten befindet. Es entsteht ein Schattenbild des Gegenstands.

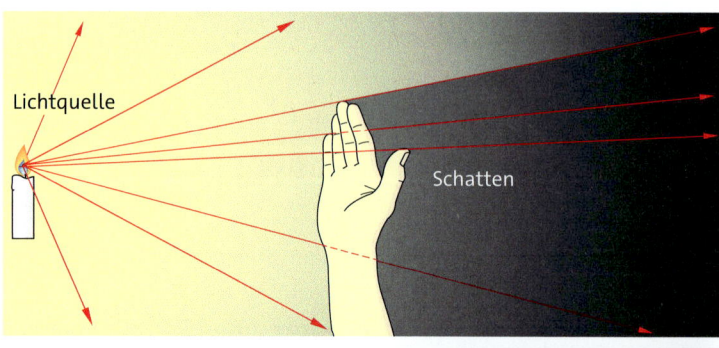

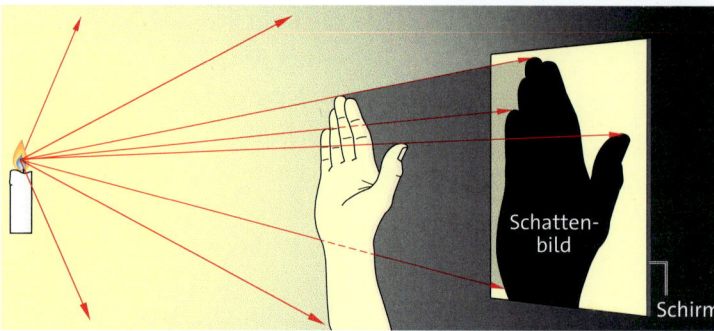

`2` `3` Schatten und Schattenbild

Aufgaben

1 ▣ Nenne drei Dinge, die für ein Schattenbild erforderlich sind.

2 ▣ Wenn wir von Schatten sprechen, meinen wir oft das Schattenbild. Erläutere die beiden Begriffe.

3 ▣ Im Schatten ist es dunkler als in der Sonne. Erkläre die Beobachtung.

Material A

Schattenbilder zeichnen

Materialliste: Lampe oder Kerze, große Papierblätter, Zeichenstifte

1 ☒ Zeichnet gegenseitig eure Schattenbilder. → 4

2 Die Schattenbilder sollen nun ineinanderliegen. → 5 Wie müsst ihr die Licht-quelle oder die sitzende Person verschieben?
☒ Beschreibt, wie ihr vor-geht und wie sich das Schat-tenbild dabei verändert. Skizziert eure Anordnung.

4

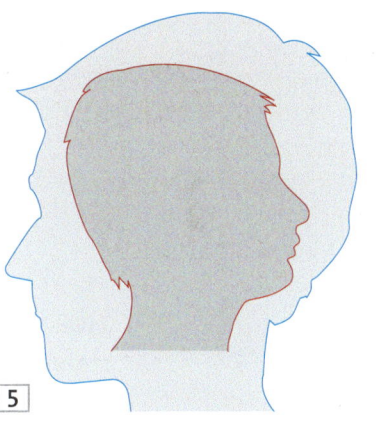

5

Material B

Schattenbild vorhersagen

Materialliste: Glühlampe mit Fassung, Brett, Schnur, Stativ

1 Baut den Versuch auf. → 6
a ☒ Schaltet die Lampe noch nicht ein. Zeichnet mithilfe der Schnur das Schattenbild des Bretts auf die Tafel.
b ☒ Schaltet die Lampe jetzt ein. Habt ihr das Schatten-bild richtig vorgezeichnet? Begründet Unterschiede.

1–2 Meter

mehrere Meter

Glühlampe

Brett

Schnur

Wandtafel

6

Material C

Sonnenschirm

1 Sieh dir das Urlaubsfoto an. → 7 Beschreibe, wo sich
a ☒ das Schattenbild des Sonnenschirms befindet.
b ☒ der Schatten befindet.

7

Kernschatten und Halbschatten

1 Bunte Schatten?

Du siehst auch bei den Schatten der Hand einen dunklen Kernschatten – und farbige Halbschatten: → 1 3

- In den Kernschatten gelangt von keiner Lampe Licht.
- In den roten Halbschatten kommt nur Licht von der roten Lampe.
- In den grünen Halbschatten kommt nur Licht von der grünen Lampe.

> Wenn ein Gegenstand von zwei Lichtquellen beleuchtet wird, können hinter ihm verschiedene Schatten auftreten:
> - Der Kernschatten ist der dunkle Bereich, in den gar kein Licht fällt.
> - Halbschatten sind die etwas helleren Bereiche, in die nur Licht von einer Lichtquelle fällt.

Materialien zur Erarbeitung: A–B

Zwei Lampen und eine Hand: Wie entstehen die bunten Schattenbilder?

Kernschatten – Halbschatten • Das Mädchen wird von zwei Lampen beleuchtet. → 2 An der Wand sieht man mehrere Schattenbilder des Kopfs. Der dunkle Bereich wird Kernschatten genannt. Die etwas helleren Bereiche heißen Halbschatten.

Aufgabe

1 ▶ Der Kernschatten des Mädchens ist dunkler als die beiden Halbschatten. → 2 Erkläre den Unterschied.

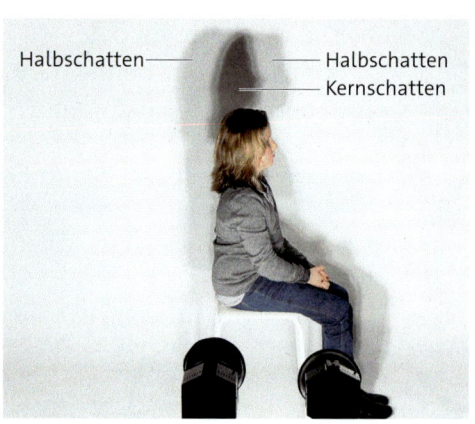

Halbschatten — Halbschatten
Kernschatten

2 Kernschatten und Halbschatten

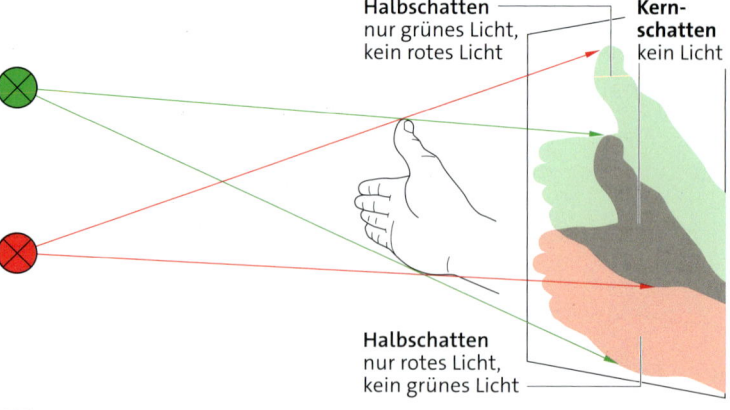

Halbschatten
nur grünes Licht,
kein rotes Licht

Kernschatten
kein Licht

Halbschatten
nur rotes Licht,
kein grünes Licht

3 Erklärung für Kern- und Halbschatten

Material A

Verschiedene Schatten

Materialliste: 2 Kerzen und Kerzenständer, stehender Gegenstand, Feuerzeug

4

1 ☒ Stellt die Kerzen dicht nebeneinander vor den Gegenstand. → 4 Zündet sie an.

a Beschreibt genau, was ihr auf dem Tisch hinter dem Gegenstand beobachtet.

b Skizziert im Heft die Kerzen, den Gegenstand und die Schattenbilder auf dem Tisch, wie ihr sie von oben seht.

c Vergrößert den Abstand der Kerzen voneinander. Skizziert wieder.

d Verschiebt den Gegenstand und skizziert.

Material C

Zwei Schatten

1 ☒ Das Mädchen wird von zwei Lampen beleuchtet. → 5 Vergleiche die Schatten mit denen in Bild 2. Erkläre den Unterschied.

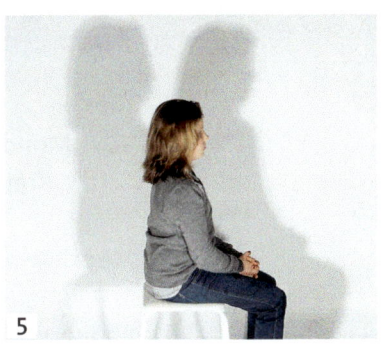

5

Material B

Farbige Schatten erzeugen

Materialliste: 2 farbige Spotlampen oder Taschenlampen (rot und grün), Stativ

Baut die Lampen im Abstand von rund 60 cm übereinander auf. Schaltet sie noch nicht ein.

1 ☒ Haltet eine Hand nah vor die Wand. Nur die rote Lampe soll gleich eingeschaltet werden.
Vermutet zunächst, was auf der Wand zu sehen sein wird. Welche Farbe wird der Schatten haben? Schaltet dann die rote Lampe ein. Beschreibt, was ihr seht. Vergleicht mit eurer Vermutung.

2 ☒ Diesmal soll nur die grüne Lampe eingeschaltet werden. Stellt wieder eine Vermutung auf. Schaltet dann die Lampe ein und beobachtet.

3 ☒ Schaltet beide Lampen zusammen ein. Beschreibt genau, was ihr seht.

Material D

Farbige Schatten

1 ☒ Erkläre, wie die Schatten des Mädchens auf der Wand entstehen. → 6

6

Der Mond – Licht und Schatten

1 Halbmond

Der Mond wandelt ständig seine Gestalt. Kreisrund ist er selten zu sehen.

Wechselndes Aussehen • Der Mond ist eine riesige Kugel. Er wird von der ₅ Sonne beleuchtet. → 2 Dadurch ist immer eine Hälfte des Monds hell und eine dunkel. Sonne, Mond und Erde stehen manchmal so, dass wir die beleuchtete Hälfte vollständig sehen ₁₀ können: Dann ist Vollmond.
In ungefähr einem Monat umkreist der Mond einmal die Erde. Dabei ändert sich unser Blickwinkel auf den beleuchteten Teil von Nacht zu Nacht. ₁₅ Wir sprechen von Mondphasen.

> Der Mond wird von der Sonne stets zur Hälfte beleuchtet. Wir sehen unterschiedlich viel von der beleuchteten Hälfte – je nachdem, wie Mond, Sonne und Erde zueinander stehen.

Aufgabe

1 „Der Mond ist immer zur Hälfte beleuchtet."
a ✉ Erkläre diese Aussage.
b ✉ Erkläre, warum wir nachts nicht immer einen Halbmond sehen.

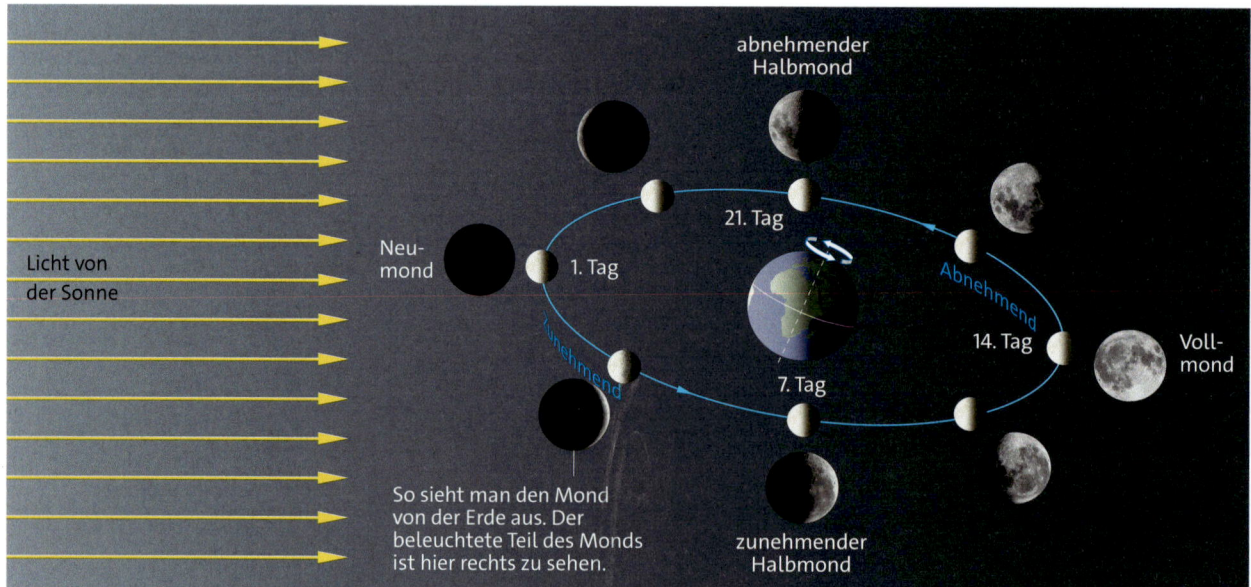

2 Die kleinen Fotos zeigen, wie wir von der Erde aus den Mond in den verschiedenen Nächten sehen.

Material A

Mondphasen im Foto

Hier sind die Mondphasen durcheinandergeraten. → 3

1 ☒ Ordne in der Tabelle die richtigen Fotos zu. → 4
Tipp:
) „Klammer **zu**" →
zunehmender Mond

2 ☒ Bringe alle Fotos in die richtige Reihenfolge. Fange mit dem Neumond an.
Tipp: Die Buchstaben ergeben einen englischen Begriff.

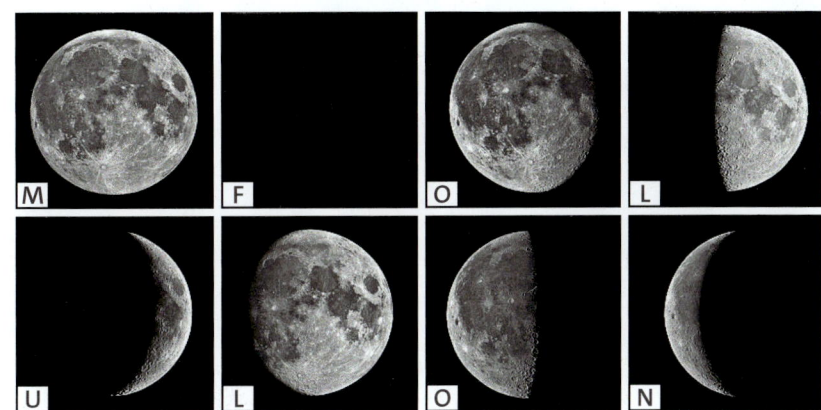

3 Durcheinandergebrachte Mondphasen

Mondphase	Neumond	Vollmond	zunehmend	abnehmend
Foto	?	?	?	?

4 Welches Foto gehört zu welcher Mondphase?

Material B

Mondphasen im Modell

Materialliste: kleiner weißer Ball (Styroporkugel), Tageslichtprojektor

1 Stellt die Mondphasen nach. → 5 Die Personen „auf der Erde" schauen immer zum „Mond".
a ☒ Der „Mond" läuft um die „Erde". Er stoppt an den Stellen A–D. Alle Personen in der Mitte skizzieren, wie sie den „Mond" sehen.
b ☒ Vergleicht eure Skizzen mit Bild 2.

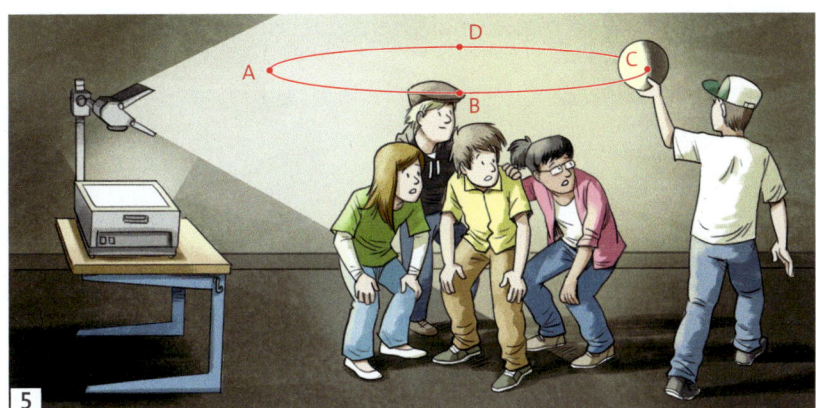

Nennt die Mondphasen an den Stellen A–D.
c ☒ Stellt den „Mond" so auf, dass ihr eine zunehmende Sichel seht. Zeichnet wieder.

2 ☒ Findet (z. B. mit einer Mondphasen-App) heraus, wann die nächsten Vollmondnächte sind. Wie lange dauert ein Mondumlauf?

Finsternisse am Himmel

1 Mondfinsternis

2 Sonnenfinsternis

Mond den Schatten der Erde. Dann sieht man das Schattenbild der Erde
₁₅ auf dem Mond. → 1

Sonnenfinsternis • Der Schatten hinter dem Mond geht meistens an der Erde vorbei. Nur manchmal steht der Mond so, dass sein Schatten die Erde trifft.
₂₀ → 4 Wer dann im Schatten des Monds steht, sieht die Sonne teilweise oder total vom Mond verdeckt. → 2

Manchmal scheint sich etwas Schwarzes in den Mond oder in die Sonne „hineinzufressen". Wie kommt es dazu?

Mondfinsternis • Die Sonne bescheint
₅ die Erde ständig. Hinter der Erde reicht der Erdschatten weit in den Weltraum. → 3
Der Mond umkreist die Erde auf einer etwas „gekippten" Bahn. Sie verläuft
₁₀ hinter der Erde meistens oberhalb oder unterhalb des Schattens. Nur manchmal streift oder durchquert der

> Bei einer Mondfinsternis wird der Mond verdunkelt, weil er durch den Schatten der Erde läuft.
> Bei einer Sonnenfinsternis wird die Sonne für uns vom Mond verdeckt. Sein Schatten fällt auf die Erde.

Aufgabe

1 ☒ Wer verdeckt wen? Beschreibe es für beide Finsternisse.

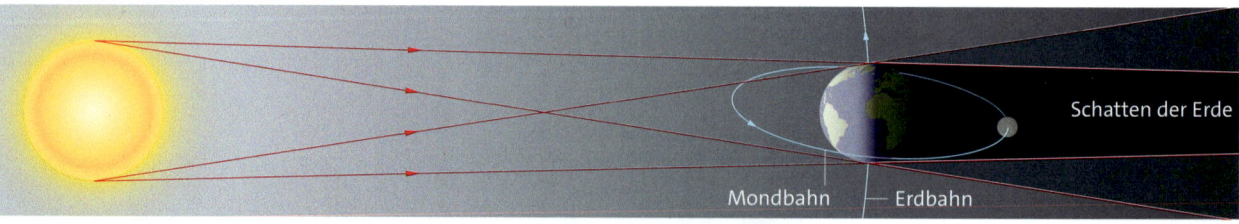

3 Mondfinsternis

4 Sonnenfinsternis

Material A

Sonnenfinsternis (Modell)

Materialliste: kugelförmige Lampe (ca. 12 cm Durchmesser, mattiert), Tennisball

1 Die leuchtende Lampe stellt die Sonne dar, der Ball den Mond, dein Kopf die Erde.

a ◩ Stehe 2 m von der Lampe entfernt. Halte den Ball so vor ein Auge, dass er die Lampe vollständig verdeckt. Bewege den Kopf hin und her. Beschreibe, was du siehst.

b ◪ Der Ball wirft einen Schatten auf dein Gesicht. Beschreibe, in welchem Teil des Schattens sich dein Auge befindet, wenn die Lampe vom Ball:
  • vollständig verdeckt wird.
  • teilweise verdeckt wird.

Material B

Finsternisse darstellen

Materialliste: Experimentierleuchte, Stativ, kleiner Ball, Faden, Globus

1 Die Experimentierleuchte stellt die Sonne dar, der Globus die Erde und der Ball den Mond. ➞ 5

a ◪ Stelle eine Sonnenfinsternis dar. Zeichne die Anordnung auf.

b ◪ Stelle eine Mondfinsternis dar. Zeichne wieder.

c ◪ Bei einer totalen Mondfinsternis wird der ganze Mond abgedunkelt, bei einer totalen Sonnenfinsternis nur ein Teil der Erde. Erkläre den Unterschied.

d ◪ Eine totale Sonnenfinsternis kann es nur bei Neumond geben, eine totale Mondfinsternis nur bei Vollmond. Erkläre beides.

5 Modellversuch für Finsternisse

Material C

Finsternis

1 Die Fotos wurden bei derselben totalen Finsternis aufgenommen. ➞ 6 7

a ◩ Gib an, um welche Art von Finsternis es sich handelt.

b ◪ Beschreibe und erkläre, was auf den Fotos zu sehen ist.

6 Blick von der Erde zum Himmel

7 Blick von einer Raumstation auf die Erde

Schall und Licht – ein Vergleich

1 Von Licht und Klang umgeben – ein unvergesslicher Abend

Wir brauchen Schall und Licht, um etwas hören und sehen zu können. Sie haben erstaunlich viel gemeinsam!

Senden • Schallquellen erzeugen
5 Schall. → 2 Natürliche Schallquellen sind z. B. unsere Stimmbänder oder die rasch schlagenden Flügel einer Biene. Technische Schallquellen sind z. B. Lautsprecher und Autohupen.
10 Lichtquellen erzeugen Licht. Natürliche Lichtquellen sind z. B. die Sonne, Blitze und Flammen. Technische Lichtquellen sind z. B. Lampen und Handydisplays.

Übertragen • Schall breitet sich von
15 der Schallquelle in den Raum aus. Er legt in der Luft 340 m pro Sekunde zurück. Im Wasser oder im Erdboden breitet er sich sogar noch schneller aus. Schall braucht einen Stoff, um
20 sich auszubreiten.
Licht breitet sich von der Lichtquelle in den Raum aus. Es ist fast eine Million Mal schneller als Schall: Licht legt fast 300 000 km pro Sekunde zurück. Für
25 300 m braucht es nur eine millionstel Sekunde – das ist so schnell, dass wir seine Ausbreitung im Alltag gar nicht bemerken. Licht braucht keinen Stoff, um sich auszubreiten, es durchquert
30 auch den Weltraum.

Empfangen • Wir können Schall empfangen: mit den Ohren. Mikrofone sind technische Schallempfänger. Unsere Ohren unterscheiden sehr fein
35 zwischen laut und leise, hoch und tief.

2 Sender, Übertragung, Empfänger

Wir nehmen Tonhöhen zwischen 16 Hz und 20 000 Hz wahr. → 3 Unter 16 Hz schließt sich der Infraschall an, über 20 000 Hz der Ultraschall.

40 Wir können Licht empfangen: mit den Augen. Die Chips in Kameras sind technische Lichtempfänger. Unsere Augen unterscheiden hell und dunkel sowie Millionen Farben. → 4 Jenseits von

45 Rot schließt sich Infrarot an, jenseits von Violett folgt Ultraviolett.
Zu lauter Schall kann Ohren und Nervensystem schädigen. Zu helles Licht kann Augen und Haut schädigen.

50 **Gegenstände im Weg** • Schall kann durchgelassen, aufgenommen und umgelenkt werden. Harte, glatte Oberflächen werfen den Schall in eine bestimmte Richtung zurück (Reflexion).

55 → 5 Raue Wände, Gardinen und Vorhänge absorbieren Schall.
Licht kann durchgelassen, aufgenommen und umgelenkt werden. Eine Glasscheibe lässt Licht fast ungehin-

60 dert hindurch. Ein Spiegel reflektiert es. → 6 Eine weiße Wand streut das Licht in alle Richtungen. Ein mattschwarzer, dicker Vorhang absorbiert das Licht fast ganz.

Schall und Licht werden erzeugt und breiten sich aus. Sie können unterwegs von Gegenständen beeinflusst werden. Wir können Schall und Licht empfangen. Unser Gehirn erzeugt daraus einen Eindruck unserer Umwelt.

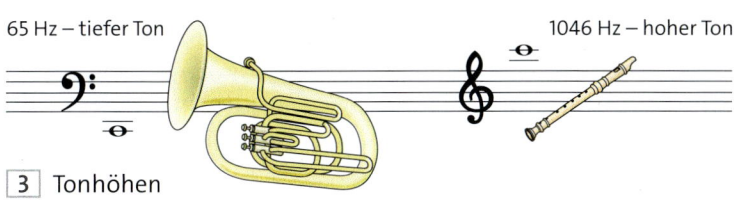

65 Hz – tiefer Ton   1046 Hz – hoher Ton

3 Tonhöhen

Infrarot Rot Orange Gelb Grün Blau Violett Ultraviolett

4 Farben des Lichts

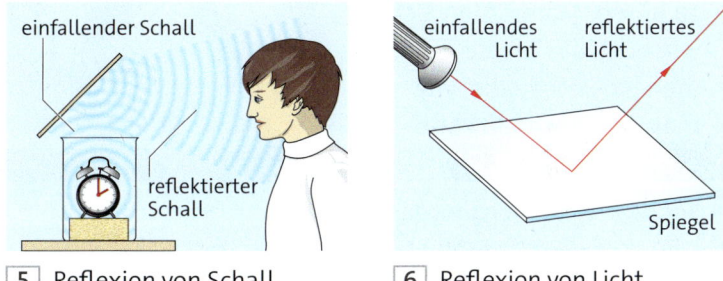

einfallender Schall / reflektierter Schall

einfallendes Licht / reflektiertes Licht / Spiegel

5 Reflexion von Schall   6 Reflexion von Licht

Aufgaben

1 ☒ Nenne Schall- und Lichtsorten, die wir mit Ohren und Augen nicht wahrnehmen können.

2 ☒ Beim Sportfest hören weit entfernte Zuschauende den Knall der Starterpistole später als die Sportlerinnen und Sportler. Erkläre den Unterschied

3 ☒ Vergleiche Schall und Licht. → 7

	Schall	Licht
Quellen	?	?
Empfänger	?	?
Geschwindigkeit	?	?
?	?	?

7 Beispieltabelle

Schall und Licht – ein Vergleich

Material A

Feuerwerk

1 ✉ Maren ist begeistert vom Feuerwerk. → ⬚1⬚ Zum Schluss steigt eine Rakete besonders hoch und explodiert direkt über ihr. Kurz darauf ist ein lauter Knall zu hören. Maren fragt sich, wie hoch die Rakete gekommen ist. Beschreibe, wie man es berechnen kann.

⬚1⬚ Wie hoch steigen die Raketen?

Material B

Schall und Licht haben viel gemeinsam

1 ✉ Sortiere die Bilder 2–9 so, dass Paare aus den Berei- chen Schall und Licht entstehen, bei denen es um das Gleiche geht. Gib jedem Paar eine Überschrift. Begründe jeweils deine Zuordnung.

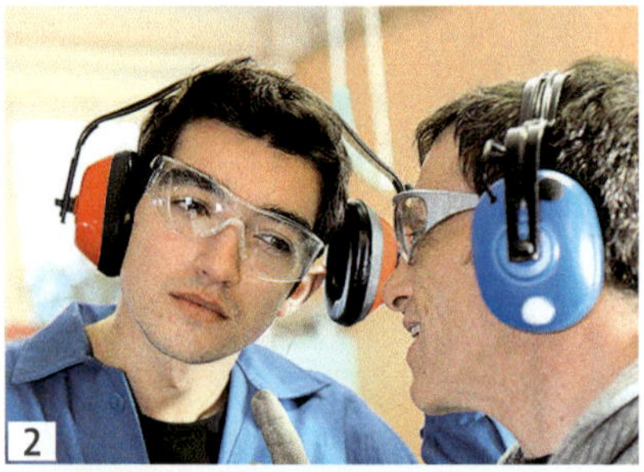

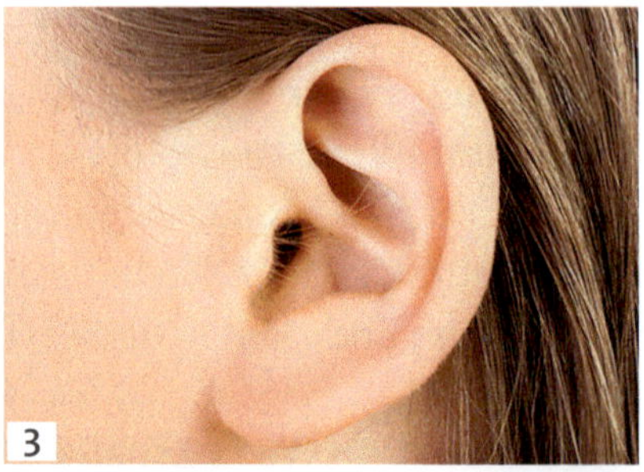

Zwei „Ultras" auf Nahrungssuche

Bienen sehen Ultraviolett • Bienen können kein rotes oder gelbes Licht wahrnehmen, dafür aber ultraviolette Strahlung. Die Blüte der Sumpfdotterblume erscheint für uns einfarbig

5 gelb. → 10 Für eine Biene ist sie zweifarbig und weist ein Muster auf. → 11 12 Das Muster zeigt der Biene den Zugang zum Nektar.

Fledermäuse „sehen" mit den Ohren • Fledermäuse jagen in der Dämmerung nach Insek-

10 ten. → 13 Sie orientieren sich mit ihren sehr empfindlichen und großen Ohren. Dazu stoßen sie rasch hintereinander Schreie im Ultraschallbereich aus. Wenn der Schall auf einen Gegenstand oder ein Beutetier trifft, wird er

15 zurückgeworfen. → 14 Die Fledermaus hört den reflektierten Schall. Er zeigt ihr an, wo und wie weit entfernt das Beutetier ist, wie groß es ist und wie es sich bewegt. Dann passt die Fledermaus ihr Flugverhalten daran an.

20 Einige Nachtfalter können Ultraschall hören. Wenn sie von den Schreien einer Fledermaus getroffen werden, lassen sie sich im Flug plötzlich fallen. Das jagende Tier verliert die Beute dann „aus den Ohren".

10 Biene im Anflug auf eine Sumpfdotterblume

11 12 Die Sumpfdotterblume sieht für uns anders aus als für eine Biene.

Aufgabe

1 ⊠ Jana steht vor einer Felswand und ruft. Nach 1s hört sie den reflektierten Schall. Berechne den Abstand zwischen Jana und der Felswand.

13 Schreiende Fledermaus

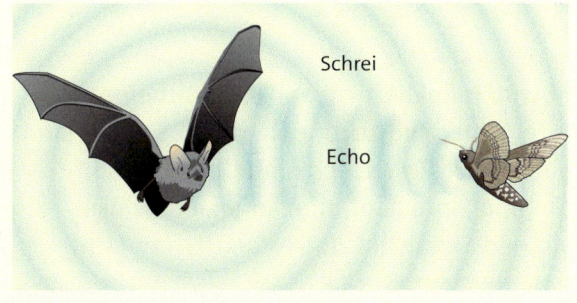

Schrei

Echo

14 Der reflektierte Schall verrät den Nachtfalter.

Licht und Schatten

Zusammenfassung

Sehen und gesehen werden • Lichtquellen wie die Sonne erzeugen Licht und senden es aus. Lichtempfänger wie unsere Augen fangen Licht auf.
→ 1 Wenn Licht auf Gegenstände trifft, kann es gestreut, absorbiert, reflektiert oder durchgelassen werden. → 2 – 5
Wir sehen Lichtquellen wie zum Beispiel eine Kerzenflamme nur, wenn ihr Licht in unsere Augen gelangt. → 6
Wir sehen beleuchtete Gegenstände wie zum Beispiel ein Buch, wenn sie Licht in unsere Augen streuen oder reflektieren. → 7

Unser Auge als Lichtempfänger • Unser Auge nimmt durch Hornhaut und Pupille Licht auf. Die Linse erzeugt ein scharfes umgekehrtes Bild auf der Netzhaut. Dort liegen Sinneszellen, die das einfallende Licht in elektrische Signale umwandeln. Der Sehnerv leitet die elektrischen Signale an das Gehirn weiter.

Licht unterwegs • Das Licht breitet sich von einer Lichtquelle geradlinig in alle möglichen Richtungen aus.
Wir zeichnen den geraden Weg des Lichts durch gerade Linien (Strahlen). Pfeilspitzen zeigen die Ausbreitungsrichtung an. → 8

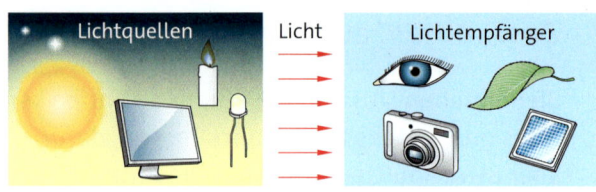

1 Lichtquellen und Lichtempfänger

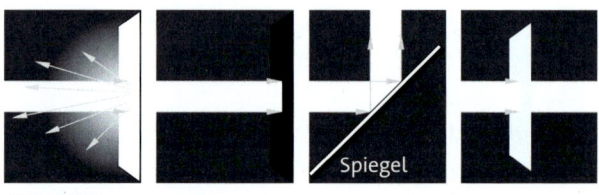

2 – 5 Streuung, Absorption, Reflexion, Durchlassen

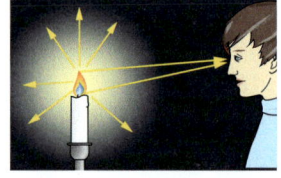

6 Die Flamme sehen

7 Das Buch sehen

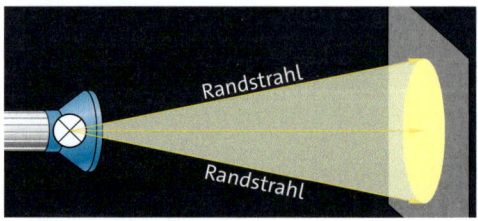

8 Gezeichnete Lichtwege

Licht wird reflektiert • Wenn Licht auf einen Spiegel trifft, wird es reflektiert. Am Spiegel sind Einfallswinkel (zwischen einfallendem Lichtstrahl und Einfallslot) und Reflexionswinkel (zwischen Einfallslot und reflektiertem Lichtstrahl) gleich groß. → 9

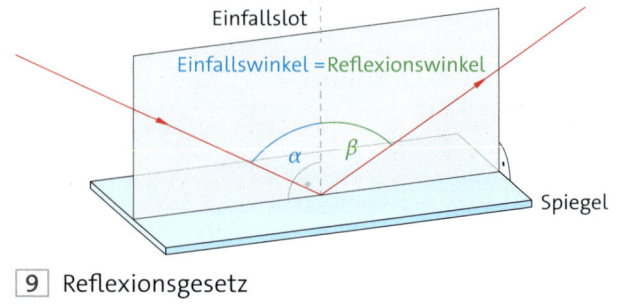

9 Reflexionsgesetz

Schatten und Schattenbild • Wenn ein beleuchteter Gegenstand Licht nicht durchlässt, fehlt hinter ihm Licht. Der Gegenstand hat einen Schatten. ► 10 Ein Schirm hinter dem Gegenstand ist dort dunkel, wo er sich im Schatten befindet, und dort hell beleuchtet, wo Licht auf ihn fällt. Es entsteht ein Schattenbild des Gegenstands.

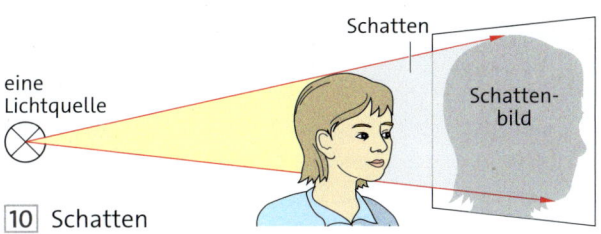

10 Schatten

Kernschatten und Halbschatten • Wenn ein Gegenstand von zwei Lichtquellen beleuchtet wird, können verschiedene Schatten auftreten: ► 11
- Der Kernschatten ist der Bereich hinter dem Gegenstand, in den kein Licht fällt.
- Halbschatten sind die Bereiche, in die nur Licht von einer Lichtquelle fällt.

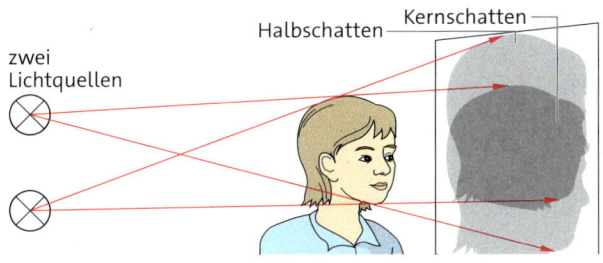

11 Kern- und Halbschatten

Schall und Licht • Schall und Licht werden erzeugt und breiten sich aus. Sie werden unterwegs von Gegenständen beeinflusst. Wir empfangen Schall und Licht mit Sinnesorganen. Das Gehirn erzeugt daraus einen Eindruck unserer Umwelt.

Der Mond – Licht und Schatten • Der Mond wird von der Sonne zur Hälfte beleuchtet. Wir sehen unterschiedlich viel von der beleuchteten Hälfte – je nachdem, wie Mond, Sonne und Erde zueinander stehen. ► 12

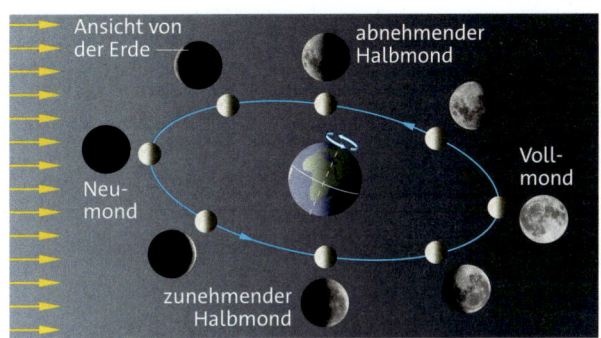

12 Mondphasen

Finsternisse am Himmel – Mondfinsternis • Der Mond wird von der Erde verdunkelt, wenn er den Schatten der Erde durchquert. ► 13

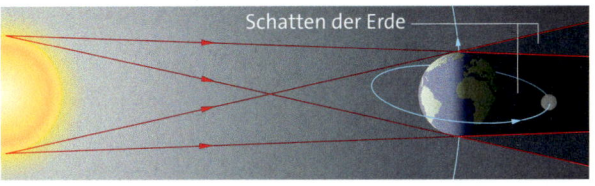

13 Mondfinsternis

Sonnenfinsternis • Die Sonne wird für Beobachtende auf der Erde vom Mond verdeckt, wenn sie im Schattenraum des Monds sind. ► 14

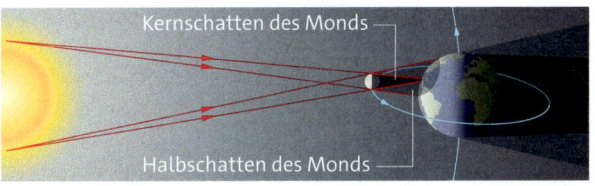

14 Sonnenfinsternis

Licht und Schatten

Teste dich! (Lösungen auf Seite 183 f.)

Sehen und gesehen werden

1 ☑ Nenne fünf Lichtquellen und fünf Licht-empfänger aus dem Alltag.

2 ☒ In einer klaren Vollmondnacht kann man im Freien auch ohne Lampe lesen. Erkläre diese Beobachtung.
Tipp: Die Streuung spielt zweimal eine Rolle.

3 ☑ Schreibe mit diesen Begriffen einen Satz zur Verkehrssicherheit: Menschen zu Fuß – weiß – schwarz – Kleidung – Nacht.

Unser Auge als Lichtempfänger

4 ☑ Ordne folgenden Teilen des Auges die Zahlen im Bild zu: Netzhaut, Hornhaut, Sehnerv, Ringmuskel, Linse, Pupille. ➔ 1

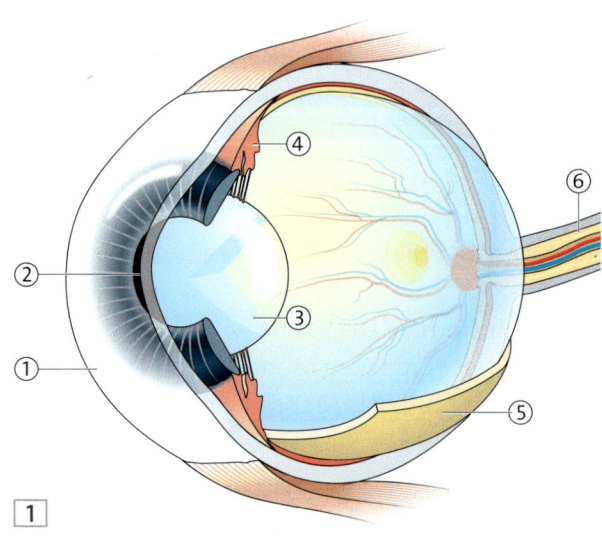

1

5 ☒ „Damit wir etwas sehen können, ist nicht nur das Auge wichtig." Erläutere diesen Satz an einem Beispiel.

Licht unterwegs

6 Lasershow bei einem Konzert ➔ 2
a ☑ Das Foto zeigt eine Eigenschaft des Lichts sehr deutlich. Nenne sie.
b ☒ Die Personen im Vordergrund sehen dunkel aus. Erkläre diese Beobachtung.

2 Lasershow

Licht wird reflektiert

7 ☑ Licht fällt auf einen Spiegel. ➔ 3 Gib an, auf welchen Punkt (A, B oder C) das Licht reflektiert wird. Begründe deine Antwort.

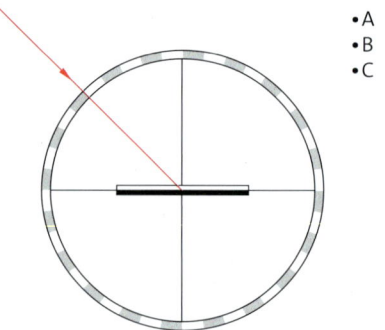

3 Reflexion am Spiegel

Schatten und Schattenbild

8 ☒ Du hältst einen Stift zwischen eine Kerze und eine Wand. Skizziere die Anordnung von Stift, Wand und Kerze, damit
a ein großes Schattenbild des Stifts entsteht.
b ein kleines Schattenbild des Stifts entsteht.

9 Diana schreibt mit rechts.
a ☒ Beschreibe, wohin der Schatten ihrer Hand fällt, wenn die Lampe an den verschiedenen Orten steht. → 4
b ☒ Welcher Lampenort ist für Diana günstiger? Begründe.

4 Richtig beleuchten

10 Tanja geht nachts an Straßenlaternen vorbei.
a ☒ Auf dem Gehweg ist ein Schattenbild zu sehen. Erkläre, wie es entsteht.
b ☒ Wann ist das Schattenbild kurz, wann lang? Fertige als Antwort zwei Skizzen an.

11 ☒ Schattentheater haben in China eine lange Tradition.
a Gib an, welches Material für ein Schattentheater nötig ist.
b Beschreibe, wie ein und dieselbe Schattenfigur einmal als Zwerg und einmal als Riese zum Einsatz kommen kann.

Kernschatten und Halbschatten

12 Hinter dem Bauklotz sind verschiedene Schatten. → 5
a ☒ Benenne die Schatten.
b ☒ Erkläre sie.

5 Verschiedene Schatten

Der Mond – Licht und Schatten

13 ☒ Zeichne die acht Mondphasen in richtiger Reihenfolge. Beginne beim Neumond.

14 ☒ Wie entstehen Vollmond, zunehmender und abnehmender Halbmond? Zeige es mit einer Taschenlampe und einem Tischtennisball.

Finsternisse am Himmel

15 ☒ Bei einer totalen Mondfinsternis liegen Sonne, Erde und Mond auf einer Geraden – wie bei einer totalen Sonnenfinsternis. Es gibt aber einen Unterschied! Beschreibe ihn. Fertige dazu zwei Skizzen an.

Schall und Licht – ein Vergleich

16 ☒ Licht und Schall werden ausgesendet und empfangen.
a Nenne mehrere Licht- oder Schallsender.
b Nenne mehrere Licht- oder Schallempfänger.

Energie von der Sonne

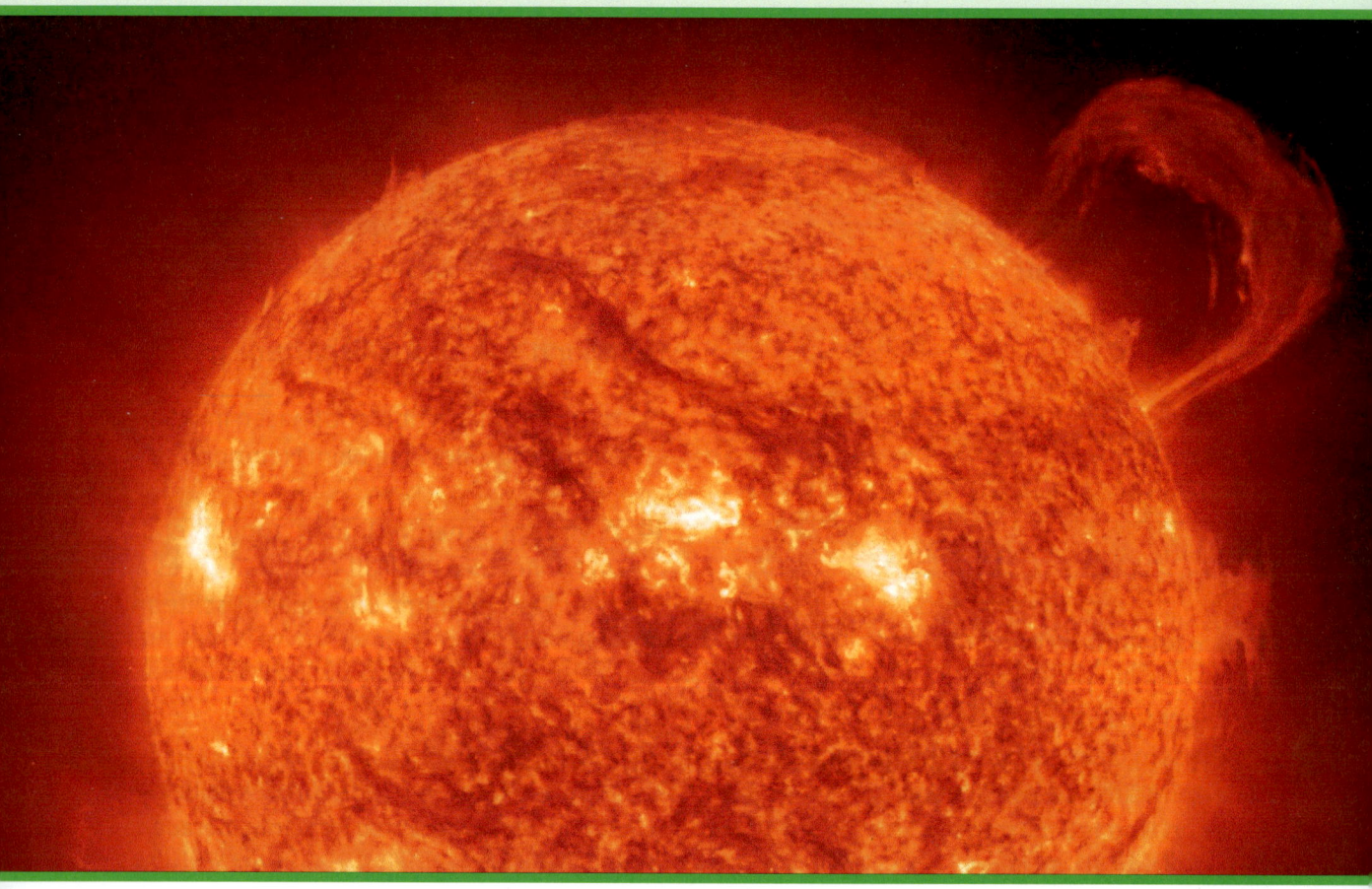

Ungeheuer viel Energie wird in der Sonne freigesetzt. Ein kleiner Teil davon gelangt zur Erde und bildet die Grundlage des Lebens.

Wie wichtig die Jahreszeiten sind, wussten die Menschen bereits vor mehr als 4000 Jahren. Sie bauten gewaltige Anlagen, um den Beginn der Jahreszeiten zu berechnen.

Warum trägt der Astronaut auf dem Mond einen weißen Raumanzug und einen metallisch glänzenden Helm?

Energie treibt alles an

1 Sonne – Grundlage des Lebens

Unsere wichtigste Energiequelle ist die Sonne. Ihre Strahlung bringt Wärme und Licht zur Erde, die wir nutzen.

Strahlung von der Sonne • Grüne Pflan-
5 zen fangen Sonnenstrahlung auf und produzieren bei der Fotosynthese den Nährstoff Traubenzucker. Wir nehmen Traubenzucker und andere Nährstoffe mit der Nahrung auf. So können wir
10 unsere Körpertemperatur bei 37 °C halten und uns mithilfe unserer Muskeln bewegen.
Das wird möglich gemacht durch etwas, das mit der Strahlung über die
15 Nährstoffe in unseren Körper gelangt. Dieses „Etwas" nennen wir Energie.

Energieformen • In den Nährstoffen kommt Energie als chemische Energie vor. Die Sonnenstrahlung transportiert
20 Strahlungsenergie. Die Energie von der Sonne lässt auch die Temperaturen in der Luft sowie in Seen und Meeren steigen. Energie liegt hier als thermische Energie (Wärme) vor. Energie in
25 Form von Bewegungsenergie „steckt"

im Wind. Windräder liefern elektrische Energie. Ein Kran hebt Lasten hoch. Die hohe Last hat dann mehr Lageenergie.

Energie ist notwendig, damit etwas wächst, erwärmt, bewegt oder beleuchtet wird. Energie tritt in verschiedenen Formen auf:
• chemische Energie
• Strahlungsenergie
• thermische Energie (Wärme)
• Bewegungsenergie
• elektrische Energie
• Lageenergie

Energieumwandlungen • Energiewand-
40 ler können Energie in einer Form aufnehmen und sie in einer anderen Form wieder abgeben. Bei jeder Energieumwandlung wird ein Teil der Energie in thermische Energie umgewandelt, die
45 wir nicht nutzen können.
Bei den Energieumwandlungen geht keine Energie verloren.
Pflanzen sind Energiewandler. Sie wandeln die Strahlungsenergie der Sonne
50 in chemische Energie um. Auch Men-

Basiskonzept

Energie
→ Seite 188 f.

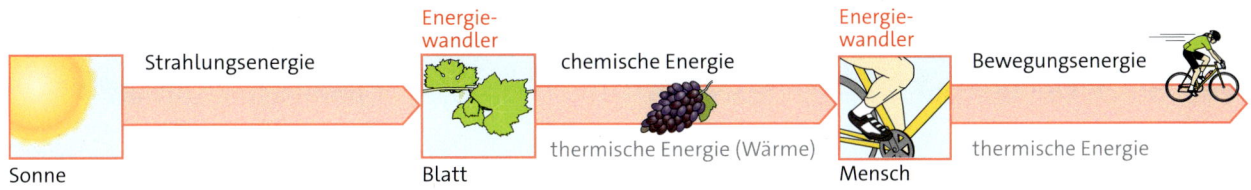

2 Energieumwandlungen im grünen Blatt und im Muskel (grau: ungenutzte Energie)

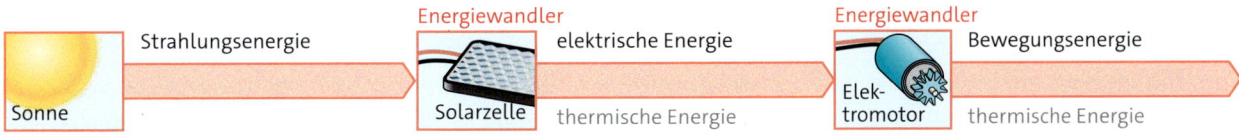

3 Energieumwandlungen in der Solarzelle und im Elektromotor (grau: ungenutzte Energie)

schen sind Energiewandler, die die chemische Energie der Nahrung in thermische Energie und Bewegungsenergie umwandeln. → 2

55 Eine Solarzelle ist ein Energiewandler, der Strahlungsenergie in elektrische Energie umwandelt. Die elektrische Energie kann von einem Elektromotor in Bewegungsenergie umgewandelt

60 werden. → 3

| Energie bleibt immer Energie.
| Energiewandler nehmen Energie in
| einer Form auf und geben sie in
| einer anderen Form ab.
| Energie geht nicht verloren.

Energieketten • Eine Folge von Energieumwandlungen zeichnen wir als Energiekette. → 2 3 Die Kästen stehen für Energiewandler und die Pfeile für

70 Energie in der jeweiligen Form.

Energiespeicher • Energie wird in verschiedener Weise gespeichert: → 4
• Pflanzen speichern chemische Ener-

75 gie. Sie steht uns auch noch in abge-

storbenen Pflanzen zur Verfügung.
• In einem Stausee ist Energie in Form von Lageenergie gespeichert.
• In einer Thermosflasche wird thermische Energie gespeichert.

80 • Elektrische Energie wird in speziellen Bauteilen gespeichert, den Kondensatoren.
Gespeicherte Energie kann wieder freigesetzt und genutzt werden.

| Energie kann gespeichert werden.

Aufgaben

1 ☑ Nenne drei Energieformen. Gib an, wo sie dir im Alltag begegnen.

2 Du kannst Wasser auf dem Feuer oder im Elektrokocher erwärmen.
a ☑ Beschreibe, welche Energieformen genutzt werden.
b ☒ Zeichne jeweils eine Energiekette.

3 ☑ Nenne zwei Energiespeicher und die jeweils gespeicherte Energieform.

4 Energiespeicher

Energie treibt alles an

Material A

Feuer durch Sonnenlicht

Materialliste: große, starke Lupe, Streichhölzer, Knete, feuerfeste Unterlage

1 Halte die Lupe so ins Sonnenlicht, dass ein kleiner, heller Lichtfleck auf die Streichholzkuppen fällt.
→ ☐1 Warte ein wenig ...
☒ Beschreibe, was du beobachtest.

2 ☒ Nenne die Energieform, die für das Entzünden der Streichhölzer sorgt.

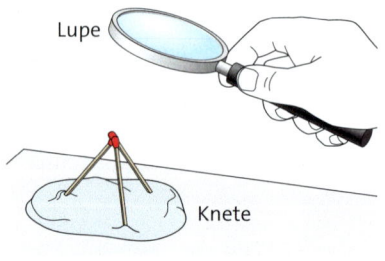

Lupe

Knete

☐1 Brennglas im Einsatz

Material B

Solarantrieb

Materialliste: Solarzelle, Kabel, Solarmotor

1 Treibe mit der Solarzelle einen Solarmotor an. → ☐2
☒ Beschreibe, wie du vorgehen musst, damit der Motor besonders schnell läuft.

2 ☒ Beschreibe, welche Energieumwandlungen stattfinden.

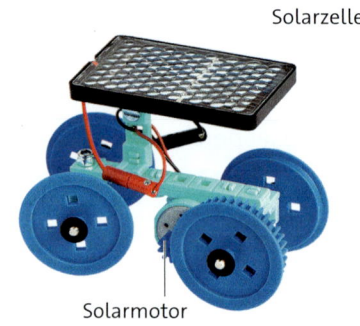

Solarzelle

Solarmotor

☐2 Modellauto

Material C

Chemischer Antrieb

Materialliste: Filmdose, Brausetablette, Wasser, Auffangbecken oder Backblech

1 Fülle die Dose zu einem Viertel mit Wasser. → ☐3
Lege die Brausetablette hinein. Schließe dann schnell den Deckel und stelle die Dose kopfüber in das Becken.
a ☒ Beschreibe deine Beobachtung.
b ☒ Zeichne die Energiekette und beschrifte sie.

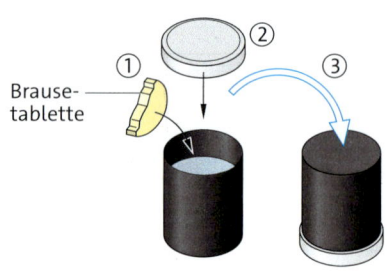

Brause-tablette

☐3 Brauserakete

Material D

Solarkocher

In Bild 4 siehst du einen Solarkocher. In sonnigen Ländern können Menschen damit die Energie der Sonne zum Kochen nutzen.

1 ☒ Nenne die Energieform, die beim Solarkocher genutzt wird.

2 ☒ Begründe, weshalb die Verwendung eines Solarkochers einen Beitrag zum Klimaschutz darstellt.

☐4 Solarkocher

5

6

7

8

9

10

5 – 10 Energiespeicher im Alltag

Energiespeicher

Energie kann auf viele verschiedene Arten gespeichert werden. Die Bilder 5–10 zeigen Beispiele. → 5 – 10

1 ☒ Gib zu jedem Bild an, in welcher Form hier Energie gespeichert wird. → 5 – 10

2 ☒ Beschreibe zu jedem Bild, wie die gespeicherte Energie wieder genutzt werden kann. → 5 – 10

3 ☒ Lege eine Mindmap an. → 11

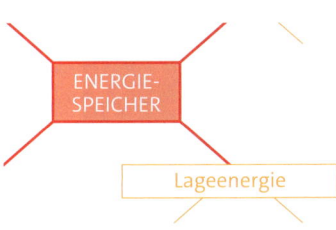

11 Beginn einer Mindmap

Trage dort die verschiedenen Energieformen und die Beispiele von den Bildern ein. → 5 – 10

4 ☒ Gib mindestens drei Möglichkeiten an, Energie in einem Auto mit Verbrennungsmotor zu speichern. Tipp: Die Autos nutzen schon einen Energiespeicher, um den Motor starten zu können.

Tag und Nacht

1 Sonnenuntergang am Baldeneysee

Die Übergänge zwischen Tag und Nacht sind ein besonderes Schauspiel.

Bedeutung von Tag und Nacht • Die Sonne bestimmt das Leben in der Na-
5 tur. Sie liefert uns Wärme und Licht. Das macht sie nicht ständig. Es wird immer nur eine Hälfte der Erde von der Sonne beschienen. Der Takt von Tag und Nacht ist wichtig für den Lebens-
10 rhythmus von Pflanzen, Tieren und uns Menschen.

Basiskonzept

System
→ Seite 188 f.

Sonne und Erde • Die Erde dreht sich in 24 Stunden einmal um sich selbst. Die Sonne beleuchtet immer nur die Hälfte
15 der Erde, die ihr zugewandt ist. → 2 Auf der beleuchteten Hälfte ist Tag. Hier liefert die Sonne Energie und es ist hell. Auf der unbeleuchteten Hälfte der Erdkugel ist Nacht. Die Energie der
20 Sonne fehlt und es ist dunkel.

Schattenlänge • Gegenstände werfen im Sonnenlicht einen Schatten. Je nach Tages- oder Jahreszeit ist er verschie-den lang: morgens und abends länger,
25 mittags kürzer. Auch seine Richtung ändert sich ständig. → 3

> Die Erde dreht sich in 24 Stunden einmal um sich selbst. Dabei be-leuchtet die Sonne immer eine Häl-fte der Erdkugel. Die beleuchtete Erdhälfte bekommt Energie von der Sonne: Es ist hell.

2 Tag und Nacht auf der Erde

3 Schatten – kurz vor Mittag, am Abend

Aufgabe

1 ☑ Beschreibe, wie auf der Erde Tag und Nacht entstehen. → 2

Material A

Tag und Nacht

Die gedachte Erdachse verläuft vom Nordpol zum Südpol. Sie ist schräg zur Sonne geneigt.

Materialliste: Globus, Lampe

1 ☒ Stellt mit Globus und Lampe nach, wie auf der Erde Tag und Nacht entstehen.

2 Sucht auf dem Globus, wo Deutschland liegt.
a ☒ Markiert es mit einem Klebepunkt.
b ☒ Stellt mit Lampe und Globus Morgen, Mittag, Mitternacht und Sonnenuntergang nach.
c ☒ Nennt Länder, in denen es Nacht ist, wenn in Deutschland Tag ist.

4 Von der linken Seite beleuchteter Globus

Material B

Temperaturen im Tagesverlauf

Materialliste: Thermometer, Handy, Wetter-App

1 Die Lufttemperatur verändert sich im Tagesverlauf.
a Messe die Temperatur an mehreren Tagen jeweils mittags und abends, wenn es schon dunkel ist. Notiere die Messwerte in einer Tabelle.
b ☒ Vergleiche die Temperaturen der Mittagszeit mit denen vom Abend.
c ☒ Erkläre den Unterschied.

2 ☒ ☒ Mit einer Wetter-App kannst du Temperaturen von einem Ort zu verschiedenen Tageszeiten abrufen.
a Notiere an einem Tag jeweils die Lufttemperatur am Morgen, zur Mittagszeit, am Abend und in der Nacht.
b Stelle die Temperaturen in einem Säulendiagramm dar.
c Erkläre die Unterschiede.

3 ☒ Miriam sagt: „Heute Mittag waren es 25 °C auf dem Balkon. Bei dieser Temperatur schlafe ich heute mal draußen auf der Liege."
a Gib Miriam einen Tipp, wie sie sich ankleiden sollte.
b Begründe deine Ratschläge.

Material C

Wie spät ist es?

Sonnenuhren findest du manchmal an Kirchen, an Rathäusern oder auch in Burgen und Schlössern.

1 Sonnenuhr
a ☒ Lies ab, was die Sonnenuhr anzeigt. → 5
b ☒ Gib an, wie spät es ist. Tipp: Die Sonnenuhr geht in der Sommerzeit eine Stunde nach.

5 Sonnenuhr (Juli)

2 ☒ Gib an, zu welcher Tageszeit der Schatten am längsten und zu welcher Tageszeit der Schatten am kürzesten ist. Begründe jeweils deine Antwort.

Jahreszeiten

[1] [2] Sommer und Winter

Unsere Jahreszeiten sind sehr verschieden: Im Sommer kann es sehr heiß werden. Im Winter kann es schneien.

Schrägstellung der Erdachse • Die Erde
5 umrundet die Sonne einmal im Jahr. In dieser Zeit vollzieht sie auch 365 ganze Drehungen und eine Vierteldrehung um sich selbst. Deutschland bewegt sich in 24 Stunden durch beleuchtete
10 und durch dunkle Bereiche. Wir erleben Tag und Nacht. → [3]
Die Erdachse steht dabei schräg zur Umlaufbahn um die Sonne. → [4]
Das hat Folgen: unsere Jahreszeiten.

15 **Kurze Tage – lange Tage** • Durch die Schrägstellung der Erdachse ändert sich die Länge der Tage und Nächte im Lauf eines Jahres. → [4]

Erde,
von Norden gesehen

Tag
Nacht   Nordpol

Deutschland

[3] Eine Drehung in 24 Stunden

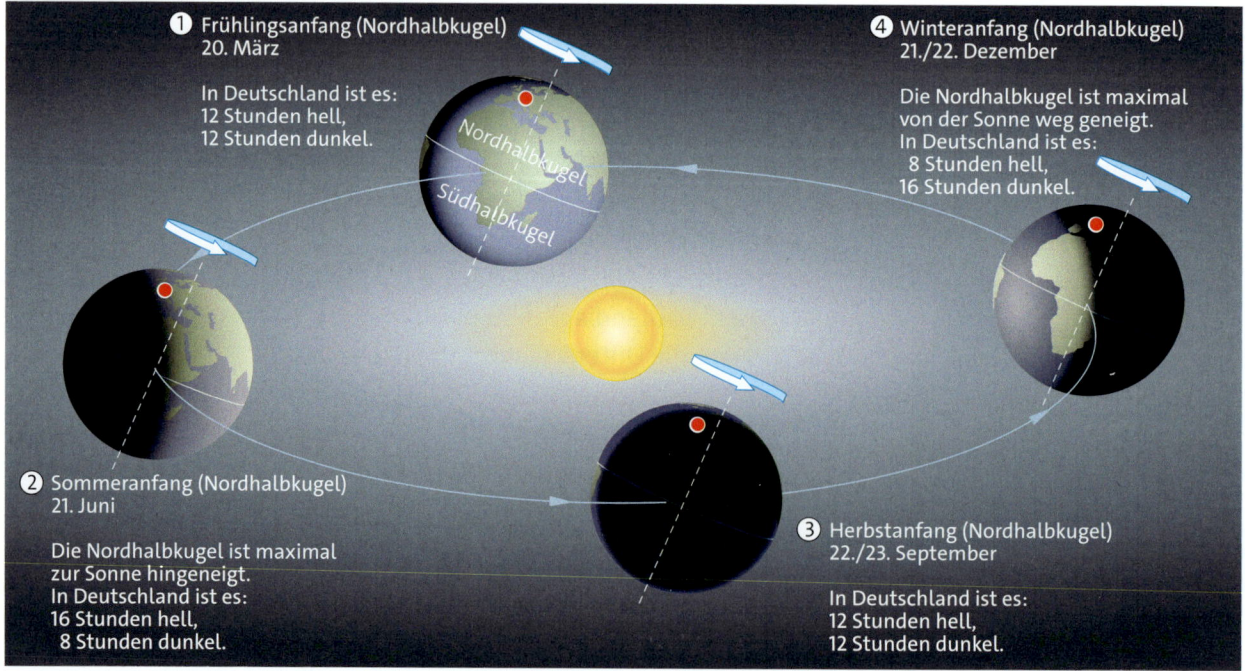

❶ Frühlingsanfang (Nordhalbkugel)
20. März

In Deutschland ist es:
12 Stunden hell,
12 Stunden dunkel.

Nordhalbkugel
Südhalbkugel

❹ Winteranfang (Nordhalbkugel)
21./22. Dezember

Die Nordhalbkugel ist maximal von der Sonne weg geneigt.
In Deutschland ist es:
8 Stunden hell,
16 Stunden dunkel.

❷ Sommeranfang (Nordhalbkugel)
21. Juni

Die Nordhalbkugel ist maximal zur Sonne hingeneigt.
In Deutschland ist es:
16 Stunden hell,
8 Stunden dunkel.

❸ Herbstanfang (Nordhalbkugel)
22./23. September

In Deutschland ist es:
12 Stunden hell,
12 Stunden dunkel.

[4] Frühling, Sommer, Herbst und Winter: vier Jahreszeiten bei einem Umlauf der Erde um die Sonne

Steiler Winkel – flacher Winkel • Die
20 schräg stehende Erdachse wirkt sich
auch auf den höchsten Sonnenstand
am Mittag aus. Er verändert sich von
Tag zu Tag:

• Im Sommer steht die Sonne bei uns
25 mittags hoch über unseren Köpfen.
→ 5 Die eintreffende Strahlung verteilt sich nur auf eine kleine Fläche
und erwärmt den Boden stark. → 6

• Im Winter steht die Sonne bei uns
30 mittags sehr tief am Himmel. → 7
Es trifft genauso viel Sonnenstrahlung ein wie im Sommer – aber unter
einem flachen Winkel. Die Strahlung
erwärmt den Boden weniger als im
35 Sommer. Sie verteilt sich auf eine
größere Fläche. → 8

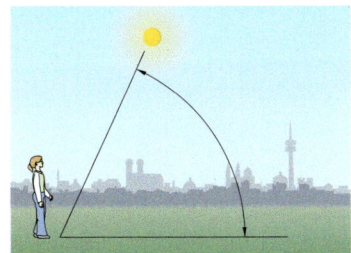

5 Höchster Sonnenstand
Deutschland im Juni

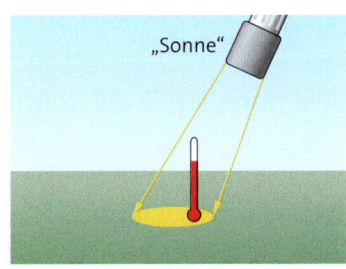

6 Sommer – Strahlung ver-
teilt sich auf kleine Fläche.

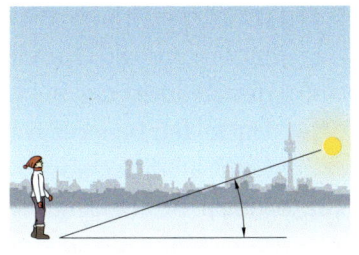

7 Höchster Sonnenstand
Deutschland im Dezember

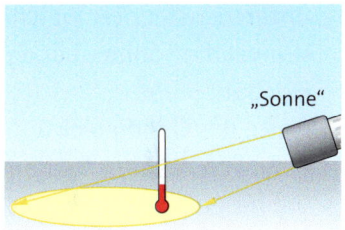

8 Winter – Strahlung ver-
teilt sich auf große Fläche.

> Die Erdachse steht schräg zur Um-
> laufbahn der Erde um die Sonne.
> Deshalb ist es bei uns im Sommer
> lange hell und das Sonnenlicht fällt
> mittags sehr steil ein. Im Winter ist
> es nur wenige Stunden hell und das
> Sonnenlicht fällt mittags unter
> einem flachen Winkel ein.
> Der Erdboden wird dadurch im
> Sommer stärker erwärmt als im
> Winter.

Wetter und Jahreszeiten • Die Temperaturen der Luft, des Bodens und der
50 Gewässer beeinflussen, ob der Himmel bewölkt ist, wie viel Niederschlag
es gibt, ob er als Regen oder Schnee
fällt, wohin der Wind bläst und vieles
mehr. Alle diese Erscheinungen zu-
55 sammen nennt man Wetter. Durch die
unterschiedliche Erwärmung der Erd-

oberfläche in den Jahreszeiten unter-
scheidet sich auch unser Wetter:
• Im Frühling kann es oft windig und
60 wechselhaft sein.
• Der Sommer ist oft heiß und trocken.
• Häufig regnet und stürmt es im
Herbst.
• Im Winter ist es kalt. Es kann Frost
65 und Schnee geben.

Aufgaben

1 ⊠ Im Sommer wird der Boden von der
Sonne sehr viel stärker erwärmt als
im Winter. Erkläre den Unterschied.

2 ⊠ „Wenn es bei uns Sommer ist, ist
es auf der Südhalbkugel Winter."
→ 4 Begründe die Aussage.

Basiskonzept

System
→ Seite 188 f.

Jahreszeiten

Material A

Wie hoch steht die Sonne?

Materialliste: Geodreieck mit Winkelmesser, Bleistift

1 Führe den Versuch an einem sonnigen Tag zu jeder vollen Stunde durch (8–15 Uhr). Du untersuchst, unter welchem Winkel die Sonne über dem Horizont steht.
a Halte das Geodreieck auf einer Fensterbank in die Sonne. Sein Schatten soll in der gleichen Richtung ver-

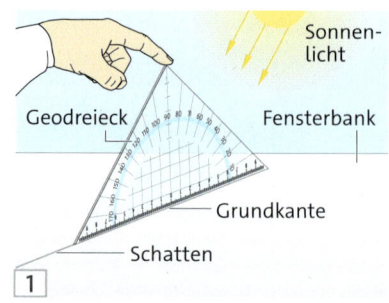

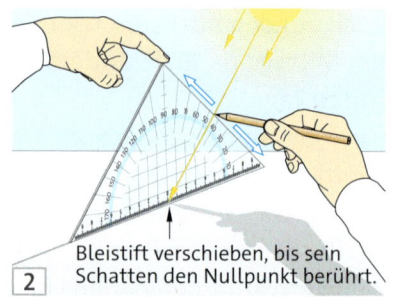

1 Bleistift verschieben, bis sein Schatten den Nullpunkt berührt.

laufen wie die Grundkante des Geodreiecks. ➞ 1
b Halte den Bleistift waagerecht an die schräge Kante, die zur Sonne zeigt. ➞ 2 Verschiebe ihn so lange an

der Kante, bis sein Schatten den Nullpunkt berührt.
c ☒ Lies den Winkel am Geodreieck ab und notiere ihn.
d ☒ Trage Uhrzeit und Winkel in ein Diagramm ein.

Material B

Steiler Winkel – flacher Winkel

Materialliste: schwarze Papierstücke, elektronisches Thermometer, Wärmelampe (150 W), Stativmaterial, Stoppuhr

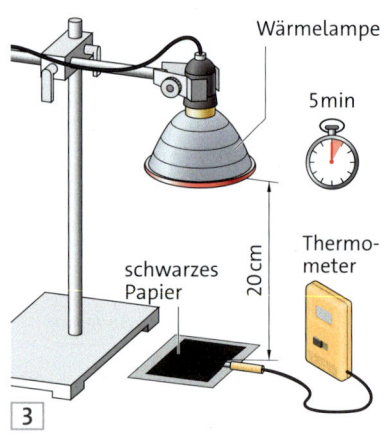

3

1 So kannst du die Erwärmung des Bodens im Sommer nachstellen. ➞ 3
a Lege das Thermometer unter das schwarze Papier und lies die Temperatur ab.
b ☒ Bestrahle etwas schwarzes Papier für 5 Minuten. Lies nach jeder Minute die Temperatur ab und notiere sie in einer Tabelle. ➞ 4
c ☒ Halte nun die Lampe bei gleichem Abstand schräg, um die Erwärmung im Winter nachzustellen. Wiederhole die Teile a und b. ➞ 5
d ☒ Vergleiche die Messwerte der Versuchsteile b und c. Formuliere ein Ergebnis.

Zeit in min	Temperatur in Grad Celsius	
	senkrecht	schräg
0	?	?
1	?	?

4 Beispieltabelle

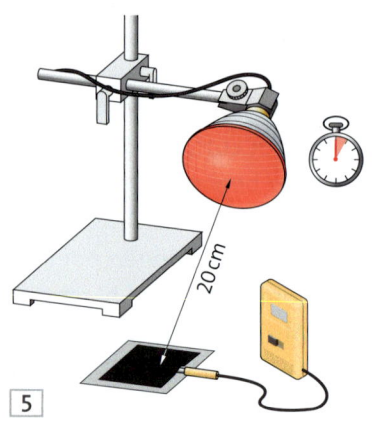

5

Material C

Temperaturverläufe

1 Temperaturdiagramme

a ⬚ Suche die Orte Sydney, Düsseldorf und Singapur auf einer Weltkarte oder einem Globus.

b ⬚ Ordne die Orte den drei Temperaturdiagrammen zu. → 6 – 8

c ⬚ Gib für jeden der drei Orte an, in welchen Monaten Sommer und in welchen Monaten Winter ist.

d ⬚ Erkläre den unterschiedlichen Temperaturverlauf in den drei Orten. Tipp: Beachte die Schrägstellung der Erdachse und den Winkel der Sonneneinstrahlung.

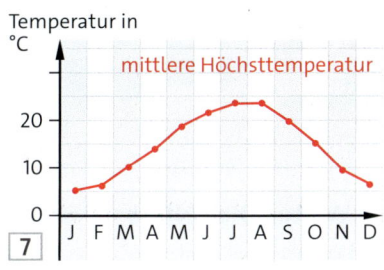

7

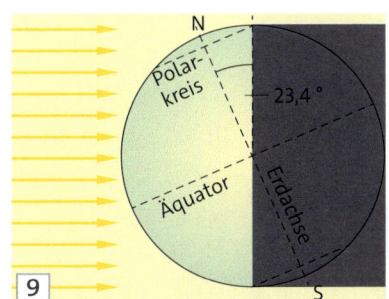

6

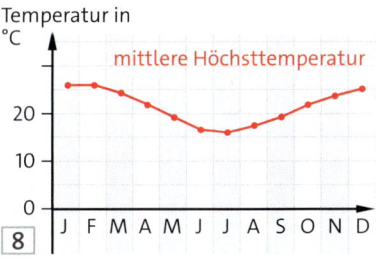

8

Material D

Polarnacht und Polartag

1 ⬚ Sieh dir das Bild an. → 9 Erkläre, ob auf der Nordhalbkugel Sommer oder Winter ist. Vervollständige: Auf der Nordhalbkugel ist ◇, weil ◇.

2 ⬚ Am Nordpol geht im Sommer die Sonne nicht unter. Am Südpol ist es gleichzeitig

9

den ganzen Tag über dunkel. Erkläre dieses Phänomen mithilfe des Bilds. → 9

⬚ Material E

Partyplanung

10

Sonnenstands-Apps legen den Lauf der Sonne zu einem beliebigen Datum über das Bild der Handykamera. → 10

1 ⬚ Amelie plant mithilfe einer solchen App ihre Gartenparty. Schlage vor, wo sie Folgendes hinstellen sollte:

a Tisch und Stühle: Amelie möchte in der Sonne sitzen.

b Grill: Amelies Papa möchte im Schatten grillen.

c Die Kühlbox: Die Getränke sollen schön kühl bleiben.

2 ⬚ Und deine Party?

a Fotografiere den Platz für deine Gartenparty im Hochsommer. Nutze dafür eine Sonnenstands-App und mache einen Screenshot.

b Überlege, welche Gegenstände du für die Party brauchst. Begründe, wo du sie aufstellst.

Strahlung

1 Angenehm warm – aber nur in der Sonne

Materialien zur
Erarbeitung: A–C

Sonnenbaden im Winter. Die Luft ist ziemlich kalt. Trotzdem friert die Skifahrerin nicht.

Strahlung • Im prallen Sonnenschein
5 wird der Sportlerin warm. Auch in einem Auto kann es heiß werden, wenn es von der Sonne beschienen wird. Die Sportlerin und das Auto werden durch die Strahlung von der Sonne erwärmt.
10 ▶ **2**

Strahlung breitet sich in Luft, in Wasser und in Glas aus – und auch im praktisch leeren Weltall zwischen der Sonne und der Erde.

Basiskonzepte

Energie
→ Seite 188 f.

15 Strahlung geht aber nicht nur von der Sonne aus:
• Ein heißes Bügeleisen erwärmt deine Hand, wenn du sie in die Nähe des Bügeleisens hältst.
20 • Deine Hand erwärmt deine Wange, wenn du sie nahe daran hältst.

Strahlung auffangen • Ein dunkles Auto wird im Sonnenschein schneller aufgeheizt als ein helles:
25 • Dunkle Flächen nehmen viel Strahlung auf. ▶ **3**
• Helle Flächen werfen einen großen Teil der Strahlung zurück.

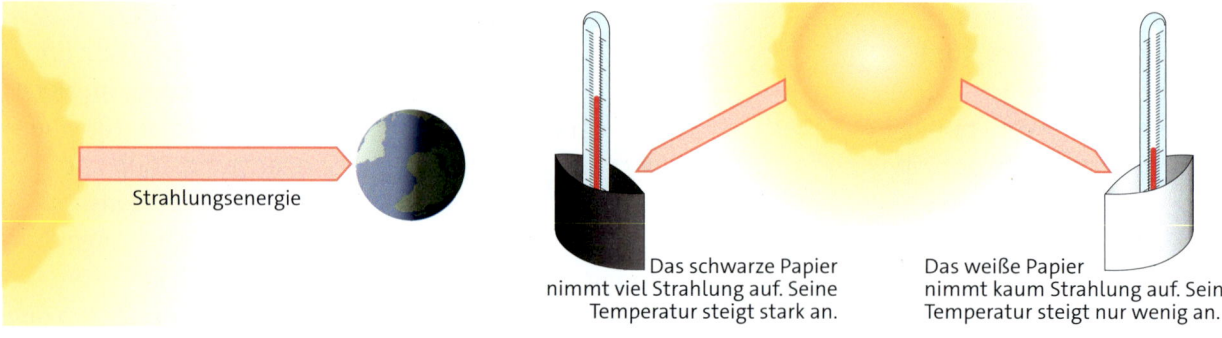

Strahlungsenergie

Das schwarze Papier nimmt viel Strahlung auf. Seine Temperatur steigt stark an.

Das weiße Papier nimmt kaum Strahlung auf. Seine Temperatur steigt nur wenig an.

2 Energie von der Sonne   **3** Strahlung auffangen

> Alle Gegenstände senden Energie durch Strahlung aus – je heißer der Gegenstand ist, desto mehr.
> Wenn Strahlung auf einen Gegenstand trifft, kann sie ihn erwärmen.

Strahlungsarten • Die Sonne sendet
35 keine einheitliche Strahlung aus. Wir unterscheiden verschiedene Strahlungsarten:
- Die unsichtbare infrarote Strahlung nehmen wir als Wärme wahr.
40 • Einen Teil der Strahlung sehen wir als Licht. → 4
- Auch die ultraviolette Strahlung (UV-Strahlung) ist unsichtbar.

Gefahren durch Sonnenstrahlung • UV-
45 Strahlung kann tief in die Haut eindringen und dort Schäden anrichten. Die Haut entzündet sich dann und es bilden sich Blasen. → 5 Ein starker Sonnenbrand kann Narben hinterlas-
50 sen. Es kann außerdem Hautkrebs verursacht werden. → 6
Länger anhaltende Sonneneinstrahlung auf den Kopf und den Nacken kann einen Sonnenstich hervorrufen.
55 Typische Anzeichen sind ein roter Kopf, Schwindel und Kopfschmerzen. Das kann zur Bewusstlosigkeit der betroffenen Person führen.

Schutz vor Sonnenstrahlung • Gegen
60 die schädlichen UV-Strahlen kann sich unser Körper für begrenzte Zeit selbst schützen. Dunkle Farbstoffe in der oberen Hautschicht hindern einen Teil der UV-Strahlen daran, in tiefere Haut-
65 schichten einzudringen.

Diese Eigenschutzzeit ist für jeden Menschen unterschiedlich lang. Indem du Sonnencreme aufträgst, kannst du die Zeit verlängern, in der deine Haut
70 vor Sonnenbrand geschützt ist.
Du schützt dich am besten vor starker Sonneneinstrahlung, wenn du eine Kopfbedeckung und luftige, sonnendichte Kleidung trägst. Stoffe mit dem
75 UV-Schutz 50+ lassen nur noch den fünfzigsten Teil der UV-Strahlung durch.

> Intensive Sonnenstrahlung gefährdet besonders unseren Kopf und unsere Haut.
> Schutzkleidung und Hautpflege beugen wirksam Schäden vor.

Aufgaben

1 ▣ Die Skifahrerin spürt die Wärme.
→ 1 Erkläre, wie dies möglich ist.

2 ▣ Eine Vulkanforscherin will sich mit einem Schutzanzug vor der Strahlung der heißen Lava schützen. Sollte ihr Anzug hell oder dunkel sein? Begründe deine Antwort.

3 ▣ Menschen unterscheiden sich darin, wie empfindlich ihre Haut auf Sonnenstrahlung reagiert. Recherchiere in deinem Biologieschulbuch nach unterschiedlichen Hauttypen. Bestimme deinen Hauttyp und erkläre die Begriffe Eigenschutzzeit und Lichtschutzfaktor mit eigenen Worten.

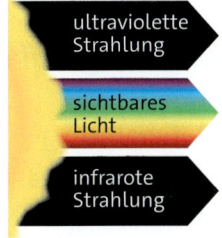

4 Strahlungsarten

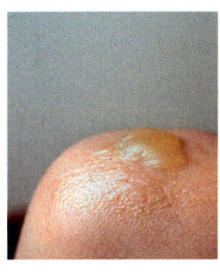

5 Sonnenbrand

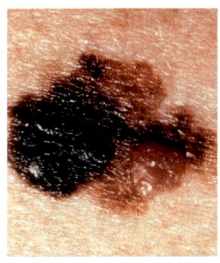

6 Hautkrebs

Strahlung

Material A

Strahlung auffangen

Materialliste: je 1 Rechteck (10 cm x 15 cm) aus schwarzem und weißem Tonkarton, Stoppuhr

1 Legt die Rechtecke 15 Minuten lang in die Sonne. ➜ 1 Haltet sie danach abwechselnd dicht an die Wange. ⬛ Beschreibt und vergleicht, was ihr spürt.

1

Material B

Strahlung umlenken

Materialliste: Glühlampe, Karton (10 cm x 15 cm), Alufolie

1 ⬛ Überzieht den Karton glatt mit der Alufolie.
a Haltet den Karton mit der Folienseite nah ans Gesicht. Beschreibt, was ihr spürt.
b Benutzt den Karton wie einen Spiegel. Lenkt mit ihm das Licht der Lampe auf die Wange. Beschreibt wieder, was ihr spürt.

Material C

Heißes Bügeleisen

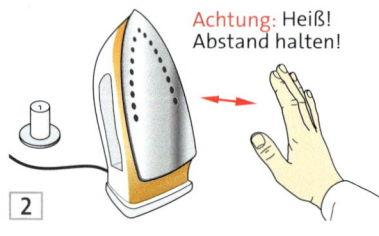

Achtung: Heiß! Abstand halten!

2

Materialliste: Bügeleisen, Kerze, Streichhölzer

1 Stellt das Bügeleisen aufrecht hin. Schaltet es ein. ➜ 2
Achtung • Heiße Fläche nicht berühren!

a ⬛ Haltet die Hand einige Zentimeter seitlich von der heißen Fläche. Beschreibt, was ihr spürt.
b ⬛ Weht heiße Luft vom Bügeleisen zur Hand? Prüft es mit der brennenden Kerze.

Material D

Schwarz oder weiß?

1 ⬛ Der Raumanzug ist weiß. ➜ 3 Die Sonnenkollektoren zur Wassererwärmung sind schwarz. ➜ 4 Begründe den Unterschied.

3

4

Richtig Sonnenbaden

Auf die Sonne können wir nicht verzichten. Die Sonne steigert unser Wohlbefinden und stärkt auch unsere Abwehrkräfte. Sonnenlicht ist außerdem notwendig für die Bildung von Stoffen, die wichtig für das Wachstum der Knochen sind.

1 Der richtige Umgang mit der Sonne will gelernt sein. Betrachte die Bilder 5–11 genau.

⊠ Beschreibe falsche Verhaltensweisen im Umgang mit der Sonne.

2 ⊠ Stelle Tipps zum richtigen Sonnenbaden zusammen.

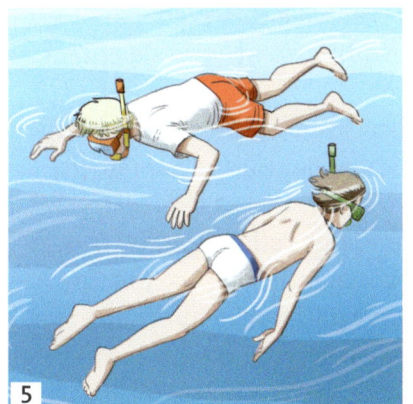

5

6

7

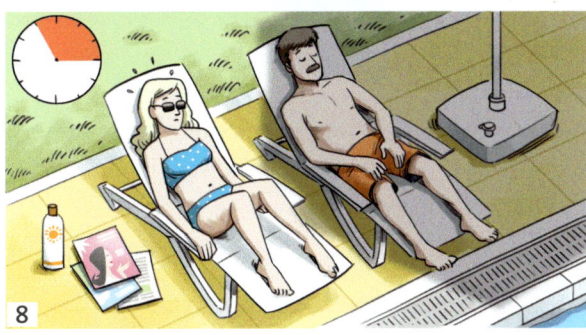

8

9

10

11

Wärmeströmung

1 Spukt es hier?

Materialien zur
Erarbeitung: A–B

Tarek macht Hausaufgaben an einem kalten Wintertag. Plötzlich bewegt sich die Gardine über der Heizung. Türen und Fenster sind geschlossen – spukt
5 es etwa?

Thermische Energie wird von Wasser mitgeführt • Im Winter sorgt die Heizung dafür, dass es in deinem Zimmer angenehm warm ist. Wie funktioniert
10 sie?
Im Heizkessel verbrennt Holz, Öl oder Gas. → **2** Die Flamme erwärmt das Wasser im Rohr. Das heiße Wasser wird durch einen Kreislauf gepumpt
15 und transportiert die thermische Ener-

gie zu den Heizkörpern. Dort wird sie an die Luft abgegeben. Das Wasser kühlt sich dabei ab und strömt zum Heizkessel zurück.

20 **Thermische Energie wird von Luft mitgeführt** • Vom Heizkörper strömt warme Luft zur Zimmerdecke. → **3** Sie gibt dabei die mitgeführte thermische Energie an die Wände und Gegen-
25 stände im Raum ab und kühlt sich dabei ab. Wenn die Luft wieder am Heizkörper vorbeiströmt, wird sie erneut erwärmt.
In Tareks Zimmer „spukt" also warme
30 Luft, die von der Heizung aufsteigt.

> Strömende Stoffe wie Wasser oder Luft können thermische Energie transportieren. Wir sprechen von Wärmeströmung (Konvektion).

Aufgabe

1 ☑ Beschreibe, wie thermische Energie aus dem Heizkessel in dein Zimmer gelangt. → **2**

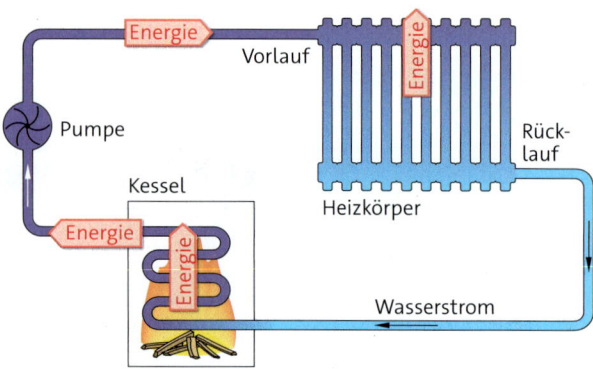

2 Das strömende Wasser führt Energie mit.

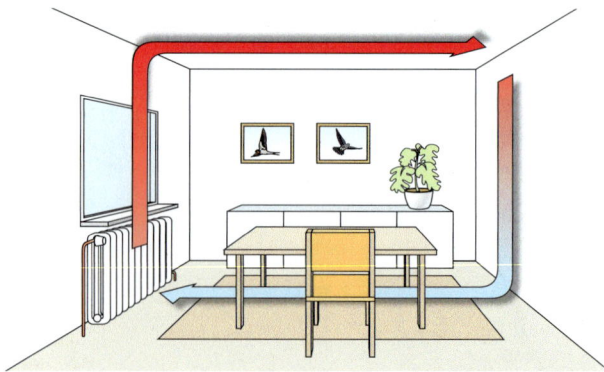

3 Die strömende Luft verteilt Energie im Zimmer.

Material A

Warmer Wasserstrom (Demoversuch)

Materialliste: Rundkolben, Wasser, farbiges Badesalz, Gasbrenner, Glasrohr, Stativmaterial

Achtung • Flamme nicht zu lange auf eine Stelle richten!

1 Die Lehrkraft erhitzt den Rundkolben an einer Seite mit kleiner Flamme. → 4
☒ Beobachtet, was im Wasser geschieht. Schreibt es auf und skizziert.

2 Das Glasrohr wird mit kleiner Flamme an einer Seite erhitzt. → 5
☒ Beobachtet, was passiert. Vergleicht mit Versuch 1.

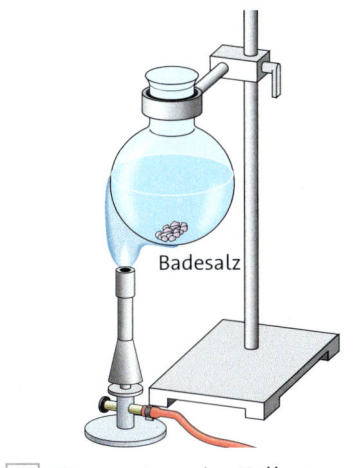
Badesalz

4 Wasserstrom im Kolben

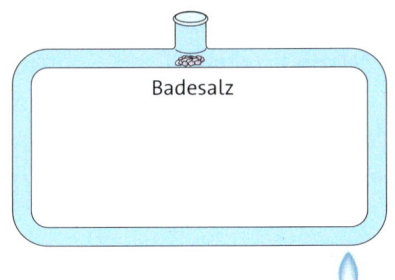
Badesalz

5 Wasserstrom im Rohr

Material B

Warmer Luftstrom

Materialliste: Blatt Papier, Stecknadel, Schere

1 Schneidet die Papierspirale aus. → 6 Stecht die Stecknadel von unten hindurch. Haltet die Spirale über eine heiße Kochplatte, einen warmen Heizkörper …
☒ Beschreibt, was ihr beobachtet.

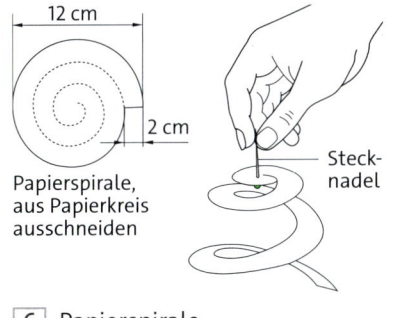
12 cm

2 cm

Papierspirale, aus Papierkreis ausschneiden

Stecknadel

6 Papierspirale

Material C

Verschiedene Transportmittel

1 ☒ Dreimal Wärmeströmung: Nenne jeweils den strömenden Stoff. → 7 – 9

7 – 9 „Schokobrunnen", Weihnachtspyramide, Vulkan

Wärmeleitung

1 Töpfe mit verschiedenen Griffen

Materialien zur Erarbeitung: A–B

Der Topf und die Pfanne sind beide sehr heiß. Warum kann der Koch die Pfanne ohne Lappen anfassen?

Wärmeleitung • Wenn du einen Topf
5 mit Wasser auf eine heiße Herdplatte stellst, wird erst der Topf heiß und dann das Wasser. Die thermische Energie wird von der Herdplatte über den Topfboden in das Wasser geleitet. → **2**

> Thermische Energie breitet sich in einem Gegenstand von alleine aus. Sie fließt immer von der hohen zur niedrigen Temperatur.
> Wir sprechen von Wärmeleitung.

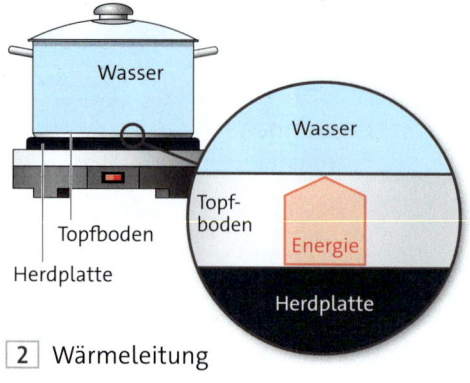

2 Wärmeleitung

15 **Gute und schlechte Wärmeleiter** • Ein Topf aus Stahl leitet die thermische Energie schnell weiter: Er ist ein guter Wärmeleiter. Ein Kunststoffgriff leitet die thermische Energie eines heißen
20 Topfs dagegen kaum weiter. Er ist ein sehr schlechter Wärmeleiter. Es gilt:
- Metalle wie Kupfer und Eisen sind gute Wärmeleiter.
- Wasser, Glas und Stein sind keine
25 guten Wärmeleiter.
- Holz, Wolle, Kunststoff, Hartschaum und Luft sind sehr schlechte Wärmeleiter.

Dämmstoffe • Sehr schlechte Wärme-
30 leiter nennt man Dämmstoffe oder Isolatoren. Dämmstoffe wie Kork und Hartschaum enthalten viel Luft. Man verwendet sie, um unerwünschte Wärmeleitung einzudämmen.

> Stoffe unterscheiden sich in ihrer Wärmeleitfähigkeit.

Aufgaben

1 ☒ Ordne diese Gegenstände: Wollpullover, Esslöffel, Trinkglas. Beginne mit dem besten Wärmeleiter.

2 ☒ Entscheide jeweils, ob die Wärmeleitung erwünscht ist oder nicht. Begründe deine Entscheidungen.
a Der Topf besteht aus Metall.
b Der Topfgriff ist aus Kunststoff.
c Ein heißer Topf steht auf einem Untersetzer aus Kork.
d Heizkörper bestehen aus Metall.

Material A

Welcher Becher leitet die Wärme besser?

Zwei kleine Becher aus Aluminium und Kunststoff wurden mit gleich viel kaltem Wasser gefüllt und in ein großes Becherglas mit heißem Wasser gestellt. ➔ 3 Alle 30 s wurde die Temperatur im heißen und im kalten Wasser gemessen. ➔ 4

1 ☑ Vergleiche die Messwerte in den Bechern. ➔ 5 Beantworte die Versuchsfrage.

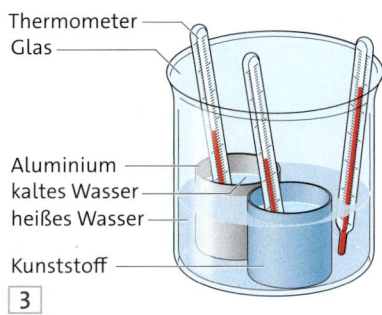

Thermometer
Glas
Aluminium
kaltes Wasser
heißes Wasser
Kunststoff

3

Zeit	Wassertemperatur		
	Glas	Kunst-stoff-becher	Alumi-nium-becher
0 s	49 °C	15 °C	15 °C
30 s	48 °C	16 °C	19 °C
60 s	47 °C	17 °C	22 °C
90 s	46 °C	18 °C	23 °C
120 s	45 °C	18 °C	25 °C
150 s	44 °C	19 °C	27 °C

4 Messwerte

Material B

Was wird schneller heiß?

Materialliste: Becherglas, heißes Wasser, Stäbe aus Eisen, Kupfer, Plexiglas und Holz, Pappe mit Löchern, Wachs

1 Formt Kugeln aus Wachs. Schiebt die Stäbe mit den Wachskugeln durch die Pappe. Stellt dann alles ins heiße Wasser. ➔ 5 .

a ☑ Gebt an, welcher Stab am schnellsten heiß wird.

b ☒ Gebt an, für welche Küchengegenstände sich die 4 Stoffe jeweils eignen. Begründet die Vorschläge.

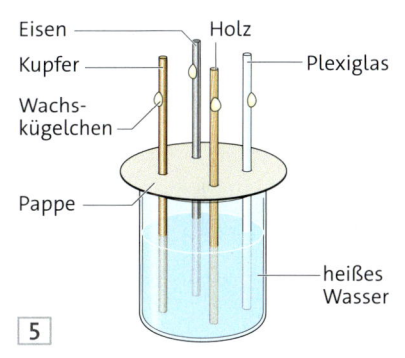

Eisen
Holz
Kupfer
Plexiglas
Wachs-kügelchen
Pappe
heißes Wasser

5

Material C

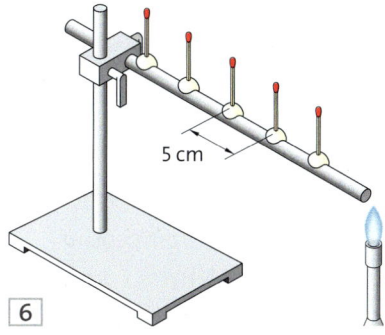

5 cm

6

Sofort warm?

Materialliste: Gasbrenner, Streichhölzer, Wachskügelchen, Stativmaterial

1 Befestigt die Streichhölzer mit den Wachskugeln auf einer Stativstange. ➔ 6 Lasst dabei immer 5 cm Abstand zwischen den Kugeln.

a ☑ Vermutet, was passieren wird, wenn das Ende der Stange erhitzt wird.

b ☑ Erst jetzt wird der Versuch durchgeführt. Beschreibt, was geschieht.

c ☒ Erklärt die Beobachtung.

Schutz vor Wärme und Kälte

1 Eine Hauswand wird mit Glaswolle gedämmt.

In den letzten Jahren sind bei uns viele Häuser mit dicken Dämmplatten umhüllt worden. Die Platten haben den gleichen Zweck wie ein Winterfell.

5 **Wärmedämmung am Haus** • Im Winter heizen wir unsere Häuser, um nicht zu frieren. Um die thermische Energie im Haus zu halten, werden Hauswände aufwendig wärmegedämmt. → 1

10 Es gibt viele Dämmstoffe: Hartschaum, Styropor, Glaswolle, Wolle, Holzwolle ... Sie sind allesamt sehr schlechte Wärmeleiter, weil sie viel Luft enthalten. → 2

15 Bei guter Dämmung bleibt es im Haus im Sommer kühl. Im Winter bleibt es warm, weil wenig thermische Energie ins Freie geleitet wird. Das spart Energie und Geld. Und weil man weniger 20 Brennstoffe zum Heizen verbrennen muss, entstehen weniger Abgase. So wird die Umwelt entlastet.

Wärmedämmung am Körper • Zum Schutz vor Wärmeverlust plustert sich 25 die Amsel auf. → 3 Wir schützen uns durch Wollpullover und bauschige Winterjacken. Sie enthalten viel Luft und sind daher sehr schlechte Wärmeleiter. Dadurch gibt der Körper nur 30 langsam thermische Energie an die Umgebung ab und bleibt schön warm.

> Dämmstoffe sind sehr schlechte Wärmeleiter. Sie verringern den Austausch von thermischer Energie und bewirken dadurch, dass man weniger heizen muss.

Aufgaben

1 ☒ Erläutere, wie durch Dämmung Energie gespart und die Umwelt geschont werden kann.

2 ☒ Im Wollpullover ist dir mollig warm. Kommt die Wärme vom Pullover? Begründe deine Antwort.

2 Glaswolle im Mikroskop (gefärbt)

3 Aufgeplusterte Amsel

Material A

Dämmstoffe

1 ☒ Einige Stoffe sind viel besser als andere zur Wärmedämmung geeignet.
→ 4

a Häuser werden mit Hartschaum isoliert, nicht mit Beton. Begründe.

b Kork dämmt besser als Sandstein. Erkläre den Unterschied.

2 ☒ In welcher Dose schmilzt das Eis schneller? → 5
Begründe deine Antwort.

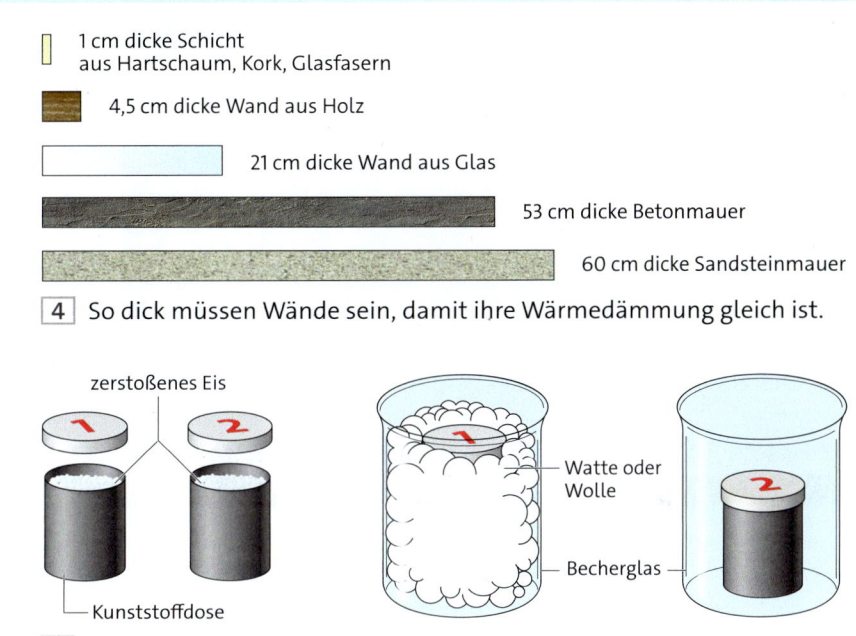

☐ 1 cm dicke Schicht aus Hartschaum, Kork, Glasfasern

4,5 cm dicke Wand aus Holz

21 cm dicke Wand aus Glas

53 cm dicke Betonmauer

60 cm dicke Sandsteinmauer

4 So dick müssen Wände sein, damit ihre Wärmedämmung gleich ist.

zerstoßenes Eis

Watte oder Wolle

Becherglas

Kunststoffdose

5 Wie wirkt sich der Dämmstoff aus?

Material B

Modellhaus mit Wärmedämmung

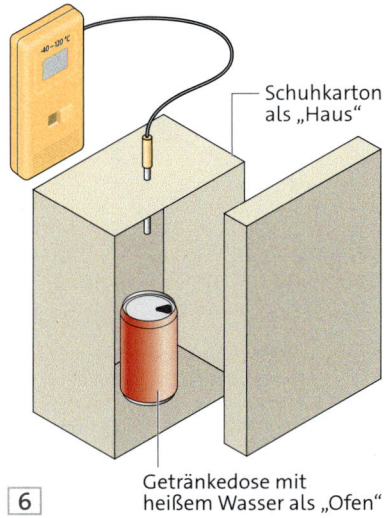

Schuhkarton als „Haus"

6

Getränkedose mit heißem Wasser als „Ofen"

Materialliste: Schuhkarton, Getränkedose, Wasser (50 °C), Schaumstoff, Hartschaum, Luftpolsterfolie, elektronisches Thermometer

1 Baut das Modellhaus auf.
→ 6 Stellt es ohne „Ofen" in einen kühlen Raum.
☒ Messt die Temperatur nach 20 Minuten. Notiert den Messwert.

2 Stellt nun den warmen „Ofen" ins Haus.
☒ Messt die Temperatur wieder nach 20 Minuten.

3 Kleidet jetzt das Haus rundherum mit Schaumstoff, Hartschaum oder Luftpolsterfolie aus. Stellt wieder einen 50 °C warmen „Ofen" ins Haus.
☒ Messt wieder nach 20 Minuten die Temperatur.

4 ☒ Vergleicht die verschiedenen Messwerte miteinander. Dazu könnt ihr zum Beispiel ein Säulendiagramm anlegen.
Erklärt die Unterschiede.

Tipps zum Energiesparen

1 Energie verschwendet – oder gespart?

Nicht nur beim Lüften kannst du Energie sparen.

Energie ist kostbar • Wir nutzen viel Energie zum Heizen, Beleuchten, An-
5 treiben von Motoren und um Gegen-
stände herzustellen. Dazu werden große Mengen an Erdöl, Gas, Kohle und Holz verbrannt. Unser „Energie-hunger" lässt die Vorräte der Erde
10 schwinden und belastet die Luft mit schädlichen Gasen.

> Bei jeder Verbrennung entstehen Abgase, Abfälle und Abwärme, die unsere Umwelt belasten. Deshalb sollte jeder von uns sparsam mit Energie umgehen. → 2

Aufgabe

1 ☒ Notiere die Überschriften der Energiespartipps in einer Liste. → 2 Ergänze eigene Tipps.

Licht aus
Schalte das Licht in allen Räumen aus, in denen niemand ist.

Nicht zu viel heizen
Ein Absenken der Raum-temperatur um 1°C spart im Winter 6 % Energie.

Muskeln benutzen
Du wohnst nahe an der Schule? Dann fahre mit dem Rad oder gehe zu Fuß.

Warmhalten statt heizen
Halte Tee in einer Thermos-kanne heiß, nicht auf der Warmhalteplatte.

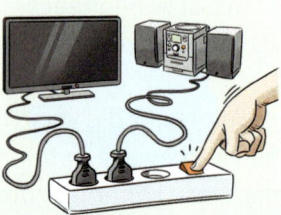

Kein Stand-by-Betrieb
Schalte Fernseher und Computer aus, wenn du sie nicht brauchst.
Sie brauchen auch im Stand-by-Betrieb elektrische Energie.

Stoßlüften statt Dauerlüften
Lüften im Winter? Mache die Fenster 5 Minuten lang weit auf. So geht weniger Energie verloren, als wenn die Fenster lange gekippt sind.

Sparsame Lampen verwenden
LED-Lampen und Energiesparlampen leuchten oft genauso hell wie Glüh-lampen. Sie brauchen aber viel weniger elektrische Energie.

2 Energiesparen im Alltag

Material A

Richtig lüften im Winter

1 Lies den Text. ➔ 3
a ☒ Gib an, warum man im Winter lüftet.
b ☒ Erkläre, wieso das „Stoßlüften" empfohlen wird.

Stoßlüften

Im Winter ist Lüften wichtig, um den Sauerstoff in der Zimmerluft zu erneuern und die Luftfeuchtigkeit zu senken. So kann Schimmel an den Wänden verhindert werden. Wir alle geben nämlich täglich bis zu 1 Liter Wasser über Atem und Haut ab. Es ist aber falsch, ein Fenster ständig zu kippen: Dann geht ununterbrochen Wärme verloren und man erkältet sich in der Zugluft. Außerdem sollen sich die Wände beim Lüften nicht abkühlen. Das Heizen des Zimmers kostet bei gekipptem Fenster schnell das Vierfache gegenüber der „Stoßlüftung". Richtig ist es, Fenster und Türen nur für ein, zwei Minuten weit zu öffnen. Die Luft, die dabei schnell entweicht, ist ohnehin ein schlechter Wärmespeicher.

3 Tipps aus einer Zeitung

Material B

Wie lange dauert es, bis 1 Liter Wasser kocht?

Materialliste: Wasserkocher, 2 l kaltes Wasser, Stoppuhr

1 ☒ Fülle 1 l Wasser in den Wasserkocher. Schließe den Deckel und schalte den Wasserkocher ein.
a Miss die Zeit, bis das Wasser kocht.
b Wiederhole den Versuch mit dem verbliebenen kalten Wasser – aber diesmal mit offenem Deckel.
c Vergleiche die Zeiten.
d Gib eine Empfehlung für den energiesparenden Umgang mit Wasserkochern und Töpfen.

Material C

Lampen unterscheiden sich

Materialliste: Energiesparlampen, LED-Lampen, Glühlampen

1 ☒ Vergleiche die Lampen.
a Welche Lampe leuchtet am hellsten? Tipp: Beleuchte diesen Text im Dunkeln mit der Lampe. Vergrößere den Abstand zwischen Lampe und Text, bis du ihn gerade noch lesen kannst.
b Welche Lampe wird heißer?
c Wie angenehm ist das Licht?
d Welche Lampe braucht mehr Energie? Tipp: Eine 20-Watt-Lampe braucht doppelt so viel Energie pro Sekunde wie eine 10-Watt-Lampe.

Material D

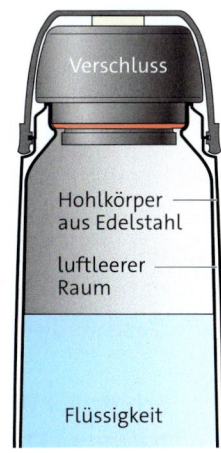

Verschluss

Hohlkörper aus Edelstahl

luftleerer Raum

Flüssigkeit

Thermoskanne

1 ☒ In einer Thermoskanne bleibt Tee stundenlang heiß. ➔ 4 Wie wird die Abgabe thermischer Energie nach außen so gering gehalten? Ergänze die Tabelle in deinem Heft. ➔ 5

Bauteil	Verhindert:
Wand aus Edelstahl	Energieabgabe durch …
Hohlraum	?
Verschluss	?

4 Thermoskanne   5 Teile der Thermoskanne und ihre Aufgabe

Zusammenfassung

Energie treibt alles an • Wir brauchen Energie, um Dinge zu bewegen, zu erwärmen, zu beleuchten, zu heben … Energie begegnet uns in vielen Formen. Energie kann transportiert, umgewandelt und gespeichert werden. → 1

Energiesparen • Unser Energiebedarf lässt die Vorräte der Erde an Erdgas, Kohle und Erdöl schwinden. Jede Verbrennung belastet die Umwelt, weil dabei klimaschädliches Gas entsteht. Deshalb sollten wir Energie sparen.

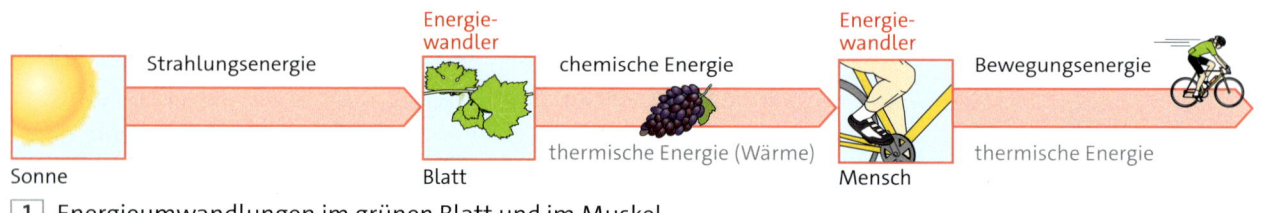

1 Energieumwandlungen im grünen Blatt und im Muskel

Tag und Nacht • Die Sonne beleuchtet immer nur eine Hälfte der Erde. Dort ist Tag. Auf der unbeleuchteten Seite ist Nacht. Die Erde dreht sich in 24 Stunden einmal um sich selbst. Dadurch wechseln sich bei uns Tag und Nacht ab. → 2

Jahreszeiten • Die Erde umkreist die Sonne in einem Jahr. Da die Erdachse etwas schräg steht, wird mal die Nordhälfte und mal die Südhälfte der Erde stärker beleuchtet. → 3 4 Dadurch entstehen unsere Jahreszeiten.

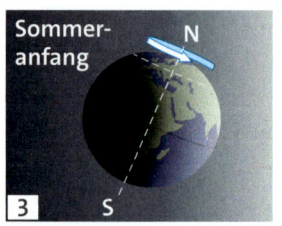

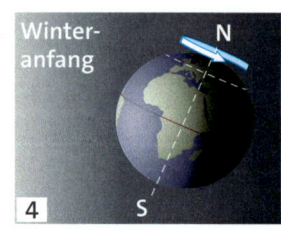

Strahlung • Jeder Gegenstand sendet Energie durch Strahlung aus — je heißer er wird, desto mehr. Wenn Strahlung auf einen Gegenstand trifft, kann sie ihn erwärmen: Strahlungsenergie wird in thermische Energie umgewandelt.

Wärmeströmung • Thermische Energie kann von strömenden Stoffen mitgeführt werden. Wasser transportiert zum Beispiel in einer Heizung thermische Energie vom Kessel zu den Heizkörpern.

Wärmeleitung • Thermische Energie breitet sich in einem Gegenstand von alleine aus — vom heißen zum kalten Ende. Metalle sind gute Wärmeleiter. Wasser, Glas, Stein und Beton sind keine guten Wärmeleiter. Luft, Holz, Kunststoffe und Gase sind sehr schlechte Wärmeleiter.

Schutz vor Wärme und Kälte • Dämmstoffe enthalten viel Luft. Wenn man Dach und Wände dämmt, kann man beim Heizen sparen.

Energie treibt alles an

1 ◪ Nenne drei Energieformen.

2 ◪ „Die Sonne ist unsere wichtigste Energiequelle." Erläutere diese Aussage.

3 Diese Gegenstände speichern Energie: Kerze, Apfel, Tank mit Heizöl, Warmwasserspeicher, rollendes Fahrrad, Magma im Vulkan, Kachelofen, Wasser im Stausee, Batterie, heiße Kochplatte, Achterbahnwagen ganz oben, Wind.
a ◪ Übertrage die Tabelle ins Heft. ➡ 5 Ordne die Gegenstände den Energieformen zu.
b ◪ Ergänze zu jeder Energieform noch zwei weitere Energiespeicher.

Energieform	Energiespeicher
chemische Energie	?
thermische Energie	?
Lageenergie	?
Bewegungsenergie	?

5 Energiespeicher (Beispieltabelle)

Tag und Nacht – Jahreszeiten

4 ◪ Gib an, zu welcher Tageszeit ein Stab den kürzesten Schatten wirft.

5 ◪ Die Erde führt zwei Bewegungen gleichzeitig aus. Beschreibe die beiden Bewegungen und gib jeweils die Zeit für einen Umlauf oder eine Drehung an.

6 ◪ „Ohne die Schrägstellung der Erdachse gäbe es bei uns keine Jahreszeiten." Begründe die Aussage.

Strahlung – Wärmeströmung – Wärmeleitung – Schutz vor Wärme und Kälte

7 ◪ Vervollständige die Sätze a–c in deinem Heft durch die Begriffe Wärmeleitung, Wärmeströmung oder Strahlung:
a Von der Herdplatte wird Wärme durch ◇?◇ auf den Topfboden übertragen.
b Die Sonne erwärmt die Erde durch ◇?◇.
c Die Wärme aus dem Heizkessel gelangt durch ◇?◇ zum Heizkörper.

8 ◪ Wie funktioniert die Heizungsanlage?
➡ 6 Schreibe die Sätze in richtiger Reihenfolge auf (der erste Satz steht schon richtig):
• Im Brenner verbrennt Öl.
• Die Pumpe pumpt heißes Wasser zum Heizkörper.
• Das Wasser kühlt im Heizkörper ab und strömt zurück zum Kessel.
• Der Heizkörper gibt Wärme ans Zimmer ab.
• Das Wasser wird im Kessel erhitzt.

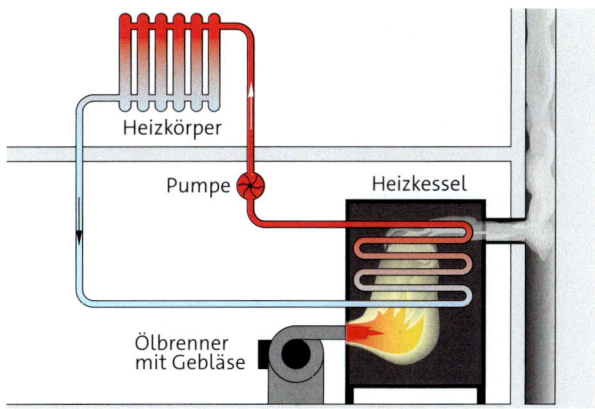

6 Heizungsanlage

9 ◪ Viele Bettdecken sind mit Daunenfedern gefüllt. Erkläre den Nutzen.

Wetter

Mit solch einer Wetterstation kannst du auch bei dir zu Hause das Wetter vorhersagen. Welche Daten sind dafür nötig?

Auf der Zugspitze befindet sich
Deutschlands höchste Profi-
Wetterstation. Sie gehört zu einem
dichten Netz von Stationen im
ganzen Land.

Wetterdienste verarbeiten Daten
von Profi-Wetterstationen, Radarstationen und Satelliten, damit
dein Handy dir eine Wettervorhersage liefern kann.

Wetterbeobachtung

1 Eine kleine Wetterstation

Materialien zur Erarbeitung: A–D

Wetterstationen „beobachten" das Wetter und liefern Daten für Wettervorhersagen. Welche Daten misst so eine Station?

5 **Temperaturen** • An der Wetterstation misst ein Thermometer die Temperatur der Luft. → 2 Gemessen wird im Schatten, etwa 2 Meter über dem Boden. Oft werden auch die höchste
10 und die tiefste Temperatur des Tages ermittelt.

Luftdruck • Wir leben auf dem Grund eines „Luftmeeres" — so wie Krebse am Grund des Meeres aus Wasser.

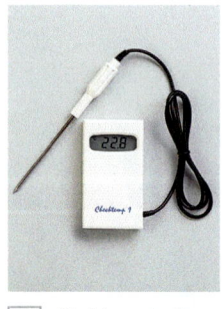

2 Elektronisches Thermometer

15 Über uns befindet sich eine viele Kilometer dicke Luftschicht. → 3 Die Luft hat ein Gewicht und „drückt" damit auf unseren Körper und die Erde. Dieser Luftdruck wirkt in alle Richtungen.
20 Wir merken aber nichts davon, weil unser Körper darauf eingestellt ist. Der Luftdruck wird mit einem Barometer gemessen und in hPa (sprich: Hektopascal) angegeben. Auf Meeres-
25 höhe beträgt der normale Luftdruck 1013 hPa. Wenn man auf einem Berg steht, ist die Luftschicht weniger hoch und der Luftdruck daher geringer. Je nach Wetterlage kann der Luftdruck
30 höher oder niedriger sein. Man spricht von einem „Hoch" oder einem „Tief" und meint damit Gebiete hohen und niedrigen Luftdrucks. Meist kündigt ein Hoch gutes Wetter an, ein Tief bedeu-
35 tet oft Regen. Zur Wettervorhersage ist es daher wichtig, Luftdruckänderungen zu beobachten. Daher haben Barometer oft zwei Zeiger: Der schmale Zeiger gibt den aktuellen Wert an, der dickere
40 den Luftdruck des Vortags. → 4

Fällt der Luftdruck, droht schlechtes Wetter. Steigt er, kann bald die Sonne scheinen.

3 Die Lufthülle der Erde

4 Barometer

Windrichtung und Windstärke • Zwischen einem Gebiet mit hohem Luftdruck und einem Gebiet mit niedrigem
Luftdruck bewegt sich die Luft, um den
Luftdruck auszugleichen. Diese Luftbe-
wegung spüren wir als Wind.
Mit einem Windsack wird die Himmelsrichtung bestimmt, aus der der
Wind weht. Mit einem Windstärkemessgerät ermittelt man, wie stark der
Wind bläst. → 5 Die Windstärke kann
Werte zwischen 0 (Windstille) und
12 (Orkan) annehmen.

Luftfeuchtigkeit • Ein Hygrometer
misst, wie feucht die Luft ist. → 6
Bei 24 °C können höchstens 22 Gramm
Wasserdampf in einem Kubikmeter
Luft enthalten sein, in kühlerer Luft
weniger. Wenn das Messgerät bei 24 °C
50 % Luftfeuchtigkeit anzeigt, dann
enthält der Kubikmeter Luft 11 Gramm
Wasserdampf.

Bewölkung und Niederschläge • Wis-
senschaftliche Wetterstationen protokollieren die Bewölkung und messen,
wie viel Niederschlag fällt. Im Wetter-
bericht heißt es dann: „Die Niederschlagsmenge betrug zwei Millimeter."
Das bedeutet: Wenn der Regen nicht
im Boden versickert wäre, so stünde
das Wasser 2 mm hoch. Auf einen Quadratmeter Bodenfläche sind in diesem
Fall 2 Liter Wasser gefallen.

> Temperatur, Luftdruck, Windrich-
> tung und -stärke, Luftfeuchtigkeit
> und Niederschlagsmenge bestim-
> men unser Wetter.

5 Messgeräte für Windrichtung und Windgeschwindigkeit

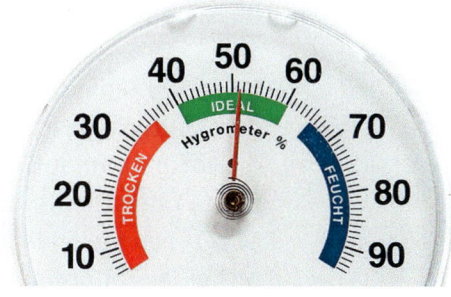

6 Wie feucht ist die Luft?

Aufgaben

1 ▣ Nenne das Messgerät, mit dem
der Luftdruck gemessen wird.

2 ▣ „Der Niederschlag betrug 5 mm."
Berechne die Wassermenge, die auf
einen Quadratmeter fiel.

3 ▣ Der Windsack zeigt nach Osten.
→ 5 Bestimme die Windrichtung.

4 ▣ Der Luftdruck fiel über Nacht
von 1030 hPa auf 980 hPa. Triff eine
Wettervorhersage.

Wetterbeobachtung

Material A

Temperaturen messen und auswerten

Für die Untersuchung des Wetters ist die Temperaturerfassung wichtig. Die Temperatur wird im Schatten in etwa 2 Metern Höhe gemessen. Der Temperaturfühler muss dabei trocken sein.

1 ☑ Jan hat eine Woche lang die Temperatur im Garten gemessen. ➔ 1

Wochentag	Temperatur in °C
Montag	7
Dienstag	8
Mittwoch	5
Donnerstag	4
Freitag	1
Samstag	2
Sonntag	2

1 Temperatur um 7 Uhr

Stelle die Messwerte in deinem Heft als Säulendiagramm dar. Trage auf der y-Achse die Temperaturen auf.

2 ☒ Miss eine Woche lang immer zur selben Uhrzeit am selben Ort die Temperatur. Notiere die Messwerte und stelle sie als Säulendiagramm dar.

Material B

Wir bauen ein Barometer

Materialliste: 2 leere Gläser, Luftballon, Sand, Schaschlikspieß, Pappe, Klebeband, Gummiring, Holzstab

1 Schneide aus dem Ballon ein Stück heraus und spanne es über die Öffnung eines Glases. ➔ 2 Befestige diese „Haut" gut gespannt mit einem Gummiring.

2 Brich den Schaschlikspieß durch und klebe ihn so auf die Luftballonhaut, dass die Spitze übersteht und das abgebrochene Ende in der Mitte der Ballonhaut liegt.

3 Schneide aus der Pappe einen 15 cm langen und 3 cm breiten Streifen.

Markiere den Mittelpunkt und zeichne im Millimeterabstand in beide Richtungen eine Skala.

4 Befestige die Skala an einem Holzstab. Fülle das zweite Glas mit Sand. Stecke den Holzstab so tief hinein, dass die Zeigerspitze auf den Mittelstrich deiner Skala zeigt.

5 ☒ Führe ein Beobachtungsprotokoll. Notiere dazu in regelmäßigen Abständen den Stand deines Zeigers und das Wetter in diesem Moment.

6 ☒ Erläutere den Zusammenhang zwischen der Zeigerstellung deines Barometers und dem Wetter.

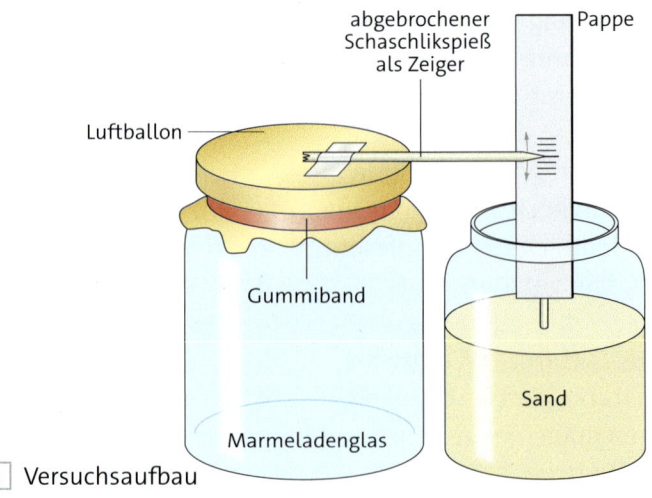

2 Versuchsaufbau

Material C

Regenmenge bestimmen

Materialliste: Plastikflasche, Kieselsteine, Klebeband, Stift

1 Schneide den oberen Teil der Flasche ab. ▸ 3

2 Fülle einige Kieselsteine in die Flasche. Übertrage die Millimeterskala von deinem Lineal auf die Flasche, sodass die Nullmarke über den Kieselsteinen liegt. Fülle dann bis zur Nullmarke Wasser in den Regenmesser. Setze den oberen Flaschenteil wie einen Trichter in die Flasche.

3 Stelle den Regenmesser windgeschützt im Freien auf. Fülle ihn nach jeder Messung wieder bis zur Nullmarke.

4 ▣ Berechne die Niederschlagsmenge nach einem Regenschauer. Eine Wasserstandsänderung von 1 Millimeter entspricht 1 Liter Regen pro Quadratmeter.

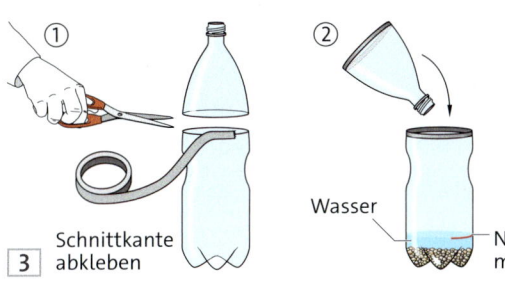

① 3 Schnittkante abkleben

② Wasser — Nullpunkt markieren

③ Skala anbringen

Material D

Windrichtung und Windstärke

Die Windrichtung lässt sich mit etwas Papier bestimmen. Die Windstärke könnt ihr messen oder abschätzen. ▸ 4 5 Eine Tabelle mit typischen Anzeichen für die einzelnen Windstärken findet ihr ganz hinten im Buch.

Materialliste: Kompass, Windstärkemessgerät, Seidenpapier

1 Bestimmt die Windrichtung in freiem Gelände mit dem Kompass und einem Streifen Seidenpapier als Windfahne.

4 Ab Windstärke 3: Fahnen und Wimpel werden gestreckt

5 Windstärke 9–10: hohe Wellen und Schaum

a ▣ Notiert im Abstand mehrerer Tage die Windrichtung und die Wetterlage.

b ▣ Beschreibt, wie Windrichtung und Wetter zusammenhängen: Kommt der Wind aus Westen, dann ◈.

2 ▣ Schätzt die Windstärke zunächst anhand der Auswirkungen des Winds ab. Nutzt die Tabelle im Anhang. Messt dann die Windstärke und vergleicht den Messwert mit der Schätzung.

Wetterbeobachtung

1 Großer Baum – rund 200 Liter Wasser werden an einem Sommertag zu Wasserdampf.

Wolken und Niederschläge

Überall auf der Erde wird flüssiges Wasser zu Wasserdampf. Wasser verdunstet aus Seen, Flüssen, Meeren und von den Blättern von Pflanzen. → **1**

5 Die Luft enthält stets Wasserdampf. Sehen kann man ihn nicht, aber man spürt ihn. In sehr feuchter Luft fühlen wir uns nämlich nicht wohl und wir müssen mehr schwitzen.

2 Wolken bilden sich, wenn feuchte Warmluft aufsteigt und abkühlt.

Wolken • Wolken entstehen, wenn der Wasser-
10 dampf mit erwärmter Luft hochsteigt, in kältere Luftschichten gelangt und dort wieder zu Tröpfchen wird. → **2** Es bilden sich winzige Wassertröpfchen und in größeren Höhen, wo es sehr kalt ist, auch kleine Eiskristalle. Sie fallen nicht
15 zur Erde, obwohl Wasser schwerer ist als Luft, weil sie von der aufsteigenden Luft in der Schwebe gehalten werden. Wir sehen die Eiskristalle und Wassertröpfchen als Wolken. → **3** **4**

3 Scharf begrenzte, durch feuchte Luft weiter aufquellende Wolke – bald wird es regnen.

4 „Ausfransende" Wolkenränder – die Wolke löst sich in trockener Luft auf, du brauchst keinen Schirm.

| 5 | Nebel im Flusstal | 6 | Regen | 7 | Verschiedene Eiskristalle |

Nebel • Besonders oft tritt Nebel im Frühjahr
20 und Herbst in Flusstälern auf. → 5 Dort wird
dauernd viel Wasser zu Wasserdampf. Wenn
er dann in der kühlen Abend- oder Morgenluft
abkühlt, entstehen kleine Wassertröpfchen.
Wir sehen sie als Nebel.

25 **Regentropfen** • Sie entstehen erst, wenn viele
der winzigen Tröpfchen einer Wolke zu einem
großen Tropfen „zusammenfließen" – wie
Fettaugen auf der Suppe. Die Tropfen werden
dann so schwer, dass sie als Regen zur Erde
30 fallen. → 6

Schnee • In großen Höhen liegen die Lufttem-
peraturen meist weit unter 0 °C. Dort bilden
sich dann aus dem Wasserdampf keine Wassertröpfchen, sondern Eiskristalle. Die Eiskristalle
35 haben viele unterschiedliche Formen. → 7
Sie vereinen sich schließlich zu Schneeflocken.
Wenn die Flocken schwer genug sind, rieseln
sie als Schnee zur Erde nieder – wenn sie nicht
in tieferen Luftschichten wieder auftauen.

40 **Hagel** • Wenn in der Wolke neben den Wassertröpfchen auch Eiskristalle vorhanden sind,
dann schrumpfen die Wassertröpfchen und geben Wasserdampf ab. Die Eiskristalle nehmen
ihn auf und wachsen zu Hagelkörnern an.
45 In Gewitterwolken werden Hagelkörner durch
die starken Aufwinde immer wieder hochge-
rissen und wachsen so immer weiter, weil sich
immer mehr Wasser anlagert. Hagelkörner
können so groß wie Tennisbälle werden und
50 großen Schaden anrichten, wenn sie nicht
wieder auftauen, bevor sie zur Erde gelangen.

Aufgaben

1 ⊡ Beschreibe, was ein Baum mit der Bildung
von Wolken zu tun hat. → 1

2 ⊠ Wasserdampf ist unsichtbar! Warum
sehen wir dann aber die Wolken?

3 ⊠ Beschreibe, wie sich Schnee bildet.

Wetterbeobachtung

Ein Langzeitprotokoll führen

Wetterprotokoll September	Name: Sarah Sonnenschein					Klasse: 6 b		
	Uhrzeit, zu der abgelesen wurde: 12 Uhr							
Datum	Bewöl-kung	Luftdruck in hPa	Wind-richtung	Wind-stärke	Tempera-tur in °C	Niederschlag Art	Menge	Beobachtungen in der Natur
1. September	🌧	1000	W	3	18	Regen	4,5 l	?
...	?	?	?	?	?	?	?	?

1 Wetterprotokoll (Mustertabelle)

1. Anlegen des Wetterprotokolls Legt eine Wettertabelle an mit einer Zeile für jeden Tag. → **1** Beobachtet das Wetter jeden Tag möglichst zur gleichen Zeit. Tragt eure jeweiligen Beobachtungen in das Protokoll ein. Das Protokoll soll auch an schulfreien Tagen weitergeführt werden.

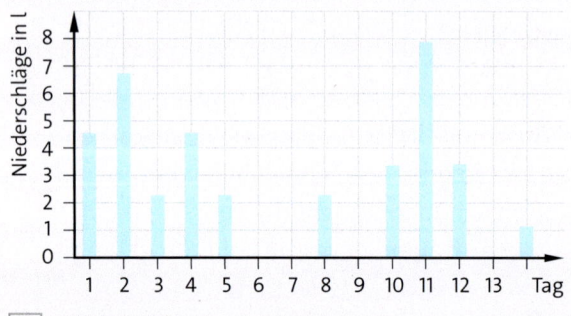

2 Niederschlag im September

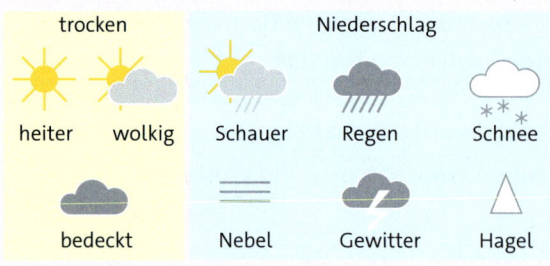

3 Wettersymbole (Bewölkung)

2. Auswerten des Wetterprotokolls Stellt für den Monat die gesamte Niederschlagsmenge sowie die mittlere Temperatur fest. Ermittelt den kühlsten und den wärmsten Tag. Markiert jeweils den Tag mit dem niedrigsten und dem höchsten Luftdruck und den Tag mit der niedrigsten und der höchsten Niederschlagsmenge. Hebt besondere Tage hervor: Wann hat es geschneit oder wann gab es Frost? Gab es Tage mit Temperaturen über 30 °C?
Vergleicht eure Wetteraufzeichnungen mit den Vorhersagen im Internet.

3. Auswerten der Wetterdaten Man kann Wetterdaten auch mit Diagrammen auswerten. So kann man schnell erkennen, wann es beispielsweise besonders warm war oder wann es viel geregnet hat. → **2** Stellt in einem ähnlichen Diagramm die gemessenen Luftdruckwerte dar. Ergänzt über jeder „Säule" das Wettersymbol für den Tag. → **3**

Aufgabe

1 ☒ Beschreibe einen Zusammenhang zwischen Luftdruck und Niederschlagsmenge.

Wie Landwind und Seewind entstehen

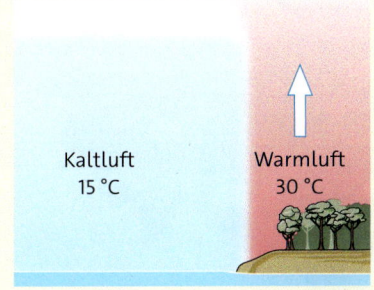
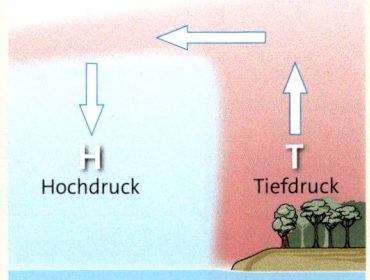
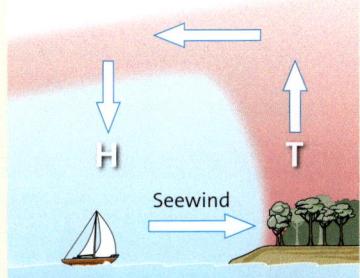

4 Die Luft über dem Land wird heißer als die Luft über dem Wasser. Die Säule aus Warmluft dehnt sich beim Erwärmen nach oben aus.

5 Warmluft fließt oben ab. Dadurch sinkt der Luftdruck über Land. Die abgeflossene Warmluft drückt auf die Kaltluft. Der Luftdruck über dem Wasser steigt.

6 Kaltluft strömt unter die Warmluft (Wind). Im Hochdruckbereich sinkt Luft ab, im Tiefdruckbereich steigt sie auf.

Seewind • Wenn im Sommer die Sonne scheint, dann weht der Wind an den Küsten oft vom Meer her. Dieser Seewind entsteht so: Durch die Sonnenstrahlung erwärmt sich die
5 Erde nicht überall gleich stark. Die Luft über den Landflächen wird heißer als die über dem Meer. Die erwärmte Luft dehnt sich aus. Zur Seite kann sie nicht ausweichen, denn dort ist ja andere Luft. Daher wird die Luftsäule über
10 dem Land höher. → **4**
In großer Höhe fließt die Warmluft über dem Land in Richtung Meer ab. → **5** Auf der bodennahen Luft an Land lastet jetzt weniger Luft. Sie steht weniger „unter Druck". Man
15 spricht von einem Tiefdruckgebiet („T").
Über der bodennahen Luft auf dem Meer hingegen lastet nun mehr Luft. Sie gerät stärker „unter Druck": ein Hochdruckgebiet („H").
Die Luft am Boden beginnt zu strömen. Es
20 weht ein Wind vom Hochdruckgebiet (Meer) zum Tiefdruckgebiet (Festland). → **6**

Landwind • Nachts kehrt sich die Situation um: Die Luft über dem Meer ist jetzt wärmer, weil sich das Wasser nicht so schnell abkühlt
25 wie die Landfläche. Die Luft strömt daher jetzt am Boden vom Festland aufs Meer. → **7**

7 Luft strömt am Boden vom Land zum Meer.

Aufgabe

1 ⊠ Erkläre, wie nachts der Landwind entsteht. Zeichne dazu Skizzen wie → **4** – **6**.

Wie wird das Wetter?

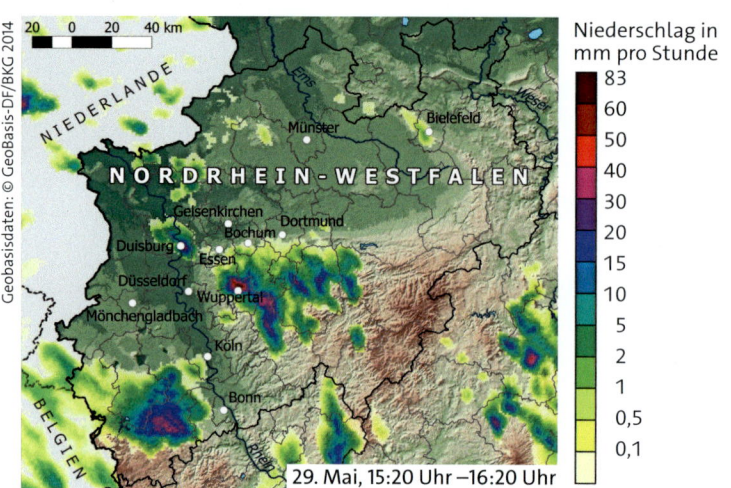

Niederschlag in mm pro Stunde

83
60
50
40
30
20
15
10
5
2
1
0,5
0,1

29. Mai, 15:20 Uhr –16:20 Uhr

Geobasisdaten: © GeoBasis-DF/BKG 2014

1 Regenradar

2 Wetterkarte (Wettervorhersage)

„Sollen wir heute Nachmittag eine Fahrradtour machen?" – Bei der Entscheidung hilft ein Blick auf das Regenradar einer Wetter-App.

5 **Wettervorhersage** • Wettervorhersagen werden von verschiedenen Wetterdiensten erstellt und in Wetter-Apps zur Verfügung gestellt. Die Vorhersagen stützen sich auf die
10 Messwerte von einigen Tausend Wetterstationen. Die Stationen messen Temperatur, Luftdruck, Luftfeuchtigkeit, Windstärke und Windrichtung in kurzen Abständen automatisch.
15 Die Daten der Stationen werden an Computer übermittelt. Dazu kommen die Daten von Radarstationen und Wettersatelliten. Die Satelliten fotografieren die Erde aus dem Weltraum
20 und ermitteln die Wolkenbildung und Temperatur. Große Computer berechnen aus all den Daten eine Wettervorhersage, die meist für einige Tage relativ genau zutrifft.

25 **Wetterinformationen** • Wetter-Apps stellen die Entwicklung des Wetters an einem Ort meist mithilfe kleiner Bildchen dar. → **3** Außerdem bieten sie Wetterkarten, in denen die Nieder-
30 schlagsmengen, die Temperaturverteilung, die Bewölkung und die Windrichtung abzulesen sind. Viele dieser Karten sind animiert und lassen auf „Knopfdruck" die Wetterentwicklung
35 der nächsten Stunden ablaufen.

Wetterdienste stellen aktuelle Wetterdaten und Wettervorhersagen zur Verfügung. Die Vorhersage ist nur für einige Tage ziemlich genau.

Sa
max. 23 °C
min. 15 °C

So
max. 27 °C
min. 14 °C

Mo
max. 23 °C
min. 16 °C

3 Wetter-App

Aufgaben

1 ☒ Beschreibe, wie eine Wettervorhersage erstellt wird.

2 ☒ Nenne Temperatur, Bewölkung und Windrichtung für Münster. → **2**

🖐 Material A

Wetter-App nutzen

Rufe mit einer kostenfreien Wetter-App die Wettervorhersage für die kommenden drei Tage für deinen Wohnort auf.

☀️☁️🌧️	**Morgen** 29. März	1,3 mm	leichter Regen	↑ 8 °C	↓ −1 °C
☀️☁️	**Samstag** 30. März	1,1 mm	leicht bewölkt	↑ 12 °C	↓ −2 °C
☁️🌧️	**Sonntag** 31. März	1,8 mm	Schauer	↑ 6 °C	↓ 1 °C

4 Wettervorhersage für Bielefeld

1 Übertrage die Daten der Wettervorhersage als Tabelle in dein Heft.

a ▣ Beobachte das Wetter in den folgenden Tagen. Notiere deine Beobachtungen und Messwerte in einer zweiten Tabelle.

b ▣ Vergleiche die Werte. Stimmt die Vorhersage?

2 Lass die Animation des Regenradars ablaufen.

a ▣ Beschreibe Wolkenbänder und Regenvorhersage für die nächsten drei Stunden.

b ▣ Triff selbst eine Vorhersage: Wird es regnen? Wie viel Niederschlag wird fallen?

3 ⊠ Nutze die unterschiedlichen Informationen der Wetter-App, um deine Freizeit für das Wochenende zu planen und dazu die richtige Kleidung einzupacken. Begründe deine Wahl.

Material B

So ist das Wetter bei uns

1 Interpretiere die Wetterkarte.

a ▣ Nenne die Ortschaften mit der höchsten und der niedrigsten Lufttemperatur.

b ▣ Beschreibe die aktuellen Wettersituationen in Aachen und Warburg.

c ⊠ Stelle eine Vermutung an, wie sich das Wetter in Paderborn bei Westwind verändern wird.

d 🖐 ⊠ Rufe mit einer Wetter-App eine aktuelle Wetterkarte auf und wiederhole Aufgaben a–c.

e ⊠ Triff anhand der Wetterkarte Vorhersagen für deinen Ort.

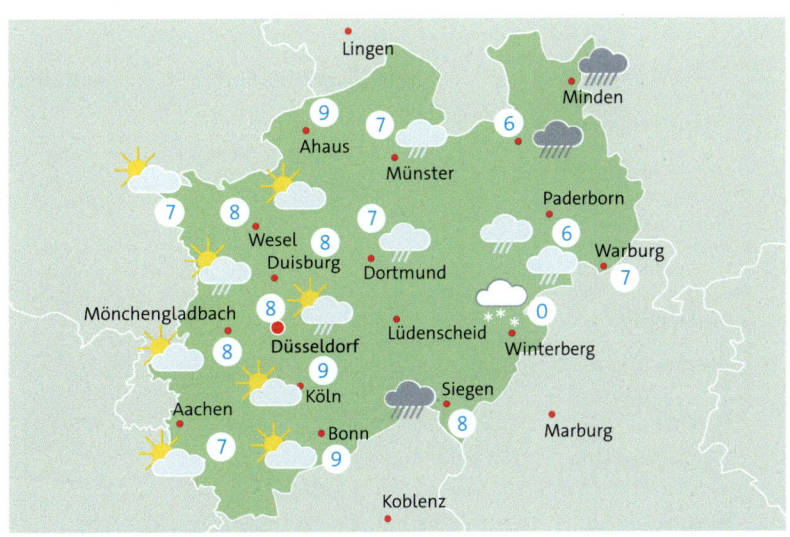

5 Wetterkarte von Nordrhein-Westfalen

Wie wird das Wetter?

Die passende App auswählen 👆

Apps sind Programme auf Smartphones und Tablets, zum Beispiel zum Versenden von Nachrichten oder zum Bearbeiten von Fotos. Oft bieten App-Stores für einen bestimmten Zweck mehrere Apps an. Da fällt die Wahl schwer: Welches ist die beste App für dich? So findest du die passende App:

1. Apps finden Gib ein möglichst treffendes Suchwort in das Suchfeld deines App-Stores ein. Du kannst auch Suchwörter kombinieren. Achtung! Auch außerhalb offizieller App-Stores werden Apps angeboten. Lade solche Apps nicht herunter! Diese Apps wurden nicht überprüft und könnten Daten von deinem Smartphone löschen, an Unbekannte weiterleiten oder sogar das Handy selbst beschädigen. *Beispiel:* Bei einer Wettervorhersage-App ist das einfachste Suchwort „Wetter". Suchst du speziell ein Regenradar, dann suche mit dem Wort „Regenradar" erneut.

2. Anforderungen festlegen Es gibt verschiedenartige Anforderungen an eine App. Lege eine Liste der Anforderungen an. ➡ 1 Typische Anforderungen sind:
- Funktionen: Welche Funktionen bietet die App?
- Bewertungen: Wie haben andere Menschen die App bewertet? ➡ 2 Sterne-Bewertungen sind aussagekräftiger, wenn viele Personen abgestimmt haben. Achte auf Berichte von technischen Problemen. Sind davon auch Smartphones deines Typs betroffen?
- Berechtigungen: Verlangt die App Berechtigungen? Mit entsprechenden Berechtigungen können Apps Informationen über deinen Aufenthaltsort, dein Surfverhalten und deinen Freundeskreis sammeln und weitergeben. Sei misstrauisch, wenn die App Berechtigungen verlangt, die sie nicht benötigt, zum Beispiel wenn eine Taschenlampen-App auf deine Kontakte oder dein Mikrofon zugreifen will.

Anforderung	App „BestWeather"	App „Biowetter"	App „Regenwarner"
Vorhersage weltweit	x		x
Pollenvorhersage		x	
Regenradar			x
Windwarnung	x		x
Gewitterwarnung			x
Bewertung mindestens ★★★★☆	x	x	x
Kosten	0 €	7,99 € (einmalig)	0,69 € (monatlich im Abo)

1 Anforderungsliste am Beispiel von Wettervorhersage-Apps

- Bedienbarkeit: Wirkt die App übersichtlich und gefällt dir, wie sie aussieht? Übersichtliche Apps lassen sich meist besser bedienen.
- Kosten: Was kostet die App? Manche Apps sind kostenlos. Andere muss man einmal oder regelmäßig bezahlen (Abo). Manchmal müssen Funktionen oder Inhalte nachträglich gekauft werden (In-App-Käufe, Premium-Version). Oder man kann die App nur für kurze Zeit nutzen, bis eine Zahlung fällig wird. Aber sogar Gratis-Apps „kosten" dich etwas, denn die Anbieter müssen Geld verdienen. Oft tun sie das, indem sie dir Werbung zeigen oder deine Daten und die deiner Kontakte verkaufen.

3. Anforderungen gewichten und entscheiden Was ist dir wichtig? Markiere die für dich wichtigen Anforderungen.
Entscheide dich nun für eine App. Beachte dabei diejenigen Anforderungen am stärksten, die du als besonders wichtig markiert hast.

2 Einige Bewertungen einer App

Andere werden vielleicht eine andere App wählen. Aber wenn du dich an deinen eigenen Anforderungen orientierst, wird deine Auswahl zu dir passen.

Aufgaben

1 ☑ Gib an, welche Bewertung nützlich ist.
→ 2

2 Wähle eine Wetter-App.
a ☑ Sieh dir die Anforderungsliste an. → 1 Notiere die Anforderungen, die für dich wichtig sind.
b ☒ Entscheide anhand der Anforderungsliste, welche App du wählen würdest. Begründe deine Entscheidung.
c ☒ Notiere weitere Anforderungen an Wetter-Apps. Begründe, warum du sie für wichtig hältst.

3 ☒ Lade mit dem Einverständnis deiner Eltern drei kostenfreie Wetter-Apps auf dein Handy. Führe den Test aus Material A auf der vorhergehenden Doppelseite mit allen drei Apps durch. Vergleiche die Qualität der Wettervorhersagen.

4 ☒ Überlege, was für eine andere Physik-App du gern auf deinem Smartphone installieren würdest (zum Beispiel eine Kompass-App, eine Mondphasen-App oder eine App zur Lautstärkemessung). Wähle mithilfe deiner eigenen Anforderungen eine passende App aus.

Wetter

Zusammenfassung

1 Geräte in einer Wetterstation

2 Barometer

3 Windsack

Wetterbeobachtung • Temperatur, Luftdruck, Windrichtung, Windstärke, Luftfeuchtigkeit und Niederschlagsmengen bestimmen unser Wetter.

Temperaturen • Wetterstationen messen die Lufttemperatur in 2 m Höhe im Schatten. ➝ 1

Luftdruck • Die Luft über uns hat ein Gewicht und „drückt" damit auf unseren Körper und die Erde. Dieser Luftdruck wirkt in alle Richtungen. Der normale Luftdruck auf Meereshöhe beträgt 1013 hPa. Wenn der Luftdruck fällt, droht schlechtes Wetter. Wenn der Luftdruck steigt, wird das Wetter besser. Der Luftdruck wird mit einem Barometer gemessen. ➝ 2

Windrichtung • Die Windrichtung kann mit einem Windsack bestimmt werden. ➝ 3 Sie wird mit den Himmelsrichtungen benannt (N-O-S-W).

Windstärke • Windstärken gibt man zwischen 0 (Windstille) und 12 (Orkan) an. ➝ 4

Luftfeuchtigkeit • Die Luftfeuchtigkeit gibt an, wie viel Wasserdampf sich in der Luft befindet. Sie wird mit einem Hygrometer gemessen. ➝ 5

Niederschläge • Niederschlagsmengen gibt man in mm an. Wenn es 2 mm auf einen Quadratmeter geregnet hat, so sind dort 2 Liter Wasser gefallen. ➝ 6

4 Windstärkemessung

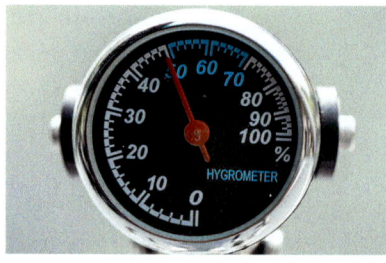

5 Hygrometer

6 Regenmesser

Wie wird das Wetter? • Wetterdienste liefern Vorhersagen, die meist für einige Tage genau sind. Die Vorhersagen werden von leistungsfähigen Computern aus den Messdaten von Wetterstationen, Wettersatelliten und Radarstationen berechnet.

Wetterbeobachtung

1 ⊠ Sara und Timur messen die Lufttemperatur auf dem Schulhof. Sara gibt sie mit 24 °C an. Timur hingegen hat eine Temperatur von 32 °C gemessen.
Vermute, wie der Unterschied zustande kommt.

2 ⊠ Die folgenden Temperaturen wurden im Freien gemessen: 28 °C – 17 °C – 12 °C – 22 °C. Die Messungen erfolgten um 6 Uhr, um 14 Uhr, um 18 Uhr und um 22 Uhr. Ordne den Uhrzeiten die richtigen Temperaturen zu.

3 ⊠ Das Wetter soll morgen schöner werden. Vermute, wie sich die Anzeige des Barometers verändern wird.

4 ⊠ Das Barometer zeigt auf Meereshöhe 1020 hPa an. Nun steigst du mit dem Barometer auf einen hohen Berg. Die Wetterlage ändert sich dabei nicht. Beschreibe, wie sich die Anzeige des Messgeräts verändert.

5 ⊠ „Es ist mit starken Regenfällen zu rechnen, es fallen bis zu 20 mm." → 7
Berechne, wie viel Liter Regen auf einen Quadratmeter Boden fallen. Vergleiche das Volumen mit 10-Liter-Wassereimern.

7 Starker Regen

6 ⊠ Nenne das Messgerät, mit dem die Luftfeuchtigkeit bestimmt wird.

7 ⊠ Bei 15 °C können in einem Kubikmeter Luft höchstens 13 g Wasserdampf enthalten sein. Die Luftfeuchtigkeit wird mit 50 % angegeben. Gib an, wie viel Wasserdampf gerade in 1 m³ Luft enthalten sind.

8 ⊠ Erkläre, warum sich in kühlen Morgenstunden oftmals Feuchtigkeit niederschlägt, obwohl es nicht geregnet hat. → 8

8 Tau in frühen Morgenstunden

Wie wird das Wetter?

9 ⊠ Dein Handy zeigt dir folgende Wetterinformation. → 9 Nenne alle Informationen, die du dem Bild entnehmen kannst.

Sa	So	Mo
max. 22 °C	max. 27 °C	max. 30 °C
min. 16 °C	min. 14 °C	min. 12 °C

9 Wetterinformationen

Elektrische Geräte im Alltag

Modellautos brauchen Energie, um im Kreis fahren zu können. Wie wird die Energie zu den kleinen Flitzern übertragen?

Energieumwandlung für stim-
mungsvolles Licht – die LEDs
wandeln elektrische Energie über-
wiegend in Strahlungsenergie um.

Der Haartrockner macht mithilfe
elektrischer Energie aus kalter Luft
bewegte warme Luft.

Geräte verändern unser Leben

1 So lebte man um 1900 ohne Elektrizität.

**Geräte sind schon seit Langem „Diener"
des Menschen. Was hat sich durch die
technische Entwicklung verändert?**

Das Leben heute • Du drückst auf den
5 Lichtschalter – und schon ist es hell.
Der Wasserkocher wird mit Wasser gefüllt und nach wenigen Minuten kocht
das Wasser. Ein Mixer stellt in kürzes-
ter Zeit Schlagsahne her. Schmutzige
10 Wäsche legt man in die Waschma-
schine – und nach einer Stunde ist
sie sauber. Das war nicht immer so.

Das Leben früher • Um das Jahr 1900
wurde abends beim Schein einer Petro-
15 leumlampe gelesen oder Hausmusik
gemacht. Radios und Fernseher waren
noch nicht erfunden. Zum Bügeln
wurde glühende Holzkohle in Bügeleisen gefüllt oder eine Eisenplatte mit

20 Handgriff erhitzt. Wasser musste auf
einem Kohlenherd erwärmt werden.
Sahne wurde mühsam mit einem
Schneebesen geschlagen.

Maschinen und Geräte erleichtern
unseren Alltag. Heute werden viele
dieser Geräte mit elektrischer Energie betrieben.

Aufgabe

1 ☑ Lege eine Tabelle an. → 2 Stelle
in ihr Tätigkeiten von 1900 und
Tätigkeiten von heute zusammen.

Tätigkeit	
1900	heute

2 Mustertabelle

Material A

Sahne schlagen wie früher

Materialliste: pro Gruppe Becher Sahne, große Schüssel (kein Plastik), Stoppuhr; Schneebesen, mechanischer Handmixer, elektrischer Handmixer

1. Bildet mehrere Gruppen. Jede Gruppe füllt flüssige Sahne in eine Schüssel. Stellt durch schnelles Rühren Schlagsahne her. Messt die Zeit, die ihr dafür benötigt, und notiert sie.

3

4

Je eine Gruppe benutzt:
- den Schneebesen → 3
- den mechanischen Mixer → 4
- den elektrischen Mixer

2. ☒ Nennt Vor- und Nachteile der drei Methoden zur Herstellung von Schlagsahne.

3. ☒ Beschreibt Situationen, in denen ihr den Schneebesen benutzen würdet.

Material B

Ein Leben ohne elektrische Energie

Stelle dir vor, du müsstest einen Tag ohne elektrische Energie verbringen.

1. ☒ Betrachte das Bild. → 5
   a. Nenne alle elektrischen Geräte.
   b. Gib an, welche elektrischen Geräte sich durch nicht elektrische Geräte ersetzen lassen.

Lege dazu eine Tabelle in deinem Heft an. → 6

Elektrisches Gerät	ersetzbar durch
Staubsauger	?

6 Mustertabelle

2. ☒ Schreibe eine Geschichte für die Schulzeitung. Beschreibe deinen Tagesablauf ohne Smartphone, Stereoanlage, PC, elektrische Beleuchtung ... Welche Schwierigkeiten erwartest du? Könnte es auch Vorteile geben?

5

Elektrische Stromkreise

1 Mikrowelle

Die Mikrowelle ist eingeschaltet, die Lampe leuchtet. Der Teller mit der Tasse dreht sich aber noch nicht. Ist der Motor kaputt?

5 **Geschlossener Stromkreis** • Mit einer Batterie und zwei Kabeln kann man eine Glühlampe leuchten lassen. → 3 Die Batterie ist die elektrische Energiequelle. Wenn du mit dem Finger vom 10 Minuspol der Batterie am Kabel entlang zur Lampe und am anderen Kabel weiterfährst, kommst du wieder zur Batterie zurück. Wir sprechen von einem geschlossenen Stromkreis –

Basiskonzept

System
→ Seite 188 f.

15 auch wenn die Schaltung nicht wie ein Kreis aussieht.

Unterbrochener Stromkreis • Die Lampe leuchtet nicht mehr, wenn auch nur eine Verbindung im Stromkreis unter- 20 brochen ist. Das ist zum Beispiel der Fall, wenn ein Schalter geöffnet wird oder der Glühdraht in der Lampe zerrissen ist. → 4

> Glühlampen, Motoren und andere elektrische Geräte funktionieren nur, wenn sie einen geschlossenen Stromkreis mit der elektrischen Energiequelle bilden.
> Jeder Kontakt des Geräts muss mit einem Pol der elektrischen Energiequelle verbunden sein.

Schaltpläne • Um Stromkreise einfach und übersichtlich zu zeichnen, verwenden wir Schaltzeichen. → 8 Man 35 erhält Schaltpläne. → 5

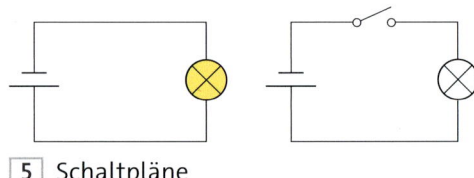

5 Schaltpläne

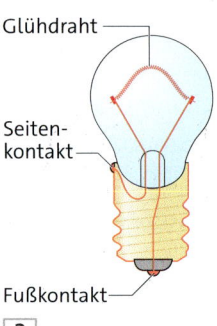

2

Glühdraht

Seiten-kontakt

Fußkontakt

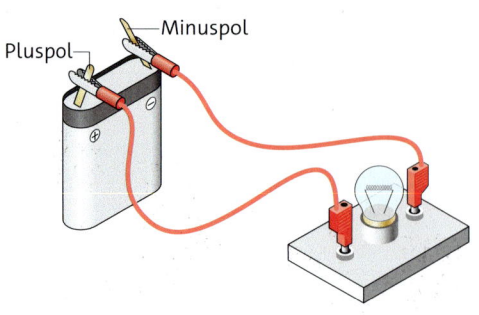

3 Geschlossener Stromkreis

Pluspol — Minuspol

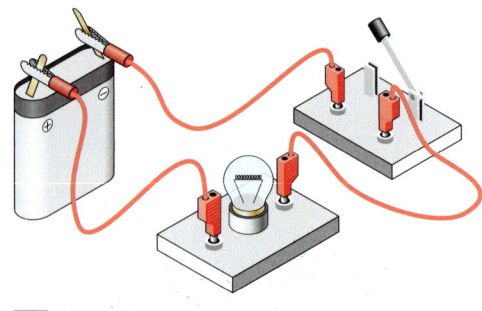

4 Unterbrochener Stromkreis

UND-Schaltung • Die Schaltung für den Motor der Mikrowelle ist komplizierter. Der Motor läuft nur, wenn der „Start"-Schalter 1 *und* der Taster 2 in der Tür
40 gedrückt werden. ➞ 6 Die Tür muss also noch geschlossen werden.

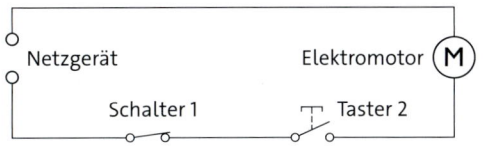

6 UND-Schaltung (unterbrochen)

ODER-Schaltung • In Mehrfamilienhäusern hat jede Wohnung zwei Klingelknöpfe – einen an der Haustür und
45 einen an der Wohnungstür. Die Klingelknöpfe sind Taster. Sie sind nicht in einer Reihe, sondern parallel geschaltet. ➞ 7 Die Klingel läutet, wenn der Taster 1 *oder* der Taster 2 gedrückt ist.

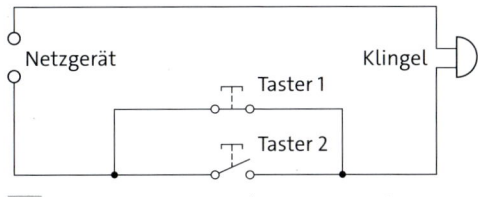

7 ODER-Schaltung (geschlossen)

Aufgaben

1 ▣ Zeichne den Schaltplan für einen Stromkreis aus Batterie, Motor, Schalter und Kabeln.

2 ▣ Zwei Lampen sind gleichzeitig an eine Batterie angeschlossen. Dafür gibt es zwei Möglichkeiten. Zeichne die Schaltpläne.

Bauteil	Zeichnung	Schaltzeichen
Batterie		Minuspol Pluspol
Netzgerät (elektrische Energiequelle)		
Kabel (Leitung)		
Schalter (geöffnet)		
Taster (EIN)	Taster (AUS)	
Glühlampe		
Elektromotor		(M)
Klingel		

8 Schaltzeichen

Elektrische Stromkreise

Achtung • Die folgenden Versuche sind mit Batterien oder Netzgeräten für Schülerversuche ungefährlich.
Aber:
• Führe niemals Versuche direkt mit der Steckdose als elektrischer Energiequelle durch!
• Bastle nie an Elektrogeräten herum!
Sonst besteht Lebensgefahr!

Geschlossener Stromkreis

Materialliste: Batterie (4,5 V) oder Netzgerät (6 V), Schalter, Taster, Lampe (6 V; 2,4 W), Kabel, Krokodilklemmen

1 Baue mit der Batterie (oder dem Netzgerät), der Lampe und den Kabeln jeweils einen geschlossenen Stromkreis auf: → 1
• ohne Schalter
• mit Schalter
• mit Taster
☑ Beschreibe, wie sich die Funktion der Schaltungen unterscheidet.

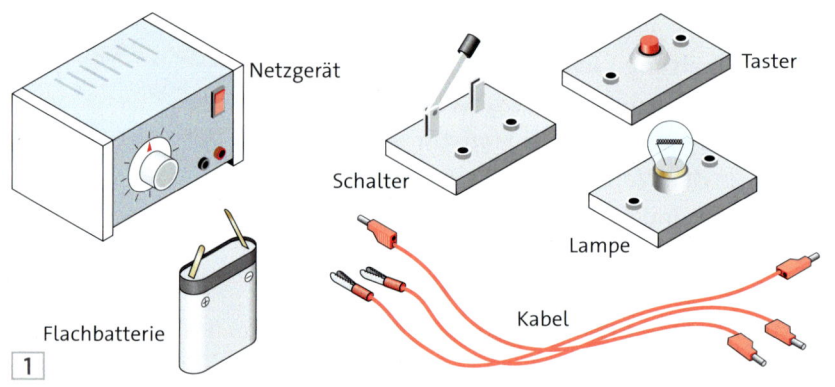

Netzgerät

Schalter

Taster

Lampe

Flachbatterie

Kabel

1

Die Mikrowellenschaltung

Schalter am Gerät	Taster an der Tür	Mikrowelle
aus (offen)	nicht gedrückt	aus
aus (offen)	gedrückt	?
ein (geschlossen)	nicht gedrückt	?
ein (geschlossen)	gedrückt	?

2 Beispieltabelle

Eine Mikrowelle läuft nur, wenn ihr Schalter auf EIN gestellt ist und der Taster von der Tür hereingedrückt wird.

Materialliste: Batterie (4,5 V) oder Netzgerät (6 V), Schalter, Taster, Lampe (6 V; 2,4 W), Kabel

1 ☑ Überlege, wann die Mikrowelle in Betrieb sein soll. → 2 Ergänze die Tabelle im Heft.

2 ☒ Baue die Schaltung mit den Teilen aus der Materialliste auf. Die Lampe steht für die Mikrowelle. Überprüfe, ob die Schaltung so funktioniert wie in der Tabelle.

3 ☒ Zeichne den Schaltplan.

Material C

3 Eine Wohnung – zwei Klingelknöpfe

Die Türklingelschaltung

Die Elektrikerin hat die Klingelschaltung auf besondere Weise angelegt. Die Klingel in der Wohnung läutet, wenn entweder der Taster an der Haustür oder der Taster an der Wohnungstür gedrückt wird. → 3

Taster 1 (Haustür)	Taster 2 (Wohnungstür)	Klingel
nicht gedrückt	nicht gedrückt	?
nicht gedrückt	gedrückt	?
gedrückt	nicht gedrückt	?
gedrückt	gedrückt	?

4 Beispieltabelle

Materialliste: Batterie (4,5 V) oder Netzgerät (6 V), 2 Taster, Lampe (6 V; 2,4 W), Kabel

1 ▸ Überlege, wann die Klingel läuten soll. → 4 Ergänze die Tabelle in deinem Heft.

2 ☒ Baue die Klingelschaltung auf. Die Lampe ersetzt die Klingel. Tipp: Jeder Taster bildet mit der Lampe und der Batterie einen eigenen Stromkreis.
a Überprüfe, ob die Schaltung so funktioniert wie in der Tabelle in deinem Heft.
b Zeichne den Schaltplan.

3 ☒ Plane eine Klingelschaltung mit drei Tastern.

Material D

Auf Fehlersuche

1 Nicht jede der abgebildeten Schaltungen funktioniert.
→ 5 – 8
a ☒ Nenne die fehlerhaften Schaltungen. Begründe, warum sie nicht funktionieren.
b ▸ Beschreibe, was geschieht, wenn kein Strom fließt.

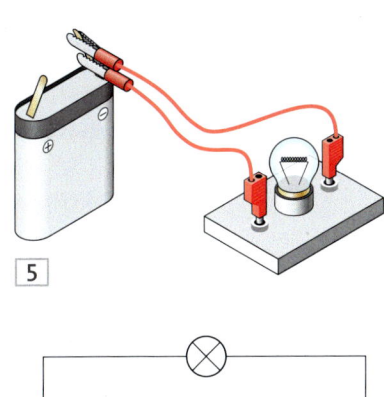

5

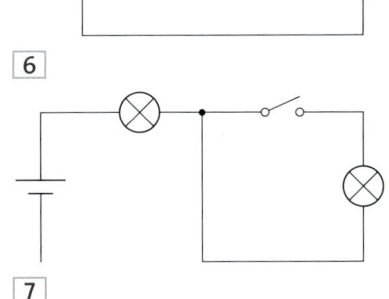

6

7

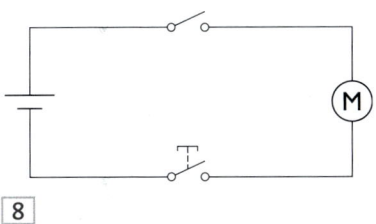

8

Nicht alles leitet

1 | Kabel kaputt – was nun?

Materialien zur Erarbeitung: A–B

Draht aus Kupfer: elektrischer Leiter

Mantel aus Kunststoff: Nichtleiter (Isolator)

2 | Kabel

Warum besteht ein Kabel innen aus Metall, außen aus Kunststoff?

Elektrische Leiter • Viele Kabel haben innen einen Draht aus Kupfer. ➔ **2**
5 Metalle leiten elektrischen Strom gut. Kupfer und Silber gehören zu den besten Leitern.

| Alle Metalle sind elektrische Leiter.

Elektrische Nichtleiter • Der Mantel des
10 Kabels schützt uns vor elektrischem Strom. Denn Kunststoffe leiten den elektrischen Strom nicht. Auch Glas, Holz oder Kork leiten den elektrischen Strom praktisch nicht. Sie alle sind
15 Nichtleiter.

| Kunststoffe, Glas, Holz, Gummi oder Kork sind elektrische Nichtleiter (Isolatoren).

Achtung • Fasse nie ein beschädigtes
20 Kabel an, das an eine Steckdose angeschlossen ist: Lebensgefahr! ➔ **3** Lass beschädigte Kabel von einer Fachkraft reparieren.

Flüssigkeiten • Öl und destilliertes
25 Wasser sind Nichtleiter. Manche Flüssigkeiten sind Leiter: Dazu gehören Limonade, Essig und Salzwasser.

Mensch • Unser Körper besteht zu zwei Dritteln aus salzhaltigem Wasser.

| Unser Körper leitet elektrischen Strom. Bei Stromunfällen mit der Steckdose besteht Lebensgefahr.

Maßnahmen beim Stromunfall

- Unterbrich als Erstes den Stromkreis. Drücke dazu den Not-AUS-Schalter oder schalte die Sicherung aus.
- Fasse den Verunglückten auf keinen Fall vorher an – sonst fließt der Strom auch durch dich!
- Rufe den Rettungswagen (Notruf: 112).
- Bei Atemstillstand sind Maßnahmen zur Wiederbelebung erforderlich: Atemspende, Herzdruckmassage (Defibrillator).

3 | Falls es doch zu einem Stromunfall kommt

Aufgaben

1 ☑ Nenne jeweils drei Stoffe, die
a elektrischen Strom leiten.
b elektrischen Strom nicht leiten.

2 ☑ Unser Körper ist ein elektrischer Leiter. Nenne den Grund dafür.

3 ☒ Erkläre, warum Kabel aus Draht und Kunststoffmantel bestehen.

Material A

Leitungstester für feste Stoffe

Materialliste: 3 Kabel, Batterie (4,5 V), Glühlampe (6 V; 2,4 W), Testgegenstände

1 Baue den Leitungstester auf. → 4 Überbrücke dann die „Leitungslücke" nacheinander mit Gegenständen. Wenn die Lampe aufleuchtet, leitet der Stoff, aus dem der Gegenstand besteht, den elektrischen Strom gut.
a ☑ Notiere die Ergebnisse in einer Tabelle. → 5
b ☑ Schreibe jeweils in einer Liste auf, welche Stoffe den elektrischen Strom gut leiten und welche nicht.

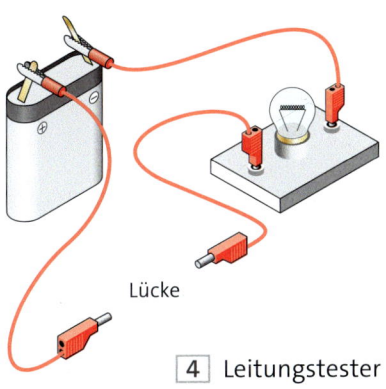

Lücke

4 Leitungstester

Gegenstand	leitet?	Stoff
Schere	ja	Stahl
?	?	?

5 Beispieltabelle

Material B

Leitungstester für Flüssigkeiten

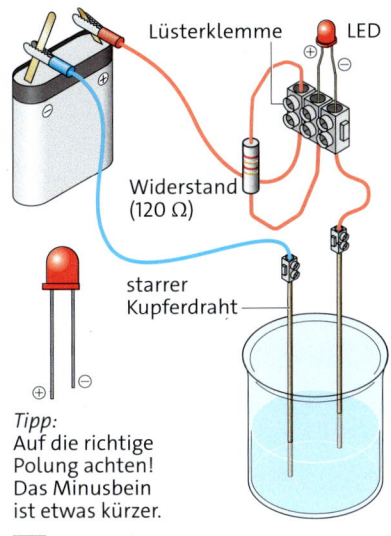

Lüsterklemme   LED

Widerstand (120 Ω)

starrer Kupferdraht

Tipp:
Auf die richtige Polung achten! Das Minusbein ist etwas kürzer.

6 Leitungstester

Gegenstand	leitet gut
Speiseöl	?

7 Beispieltabelle

Materialliste: biegsamer Kupferdraht, starrer Kupferdraht (oder Metallstricknadeln), Batterie (4,5 V), LED-Lampe (5 mm, 20 mA), Widerstand (120 Ω), Lüsterklemmen, Becherglas; Testflüssigkeiten: Speiseöl, Saft, Salzwasser, Essig, Seifenwasser …

1 Baue den Leitungstester auf. → 6 Die Drahtenden müssen abisoliert sein. Die starren Kupferdrähte dürfen sich nicht berühren. Gieße eine Testflüssigkeit ins Becherglas. Wenn die LED leuchtet, leitet die Flüssigkeit den Strom gut. ☑ Trage deine Beobachtungen in eine Tabelle ein. → 7 Gib an, welche Flüssigkeiten gut leiten.

Material C

Ein ungewöhnlicher Stromkreis

1 Die rote LED-Lampe leuchtet. → 8 Zwischen den beiden roten Kabeln ist doch aber eine breite Lücke! ☒ Erkläre, wie der elektrische Stromkreis in diesem Fall dennoch geschlossen wird.

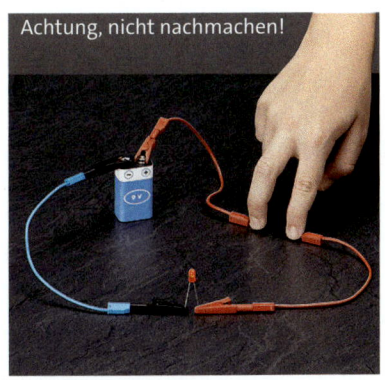

Achtung, nicht nachmachen!

8 Geschlossener Stromkreis

Wir bauen einen Haartrockner nach

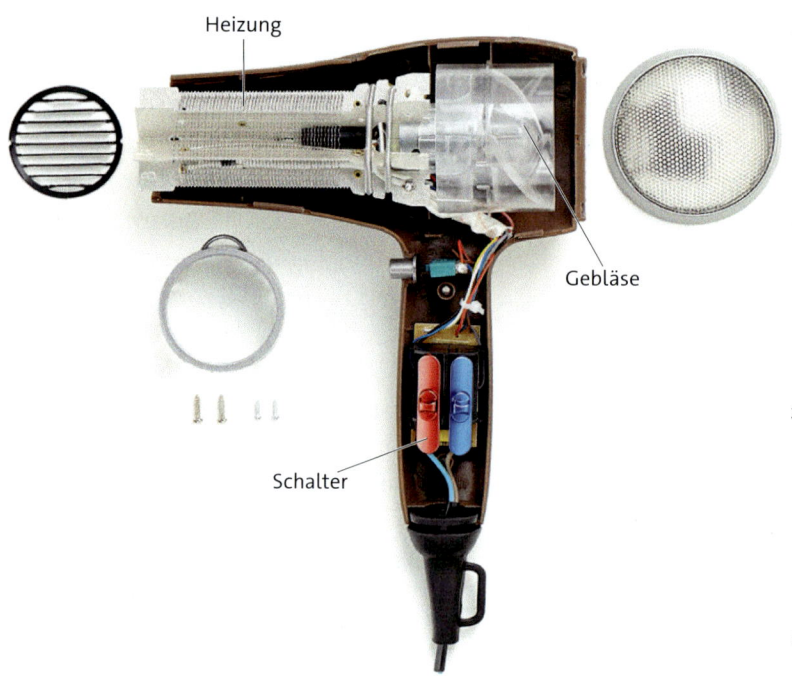

Heizung

Gebläse

Schalter

1 | Zerlegter Haartrockner

Basiskonzept

System
→ Seite 188 f.

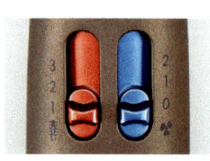

2 | Schalter

Viele von euch benutzen einen Haartrockner. Wer hat schon einmal genau untersucht, wie er funktioniert?

Achtung • Das Basteln an Elektrogerä-
5 ten kann lebensgefährlich sein. Darum
dürfen Elektrogeräte nur von Fachleu-
ten aufgeschraubt werden.
Du darfst Elektrogeräte nur bei unge-
öffnetem Gehäuse untersuchen.

Was wird gemacht?		Was passiert?	
Schalter Gebläse (blau)	Schalter Heizung (rot)	Gebläse (Motor)	Heizung (Lampe)
aus	aus	aus	aus
aus	ein	aus	?
ein	aus	?	?
ein	ein	?	?

3 | Funktionstabelle

10 **Untersuchen und Nachbauen •** Du
kannst die Funktionen eines Geräts
genau untersuchen und sie dann nachbauen – auch ohne das Gerät zu öffnen.
Beim Haartrockner können folgende
15 Funktionen festgestellt werden:
• Wenn der blaue Schalter betätigt
wird, bläst der Haartrockner kalte Luft.
→ 2
• Wenn zusätzlich der rote Schalter
20 betätigt wird, strömt warme Luft aus
dem Gerät.
• Wenn die zweite Stufe am Schalter
gewählt wird, bläst die Luft stärker
heraus.

25 **Funktionstabelle •** Die Funktionen
eines untersuchten Geräts kann man in
einer Tabelle übersichtlich darstellen.
Sie dient dann als Testtabelle für die
Modellschaltung. → 3
30 Um eine Schaltung zu bauen, die so
funktioniert wie das untersuchte Gerät,
müssen die Bauteile bestimmt werden:
Motor als Ventilator, Heizspirale für
warme Luft, Schalter ...

Aufgaben

1 ☑ Nenne wichtige Bauteile, die zum
Nachbau des Haartrockners benötigt werden.

2 ☒ Beschreibe, wozu eine Funktionstabelle beim Nachbau nützlich ist.

3 ☑ Nenne Unterschiede zwischen
einer Modellschaltung und dem
realen Gerät.

Material A

Luft blasen

Materialliste: Batterie (4,5 V) oder Netzteil (6 V), Motor (6 V), Propeller, Schalter, Kabel

1 Baue die erste Funktion des Haartrockners mit einem Schalter nach.
a ☑ Teste deine Schaltung und beschreibe deine Beobachtungen.
b ☒ Zeichne einen Schaltplan.

Material B

Luft erwärmen

Materialliste: 50 cm Konstantandraht (0,2 mm dick), Netzgerät (6 V), Krokodilklemmen, mehrere Kabel, feuerfeste Unterlage

Achtung • Heißen Draht nicht berühren!

1 ☑ Wickle den Draht eng um eine Stricknadel. Ziehe dann

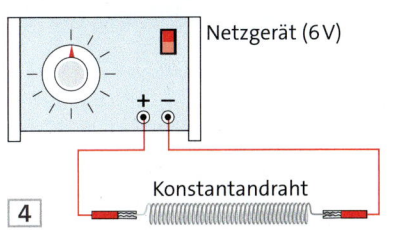
Netzgerät (6 V)

Konstantandraht

4

die Nadel heraus: Fertig ist die Heizspirale.
Schließe die Heizspirale mit den Klemmen an das Netzgerät an. → 4 Fühle, ob der Draht warm wird.

Material C

Warme oder kalte Luft

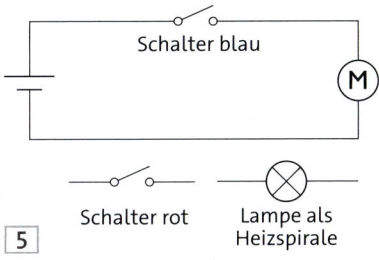
Schalter blau

M

Schalter rot   Lampe als Heizspirale

5

In der Modellschaltung nutzen wir als Heizspirale eine Lampe. In jeder Glühlampe ist eine Spirale, die neben Licht viel thermische Energie erzeugt.

Materialliste: Batterie (4,5 V), 2 Schalter, Motor (6 V), Lampe (6 V; 2,4 W), Kabel

1 ☒ Baue die Schaltung nach dem Schaltplan auf. → 5
a Ergänze die Schaltung so, dass die Lampe nur heizt, wenn der Motor läuft und der zweite Schalter (rot) geschlossen ist.
b Teste die Schaltung. Nutze die Funktionstabelle. → 3

Material D

Viel und wenig Luft

Materialliste: Motor (6 V), 2 Batterien (4,5 V), Umschalter

6   Umschalter

1 Am Haartrockner kannst du mit einem Stufenschalter regeln, ob viel oder wenig Luft ausströmt.
a ☑ Probiere, den Motor mit einer oder zwei Batterien langsam oder schnell laufen zu lassen.

b ☒ Zeichne einen Schaltplan für die „schnelle" Schaltung.
c ☒ Baue eine Schaltung mit dem Umschalter. → 6 Er schaltet eine oder zwei Batterien an den Motor und ermöglicht damit zwei Motorgeschwindigkeiten.

Was elektrische Energie alles kann

1   Viele Elektrogeräte für vielfältige Aufgaben

Materialien zur
Erarbeitung: A–C

Elektrogeräte machen uns das Leben leichter.

Elektrische Energie nutzen • Mit elektrischer Energie können wir Wasser
5 kochen, Kuchenteig rühren, unsere Haare trocknen oder ein Zimmer beleuchten. Dazu benötigen wir immer eine elektrische Energiequelle. → 2

Basiskonzept

Energie
→ Seite 188 f.

Energieübertragung • Batterien, Akkus,
10 Dynamos, Netzgeräten, Steckdosen oder Solarzellen liefern elektrische

Energie an Elektrogeräte. Zur Übertragung dient der geschlossene Stromkreis. Wasserkocher, Mixer und Lam-
15 pen sind Energiewandler. Sie wandeln elektrische Energie in Energieformen um, die wir nutzen. Immer entsteht auch ungenutzte thermische Energie.

Elektrogeräte nehmen elektrische Energie auf und wandeln sie in die Energieformen um, die wir zum Erwärmen, Beleuchten, Bewegen ... nutzen.

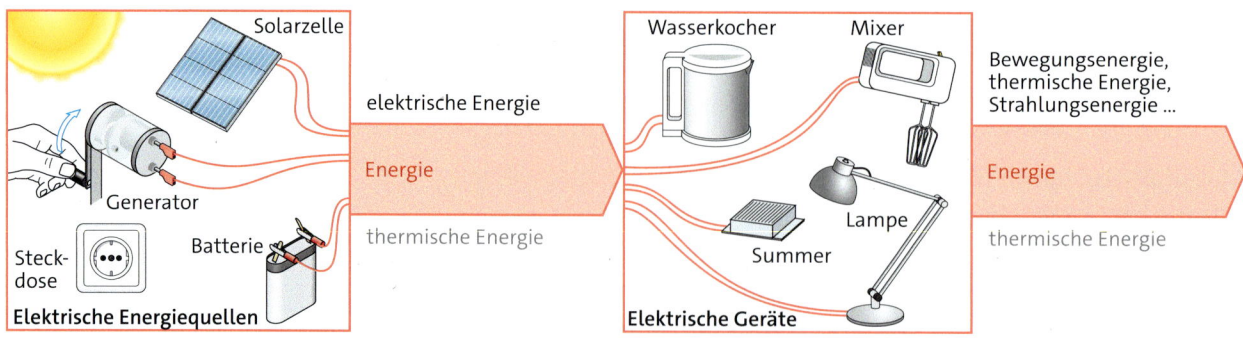

2   Elektrogeräte wandeln elektrische Energie um (grau: ungenutzte Energie).

3 Toaster: glühend heißer Heizdraht

4 LED-Lampen: hell, aber nicht heiß

5 Haartrockner: Heizdraht und Elektromotor mit Gebläse

Thermische Energie • Elektrische Energie wird oft in thermische Energie (Wärme) umgewandelt. Das wird vor allem an den Heiz- oder Glühdrähten elektrischer Geräte spürbar. → 3 Die Heizdrähte dürfen nicht berührt werden. Sie sind deshalb wie beim Bügeleisen in Keramik eingebettet oder wie beim Haartrockner (Föhn) von einem schützenden Gehäuse umgeben.

Strahlungsenergie • Der Heizdraht im Toaster wird nicht nur heiß. Er gibt auch Strahlungsenergie ab. Ein Teil der Strahlung ist sichtbar (Licht), ein Teil ist unsichtbar (Infrarotstrahlung). In LED-Lampen und Monitoren wird elektrische Energie auf andere Weise in Strahlungsenergie umgewandelt. → 4 Auch die LED-Lampen geben thermische Energie ab. Sie werden aber nicht so heiß wie die alten Glühlampen mit ihren Glühdrähten. Mikrowellengeräte sowie Handys beim Telefonieren wandeln ebenfalls elektrische Energie in Strahlungsenergie um. Sie senden unsichtbare Strahlung aus.

Bewegungsenergie • Wenn elektrischer Strom durch eine Spule fließt, wirkt sie wie ein Magnet. Elektromagnete können andere Magnete und magnetisierbare Gegenstände bewegen. Das wird insbesondere im Elektromotor genutzt. Er wird durch magnetische Anziehung in Bewegung versetzt. → 5

Aufgaben

1 Elektrische Energie kann fast alles.
a ☒ Nenne 10 Geräte oder Maschinen, die mit elektrischer Energie betrieben werden.
b ☒ Nenne jeweils die Energieform, die das Elektrogerät liefert. Stelle die Ergebnisse in einer Tabelle zusammen.
c ☒ Zeichne für drei deiner Beispiele eine Energiekette. → 2

2 ☒ Nenne 5 Elektrogeräte, die bei Betrieb warm werden und deren Wärme wir nicht nutzen.

163

Was elektrische Energie alles kann

Material A

Erwärmen durch elektrische Energie

Materialliste: Konstantandraht (25 cm lang, 0,2 mm dick), Isolatoren, Tonnenfüße, Kabel, Netzgerät (regelbar, 5 A), Papier

1 Spanne den Draht zwischen die Isolatoren. → 1 Falte das Stück Papier in der Mitte und lege es auf den Draht. Schließe den Draht mit den Kabeln an das Netzgerät an. ▸ Schalte das Netzgerät ein. Drehe den Regler, bis der Draht glüht. Notiere deine Beobachtungen.

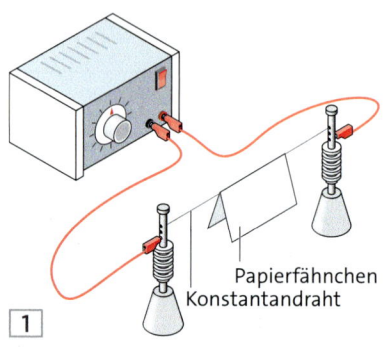

Papierfähnchen
Konstantandraht

1

Achtung • Heißen Draht nicht berühren!

2 ▸ Nenne mindestens fünf Geräte im Haushalt, die elektrische Energie in thermische Energie (Wärme) umwandeln sollen.

Material B

Erwärmen und Licht durch elektrische Energie

Materialliste: Glühlampe, Lupe, Konstantandraht (50 cm lang, 0,2 mm dick), Stricknadel, Isolatoren, Tonnenfüße, Kabel, Netzgerät (regelbar, 5 A)

1 ▸ Betrachte die Glühwendel der Lampe unter der Lupe. Beschreibe sie.

2 ▸ Wickle eine Hälfte des Drahts eng um die Stricknadel. → 2 Ziehe die Nadel dann aus der Wendel heraus. Schließe die Wendel an das Netzgerät an. → 3 Schalte es ein. Drehe den Regler, bis die Wendel glüht.

Achtung • Heißen Draht nicht berühren!

Stricknadel

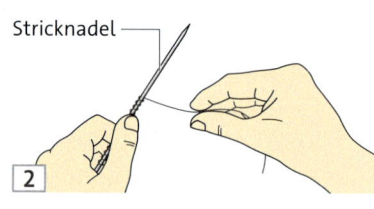

2

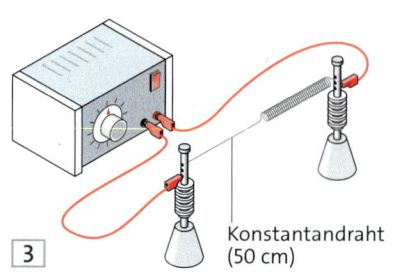

Konstantandraht (50 cm)

3

Material C

Bewegung durch elektrische Energie

Materialliste: Elektromotor (6 V), Flachbatterien, Umschalter, Kabel

1 ▸ Nenne Haushaltsgeräte mit Elektromotoren, bei denen man verschiedene Geschwindigkeiten einstellen kann.

2 ▸ Experimentiere mit dem Elektromotor und den beiden Batterien. → 4 Verändere:
a die Geschwindigkeit des Motors
b die Drehrichtung des Motors

3 ▸ Baue das Modell eines Bohrers mit zwei Geschwindigkeitsstufen. Verwende den Umschalter, den Motor und zwei Batterien.

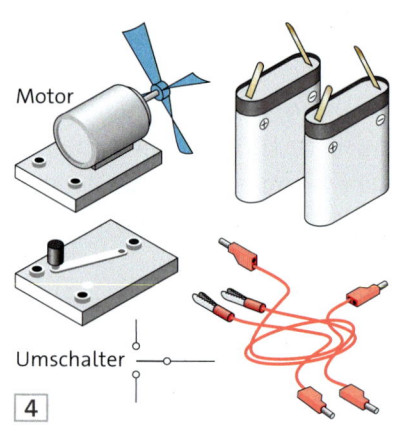

Motor

Umschalter

4

Kreisläufe übertragen Energie

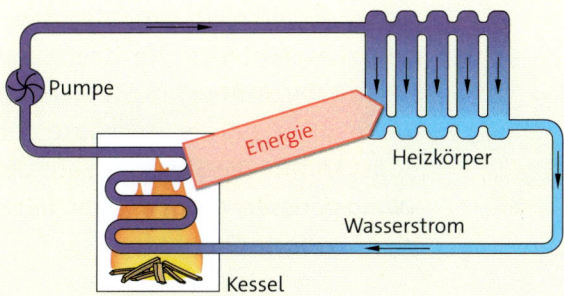

5 Energieübertragung in der Heizung

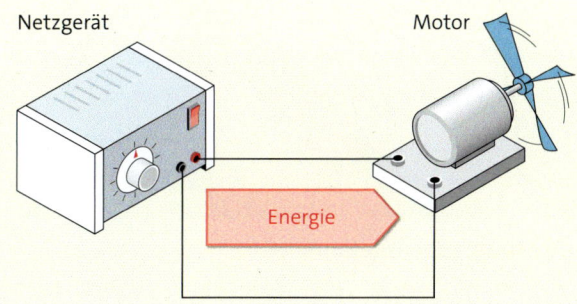

6 Energieübertragung im Stromkreis

Heizung • Damit dein Zimmer im Winter warm ist, muss dem Heizkörper ständig thermische Energie zugeführt werden. Dazu wird in einem Brenner Gas oder Öl verbrannt und ₅ Wasser erhitzt. Durch Rohre wird das warme Wasser zum Heizkörper transportiert. Der Heizkörper erwärmt sich und gibt thermische Energie an die Umgebung ab. Kühleres Wasser fließt zum Brenner zurück. So wird Energie ₁₀ vom Brenner in den Heizkörper und damit in dein Zimmer übertragen. ➜ **5**

Stromkreis • Damit der Motor läuft, muss ihm ständig elektrische Energie zugeführt werden. Die Energie wird vom Netzgerät über Leitun- ₁₅ gen zum Motor übertragen. Der Motor wandelt die elektrische Energie in Bewegungsenergie um und macht sie so nutzbar. ➜ **6**

Heizung und Stromkreis im Vergleich • Die Heizungsanlage und der Stromkreis sind Anlagen ₂₀ zur Energieübertragung. Beide Anlagen funktionieren ähnlich:
• Der Brenner (Heizung) und das Netzgerät (Stromkreis) stellen Energie bereit.

• Die Rohre und die Leitungen transportieren ₂₅ Energie.
• Der Heizkörper und der Motor wandeln Energie um und machen sie nutzbar.

Was passiert in den Leitungen? • Wir können nicht sehen, was im Stromkreis vorgeht. Um ₃₀ es dennoch zu verstehen, vergleichen wir den Stromkreis mit der Heizung aus der sichtbaren Welt. Wir stellen uns vor, dass in den Leitungen elektrische Teilchen im Kreis strömen, so wie das Wasser in den Heizungsrohren. Die ₃₅ elektrischen Teilchen werden von der elektrischen Energiequelle in Bewegung gesetzt, fließen durch die Leitungen zum Motor und wieder zurück zur Quelle.

Aufgaben

1 ☑ Beschreibe, wie in einer Heizungsanlage Energie übertragen wird.

2 ☒ Kurbel, Kette und Hinterrad übertragen Energie beim Radfahren. Vergleiche die Anlage mit der Heizung und dem Stromkreis.

Sicherer Umgang mit elektrischer Energie

1 **Achtung:** Lebensgefahr!

2 AA-Batterie

Lebenswichtige Regel: In eine Steckdose gehören nur gut isolierte Stecker.

Gefahr durch elektrische Energie • Die Voltzahl auf der elektrischen Energie-
5 quelle gibt die Spannung an. Je höher sie ist, desto größer ist die Gefahr. AA-Batterien liefern elektrische Energie mit 1,5 Volt (1,5 V). → 2 Steckdosen liefern 230 V. Das ist lebensgefährlich! Du
10 weißt, dass unser Körper elektrisch leitfähig ist. Der Strom einer Steckdose kann im Körper Krämpfe und Verbrennungen verursachen. Das kann zum Herzstillstand und zum Tod führen!

Achtung • Spannungen über 25 V können lebensgefährlich sein.

15 **Gefahr durch Berührung** • Schon bei der Berührung eines defekten Kabels oder Elektrogeräts kann es zu einem Stromschlag kommen. In diesem Fall

wird der menschliche Körper Teil des
20 Stromkreises. Um das zu vermeiden:
• Verwende kein Elektrogerät, wenn es ein beschädigtes Kabel hat.
• Kabel dürfen nicht gequetscht werden, zum Beispiel in Türritzen.
25 • Fasse Kabel immer am Stecker an, wenn du sie aus der Steckdose ziehst! Sonst könnte die Steckdose aus der Wand gerissen werden. Dann liegen nicht isolierte Drähte frei.

30 **Gefahr durch Wasser** • Wasser im Haushalt ist elektrisch leitfähig. Es gilt:
• Nimm Elektrogeräte nicht mit in die Badewanne!
• Reinige Elektrogeräte nicht unter
35 Wasser!
Sonst kann es zu einem tödlichen elektrischen Schlag kommen.

Hochspannung: Lebensgefahr • Hochspannungsleitungen haben bis zu
40 400 000 V! Lebensgefahr besteht auch, wenn du nur in der Nähe bist: Schon bei einem Abstand von mehreren Metern kann es zu einem tödlichen Blitz kommen! Deshalb gilt:
45 • Klettere niemals auf Strommasten!
• Lass Drachen nie an Hochspannungsleitungen steigen! → 3

> **Vermeide Elektrounfälle, indem du die Regeln befolgst!**

3 Lebensgefahr an Bahnanlagen und Hochspannungsleitungen

Aufgabe

1 ☑ Nenne lebenswichtige Regeln zur Vermeidung von Elektrounfällen.

Material A

Regeln retten Leben

Beim Umgang mit elektrischer Energie gilt es, lebenswichtige Regeln zu beachten.

1 In den Bildern wird gegen solche Regeln verstoßen. → 4 – 9

a ⬈ Gib an, welche Fehler gemacht werden.
b ⊠ Begründe, warum die Situationen gefährlich sind oder werden können.
c ⊠ Beschreibe, wie du dich richtig verhältst.

2 ⊠ Entwirf ein Plakat zum Thema „Sicherer Umgang mit elektrischer Energie".

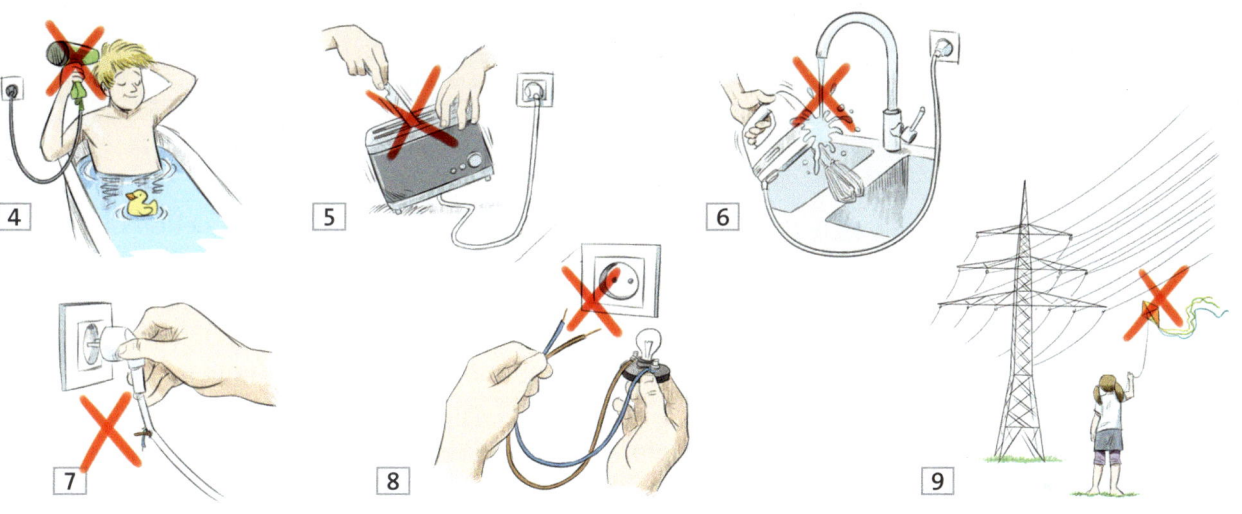

Material B

Tödliches Spiel

Auch ohne Berührung kann elektrische Energie tödlich sein.

1 ⊠ Lest die Meldung. → 10
Beschreibt, wie es zu dem Unfall kam.

2 ⊠ Plant ein Rollenspiel, in dem Eltern ihre Kinder über die Gefahren von Hochspannungsleitungen informieren.

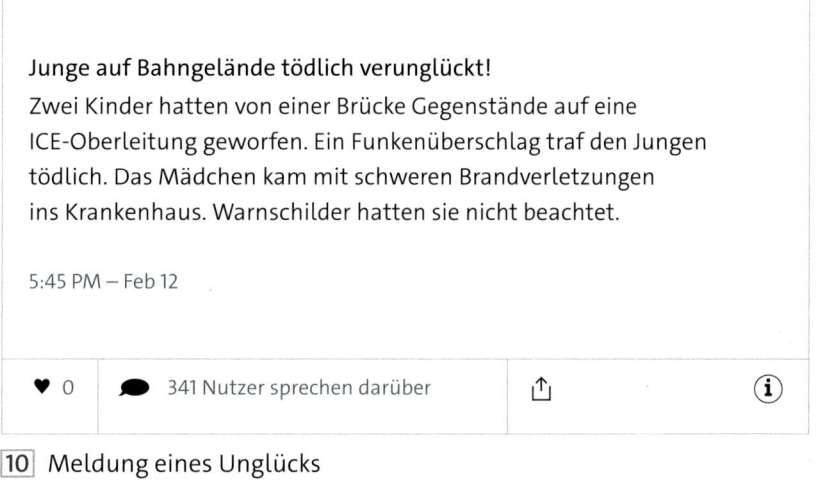

Junge auf Bahngelände tödlich verunglückt!
Zwei Kinder hatten von einer Brücke Gegenstände auf eine ICE-Oberleitung geworfen. Ein Funkenüberschlag traf den Jungen tödlich. Das Mädchen kam mit schweren Brandverletzungen ins Krankenhaus. Warnschilder hatten sie nicht beachtet.

5:45 PM – Feb 12

♥ 0   💬 341 Nutzer sprechen darüber   ⬆   ⓘ

10 Meldung eines Unglücks

Woher kommt die elektrische Energie?

1 | Modell eines Wärmekraftwerks

2 | Windrad

3 | Wasserkraftwerk

Ob du Musik hörst, dein Vater mit dem E-Bike zur Arbeit fährt oder deine Mutter im Betrieb eine Maschine bedient – überall und ständig nutzen wir elektri-
5 **sche Energie. Wo kommt sie her?**

Wärmekraftwerke • Einen großen Teil der elektrischen Energie erzeugt man in Wärmekraftwerken. Im Wärmekraftwerk verbrennt man Kohle, Gas oder
10 Holz. Dabei entsteht viel thermische Energie, die das Wasser im Kessel erwärmt und verdampft. → **1** Der erhitzte Dampf prallt so auf eine Turbine, dass sie sich dreht. Mit der Turbine
15 ist ein Generator verbunden. Er dreht sich mit. Wie ein Fahrraddynamo erzeugt der Generator durch Drehen elektrische Energie, die über Leitungen an den Verbraucher geschickt wird.
20 Bei der Verbrennung entsteht aber das Gas Kohlenstoffdioxid. Es entweicht in die Umwelt und schädigt unser Klima. Darum sollen Wärmekraftwerke immer weniger genutzt werden.

25 **Erneuerbare Energiequellen** • Um das Klima zu schützen, produziert man immer mehr elektrische Energie in Windenergieanlagen, Wasserkraftwerken und Fotovoltaikanlagen. → **2** **3** **5**
30 Bei einem Windrad wird ein Generator von einem Propeller angetrieben. Im Wasserkraftwerk wird der Generator durch fließendes Wasser gedreht. Fotovoltaikanlagen wandeln Sonnen-
35 strahlung direkt in elektrische Energie um. In all diesen Anlagen entstehen kaum Schadstoffe. Wind, Wasser und Sonne stehen uns immer wieder zur Verfügung. Deshalb bezeichnet man
40 sie als erneuerbare Energiequellen.

Aufgaben

1 ☑ Beschreibe, wie aus Kohle elektrische Energie erzeugt wird.

2 ☒ Begründe, warum erneuerbare Energie der Kohle vorzuziehen ist.

Material A

Elektrische Geräte – ein Kraftwerksmodell

Materialliste: Handgenerator, 3 Lampen (6 V; 2,4 W), Kabel

1 Mit einem Handgenerator kannst du wie mit einem Fahrraddynamo elektrische Geräte betreiben. → ▣ 4

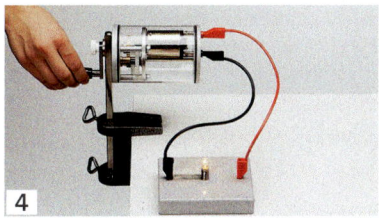

a Drehe die Kurbel erst ohne angeschlossene Lampe.
b Schließe nun ein Lämpchen an. Drehe unterschiedlich schnell und achte auf die Helligkeit.
▣ Vergleiche und beschreibe deine Erfahrung.
c Schließe nun nacheinander eine, zwei und drei Lampen parallel an.
▣ Vergleiche den Unterschied beim Drehen.

2 ▣ Gib begründet an, für welche Teile dieser Kraftwerke der Handgenerator mit seiner Kurbel jeweils steht: Wärmekraftwerk, Windenergieanlage, Wasserkraftwerk.

Material B

Elektrische Energie aus Licht

Unser Solarmodul ist aus mehreren einzelnen Solarzellen aufgebaut. → ▣ 5

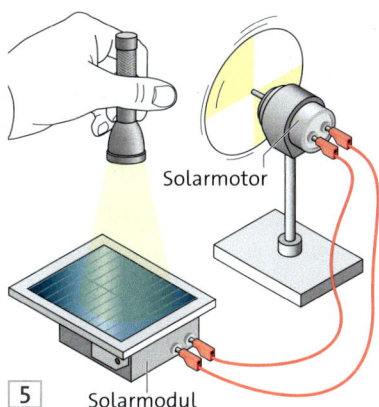

Solarmotor

▣ 5 Solarmodul

Materialliste: 2 Solarmodule, Taschenlampe, Solarmotor (6 V; 20 mA), Pappe, Kabel

1 Schließe den Motor an das Solarmodul an. Bestrahle das Solarmodul mit Licht.
▣ Beschreibe, wann der Motor besonders schnell läuft.

2 ▣ Decke das Solarmodul halb ab. Beschreibe, wie sich das auf den Motor auswirkt.

3 ▣ Untersuche, ob zwei zusammengeschaltete Solarmodule mehr elektrische Energie liefern.

Material C

Elektrische Energie aus bewegter Luft

1 Sieh dir das Windkraftwerk im Modell an. → ▣ 6
a ▣ Beschreibe das Modell mit eigenen Worten.

b ▣ Ordne die Teile des Modells den Teilen eines Windkraftwerks zu. Lege dazu eine Tabelle an.
c ▣ Gib Vorgänge im Windkraftwerk und die jeweiligen Energieumwandlungen an.
d ▣ Zeichne die Energiekette.

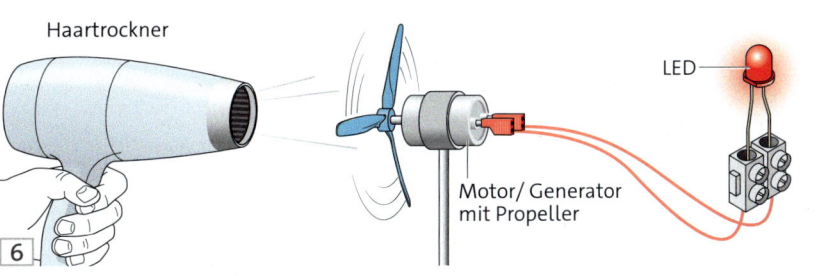

Haartrockner

LED

▣ 6 Motor/ Generator mit Propeller

Zusammenfassung

Geräte verändern unser Leben • Maschinen und Geräte erleichtern unseren Alltag. Viele dieser Geräte werden mit elektrischer Energie betrieben.

Wir bauen einen Haartrockner nach • Um ein elektrisches Gerät nachzubauen, werden zunächst dessen Funktionen untersucht und in einer Funktionstabelle dargestellt. Dann werden die Bauteile zum Nachbau bestimmt.

Elektrischer Stromkreis • Elektrische Geräte wie Lampen oder Motoren funktionieren nur, wenn
• ihre Kontakte mit beiden Polen einer elektrischen Energiequelle verbunden sind.
• der Stromkreis geschlossen ist.

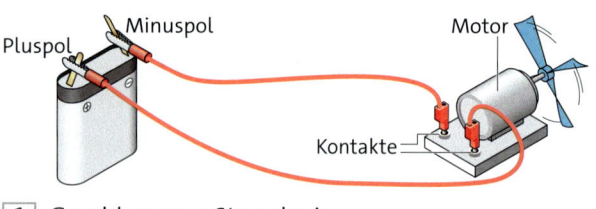

1 Geschlossener Stromkreis

UND-Schaltung • Zwei Taster sind in Reihe geschaltet. Das Elektrogerät läuft nur, wenn Taster T1 *und* Taster T2 betätigt werden.

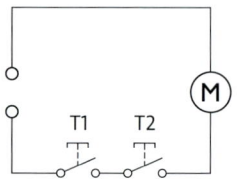

2 UND-Schaltung

ODER-Schaltung • Zwei Taster sind parallel geschaltet. Das Elektrogerät läuft, wenn Taster T1 *oder* Taster T2 betätigt werden.

3 ODER-Schaltung

Nicht alles leitet • Alle Gegenstände aus Metall sind elektrische Leiter. Salzige und saure Flüssigkeiten leiten ebenfalls den elektrischen Strom. Auch unser Körper leitet. Bei Kontakt mit der Steckdose besteht Lebensgefahr!

Sicherer Umgang mit elektrischer Energie
• Fasse keine beschädigten Kabel an!
• Ziehe Kabel am Stecker aus der Steckdose!
• Lass Elektrogeräte nicht nass werden!
• Halte Abstand von Strommasten!

Was elektrische Energie alles kann • Elektrogeräte nehmen elektrische Energie auf und wandeln sie

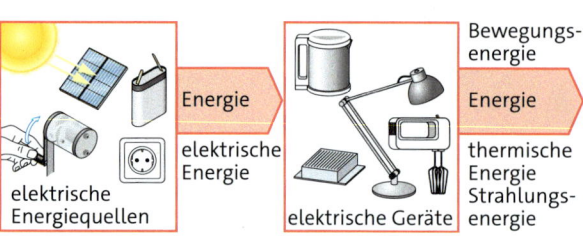

4 Elektrische Energiewandler

um in thermische Energie, Strahlungsenergie, Bewegungsenergie ... → 4

Woher kommt die elektrische Energie? • Kraftwerke stellen elektrische Energie bereit:
• In Wärmekraftwerken werden vor allem Kohle oder Gas verbrannt, wobei das klimaschädliche Kohlenstoffdioxid entsteht.
• In Wasser-, Wind- und Solarkraftwerken nutzt man erneuerbare Energiequellen.

Geräte verändern unser Leben

1 ☑ Beschreibe, wie um das Jahr 1900 ohne elektrische Energie ein Zimmer beleuchtet, Wasser gekocht und Wäsche gebügelt wurde.

Elektrische Stromkreise – Wir bauen einen Haartrockner nach

2 ☑ Die Lampe leuchtet nicht. Beschreibe, was hier falsch gemacht wurde. → 5

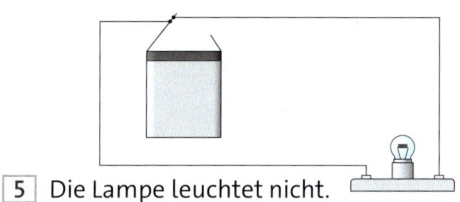

5 Die Lampe leuchtet nicht.

3 Du findest einen Teil eines Protokolls mit einer Funktionstabelle. → 6
a ☑ Nenne die Schaltungsart.
b ☒ Zeichne den dazugehörigen Schaltplan.
c ☒ Nenne ein Einsatzgebiet für solch eine Schaltung.

Schalter 1	Schalter 2	Lampe
aus	aus	aus
aus	ein	ein
ein	aus	ein
ein	ein	ein

6 Funktionstabelle

4 ☒ Ein Motor läuft nur, wenn zwei Taster gleichzeitig gedrückt werden. Zeichne dazu einen Schaltplan.

5 In einer Kiste liegen mehrere Kupferkabel, Lampen und eine Flachbatterie.
a ☑ Du sollst testen, ob die Lampen funktionieren. Beschreibe, wie du vorgehst. Zeichne einen Schaltplan für den Lampentester.
b ☑ „Keine der Lampen leuchtet – sind alle kaputt?" Begründe deine Antwort.

Nicht alles leitet

6 ☑ Erläutere, warum Stromkabel aus mehreren Schichten bestehen. Beschreibe die Funktion der einzelnen Schichten.

Was elektrische Energie alles kann

7 Elektrische Geräte sind Energiewandler. Ein Motor wandelt elektrische Energie in Bewegungsenergie um.
a ☑ Nenne zwei weitere Beispiele.
b ☒ Zeichne zu jedem Beispiel eine Energiekette.

Sicherer Umgang mit elektrischer Energie

8 ☒ Nenne die wichtigsten Regeln im Umgang mit Elektrizität und begründe sie.

Woher kommt die elektrische Energie?

9 Erneuerbare Energiequellen werden zunehmend stärker genutzt, um elektrische Energie zu erzeugen.
a ☒ Begründe, warum das wichtig ist.
b ☒ Beschreibe, wie Wind und strömendes Wasser elektrische Energie erzeugen.

Kraft und Hebel

Am Ziel des Rennens aktiviert das Rennauto die Schirme. Eine Kraft wirkt dann auf das Auto und bremst es ab.
Was ist das überhaupt: die Kraft?

Auch hier wirkt eine Kraft. Woran kannst du das erkennen?

Mit einem Trick lässt sich die festsitzende Radmutter lösen. Wie gelingt der Trick?

Was Kräfte bewirken

Die Kugel wird angestoßen.
Wirkung der Kraft: schneller werden

Der Ball wird zur Ecke geklärt.
Wirkung der Kraft: umlenken

Der Teig wird geknetet.
Wirkung der Kraft: verformen

Der Wind bremst die Radfahrerin.
Wirkung der Kraft: langsamer werden

1 Kräfte erkennt man an ihren Wirkungen.

Bei vielen Vorgängen sind Kräfte im Spiel. Was bewirken sie?

Kräfte – physikalisch gesehen • Im Alltag sprechen wir von „Sehkraft" oder 5 „Waschkraft". In der Physik verstehen wir etwas anderes unter Kraft. Immer wenn ein Gegenstand schneller oder langsamer wird, wenn er seine Richtung ändert oder verformt wird, sind

10 Kräfte im Spiel. Damit Kräfte wirken können, braucht man immer zwei Gegenstände: Ein Gegenstand übt eine Kraft auf den anderen aus. → [2]

> Kräfte erkennt man an ihren Wirkungen. Auf einen Gegenstand wirkt eine Kraft, wenn er:
> • schneller oder langsamer (beschleunigt oder gebremst) wird,
> • umgelenkt wird,
> • verformt wird.

Kräfte zeichnen • Ein Pfeil zeigt, wie die Kraft auf einen Gegenstand wirkt:
• Der Kraftpfeil beginnt an dem Punkt, an dem der Ball getroffen wird. Dort 25 greift die Kraft an. → [2]
• Je härter der Ball getroffen wird, desto größer ist die Kraft auf den Ball. Umso länger ist auch der Kraftpfeil.
• Die Pfeilspitze zeigt, in welche Rich-30 tung die Kraft auf den Ball wirkt.

> Ein Kraftpfeil zeigt Größe, Richtung und Angriffspunkt der Kraft.

Kraftpfeil

Angriffspunkt

2 So zeichnen wir eine Kraft.

Aufgabe

1 ☑ Beschreibe, woran Kräfte zu erkennen sind.

Material A

Kräfte im Sport

1 ⊠ Im Sport werden überall physikalische Kräfte ausgeübt. → 3 – 6

a Gib für jedes Beispiel die Wirkung(en) der Kraft an.
b Nenne jeweils die beiden Gegenstände, die aufeinander einwirken.

Material B

Physikalische Kraft – oder nicht?

1 In den folgenden Beispielen ist von Kräften die Rede:
- Im Alter lässt die Sehkraft nach.
- Ein Autofahrer gibt Gas und überholt einen Bus.
- Ein Apfel fällt vom Baum.
- Tom schlägt einen Nagel in die Wand – und verbiegt ihn dabei.
- Lanin hat starke Waschkraft.

a ▶ Nenne die Beispiele, in denen physikalische Kräfte eine Rolle spielen.
b ⊠ Begründe jeweils deine Entscheidung. Schreibe dazu jeweils die Wirkung der Kraft auf.

Material C

Kräfte auf eine Kugel

Materialliste: Teppich, starker Magnet, Klötze, schmale Rinne (U-Profil), Stahlkugel

1 ▶ Stellt die Rinne etwas schräg auf dem Boden auf.
a Lasst die Kugel in der Rinne hinunterrollen. Markiert, wie weit sie gerollt ist.
b Verändert den Aufbau so, dass die Kugel weiterrollt. Notiert, was ihr verändert.
c Vergleicht, wie weit die Kugel auf glattem Boden und auf dem Teppich rollt.
d Beschreibt die Bewegung der Kugel in der Rinne und auf dem Boden genau.

2 Ändert mit dem Magneten die Geschwindigkeit und die Richtung der rollenden Stahlkugel auf dem Boden.
→ 7 Probiert verschiedene Möglichkeiten aus.
▶ Beschreibt jeweils genau, wie sich die Bewegung der Kugel ändert.

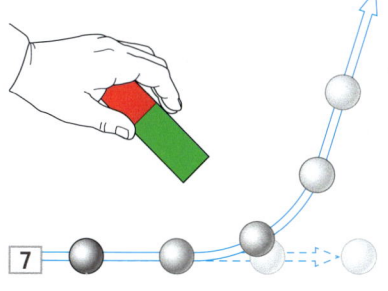

Kräfte verringern durch Hebel

1 | Mit dem richtigen Schlüssel geht es leichter.

Materialien zur Erarbeitung: A–B

Manchmal reicht die Kraft nicht. Dann helfen uns die richtigen Werkzeuge.

Muttern lösen • Mit dem Maulschlüssel kannst du festsitzende
5 Muttern lose drehen. Mit einem kurzen Maulschlüssel musst du dabei eine große Kraft einsetzen. → 2 Den Abstand vom Angriffspunkt der Kraft bis zum Drehpunkt nennt man Kraftarm.
10 Je länger der Maulschlüssel ist, desto länger ist auch der Kraftarm und desto kleiner ist die benötigte Kraft. → 2

Drähte schneiden • Wenn Nägel oder dicke Drähte durchschnitten werden
15 sollen, kommen Kneifzangen zum Einsatz. → 3 Je länger die Kraftarme der Zangen sind, desto kleiner ist die benötigte Kraft zum Schneiden.

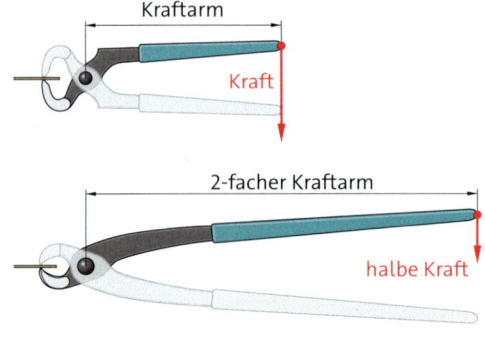

3 | Kneifzangen

Werkstücke einspannen • Um ein
20 Werkstück aus Holz oder Metall bearbeiten zu können, klemmt man es in einem Schraubstock fest. → 4 So kann sich das Werkstück während der Bearbeitung nicht verschieben oder
25 verdrehen. Am Schraubstock befindet sich ein Hebel zum Drehen. Er macht es möglich, das Werkstück mit einer kleinen Kraft fest einzuspannen.

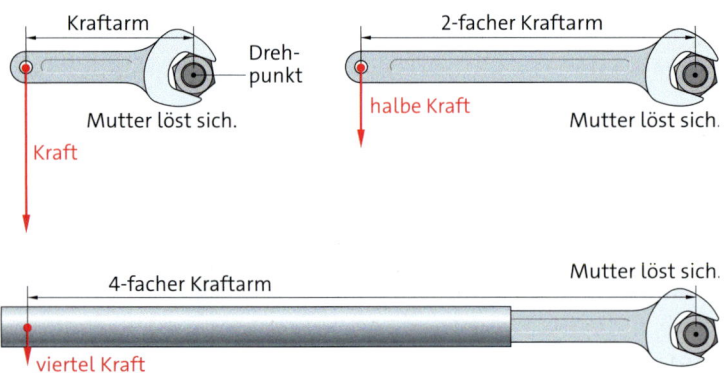

2 | Kraft und Kraftarm beim Maulschlüssel

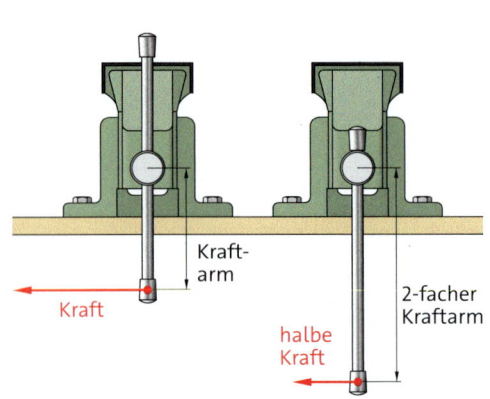

4 | Schraubstock

der Kraftarm
der Hebel
der Lastarm
der einseitige Hebel
der zweiseitige Hebel

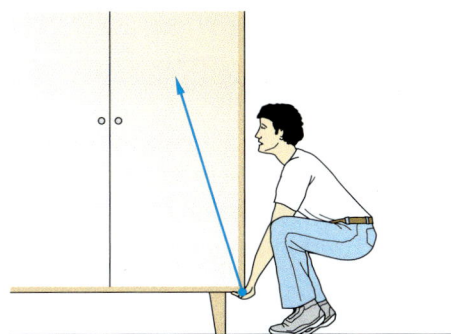

5 Ohne Hebel: Leon kann eine so große Kraft nicht ausüben.

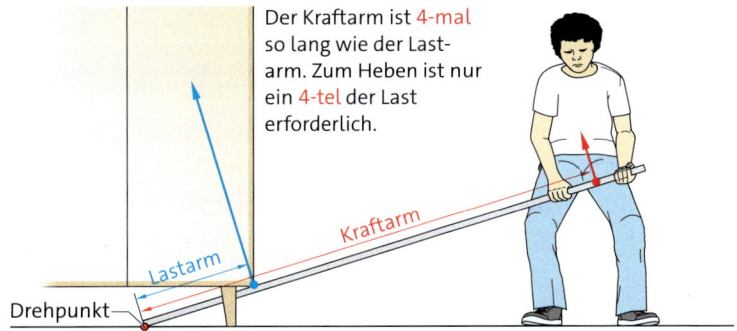

Der Kraftarm ist 4-mal so lang wie der Lastarm. Zum Heben ist nur ein 4-tel der Last erforderlich.

6 Mit dem einseitigen Hebel schafft es Leon.

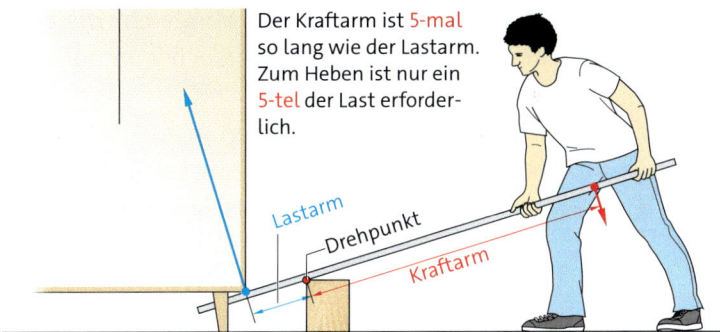

Der Kraftarm ist 5-mal so lang wie der Lastarm. Zum Heben ist nur ein 5-tel der Last erforderlich.

7 Mit dem zweiseitigen Hebel geht es noch leichter.

Schränke anheben • Leon will einen
30 schweren Schrank anheben. Dafür braucht er eine sehr große Kraft. Zu viel für ihn – das schafft er nicht. ➞ 5 Damit es leichter geht, setzt Leon eine lange Eisenstange als einseitigen He-
35 bel ein. ➞ 6 Der Lastarm ist der Abstand vom Drehpunkt bis zum Angriffspunkt der Kraft, die auf den Schrank wirkt. Der Kraftarm an dem Hebel ist viermal so lang wie der Lastarm. Leon
40 braucht deshalb nur ein Viertel der Kraft, die er ohne Hebel aufwenden müsste.
Wenn Leon einen Klotz unter die Stange legt, hat er einen zweiseitigen He-
45 bel. Nun ist der Kraftarm sogar fünfmal so lang wie der Lastarm. ➞ 7 Zum Heben des Schranks muss Leon deshalb gerade mal noch ein Fünftel der Kraft aufwenden, die er ohne Hebel
50 aufbringen müsste.

> Je länger der Kraftarm an einem Werkzeug ist, desto geringer ist die Kraft zum Drehen.

Aufgaben

1 ✐ Nenne die beiden Größen, von denen die Drehwirkung eines Maulschlüssels abhängt.

2 Du kannst eine festsitzende Mutter nicht mit deinem Maulschlüssel lösen.
a ✐ Beschreibe, wie dir ein langes Eisenrohr helfen kann.
b ✐ Begründe dein Vorgehen.

3 ✐ Der Kraftarm soll 10-mal länger sein als der Lastarm. ➞ 7 Bestimme die Kraft, die Leon dann zum Heben aufbringen muss.

Kräfte verringern durch Hebel

Material A

Schraubenschlüssel

Materialliste: Schraubstock, dicke Metallschraube mit Mutter, passende Schraubenschlüssel mit verschiedener Länge, Eisenrohr

1 Spanne die Mutter fest in den Schraubstock ein. → 1
a Drehe die Schraube mit einem langen Schrauben-

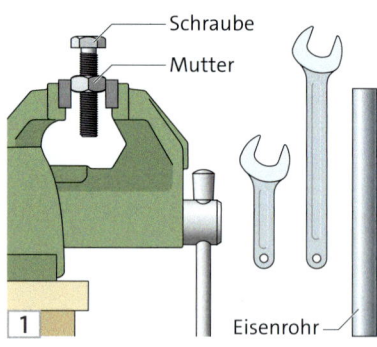

Schraube
Mutter
Eisenrohr
1

schlüssel in der Mutter fest. Versuche, die Schraube mit einem kurzen Schraubenschlüssel zu lösen.
b Löse die Schraube wieder. Drehe sie dann mit dem kurzen Schraubenschlüssel fest und löse sie mit dem langen.
c ☒ Vergleiche die beiden Versuchsergebnisse.

2 Verlängere den Schraubenschlüssel, indem du ihn in das Eisenrohr steckst. Wiederhole die Schritte 1a und 1b mit dem kurzen und dem superlangen Schlüssel.

3 ☒ Formuliere eine Regel: Je länger der Schlüssel, desto ◇.

Material B

„Dosenöffner"

1 Mit dem Schraubendreher kann man den festsitzenden Deckel einer Farbdose öffnen. → 2
☒ Erkläre, wie das funktioniert.

2 Versuche es mit einem kurzen und einem langen Schraubendreher.
☒ Beschreibe den Unterschied.

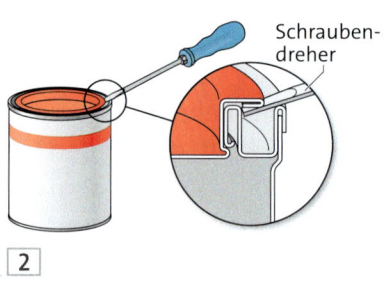

Schraubendreher
2

Material C

Welches Werkzeug?

1 ☒ Gib an, welches Werkzeug du für welche Arbeit nutzt: → 3
a einen Draht zerschneiden
b aus einer dicken Pappe einen Kreis ausschneiden
c im Garten die Äste eines Busches kürzen

2 ☒ Begründe deine Auswahl.

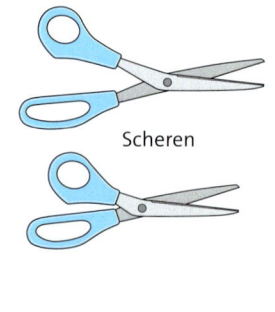

Scheren

Kneifzangen

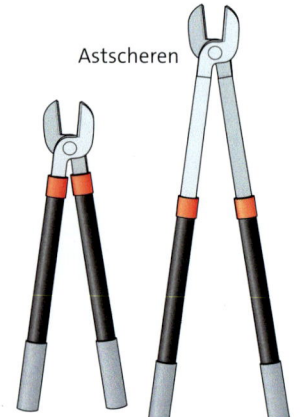

Astscheren

3

Hebel im Alltag

1 ☑ Lies die Texte und sieh dir die Bilder an. → 4 – 6
Beschreibe, wie bei der Anwendung der verschiedenen Hebel Kraft gespart wird.

2 ☒ Übertrage die Bilder in dein Heft. → 7 – 9
Zeichne bei den Werkzeugen den Kraftarm und den Lastarm ein.

3 ☒ Fotografiere zu Hause viele Werkzeuge, die Hebel enthalten: Nussknacker, Gartenscheren, Kurbeln ...
Drucke je ein Foto aus. Zeichne die Hebel in die Fotos ein: Drehpunkt, Kraftarm, Lastarm, Kräfte. Stelle damit ein beschriftetes Poster zusammen.

„Winkelhebel"

Mit einem Nageleisen ziehst du Nägel leicht aus Brettern. Das Nageleisen ist ein Hebel. Kraft- und Lastarm bilden keine Linie, sondern einen Winkel.

4

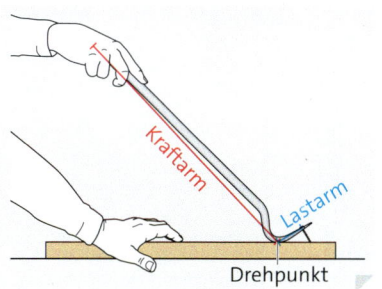

Zwei Hebel

Zangen und Scheren bestehen aus zwei Hebeln, die gegeneinandergedreht werden.
Die Handgriffe sind die Kraftarme und die Schneiden die Lastarme.

5

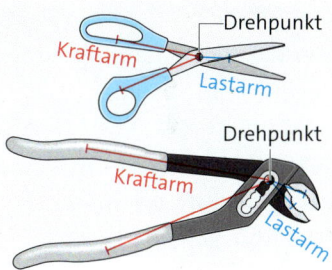

„Runde Hebel"

Wasserhähne muss man fest zuschrauben. Die Griffe wirken wie Hebel: Der äußere Radius ist der Kraftarm, der innere ist der Lastarm. Schraubendreher funktionieren nach dem gleichen Prinzip.

6

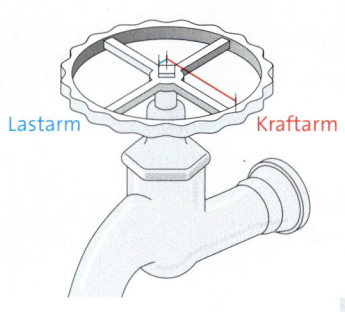

7 Der Nagel wird mit dem Hammer aus dem Brett gezogen.

8 Die Kette wird von der Tretkurbel angetrieben.

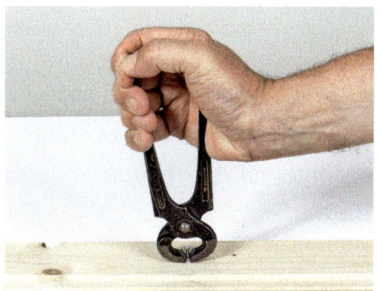

9 Der Nagel wird mit der Kneifzange durchtrennt.

Kraft und Hebel

Zusammenfassung

1 Wirkung der Kraft: Die Turm-springerin wird schneller.

2 Wirkung der Kraft: Das Kind wird langsamer.

3 Wirkung der Kraft: Der Ball wird umgelenkt.

Was Kräfte bewirken • Auf einen Gegenstand wirkt eine Kraft, wenn er
- schneller wird → **1**
- langsamer wird → **2**
- umgelenkt wird → **3**
- verformt wird. → **4**

Kräfte zeichnen • Ein Pfeil zeigt, wie die Kraft auf einen Gegenstand wirkt. Der Kraftpfeil zeigt die Größe, die Richtung und den Angriffspunkt der Kraft. → **5**

4 Wirkung der Kraft: Das Band wird verformt.

Kraftpfeil

Angriffspunkt

5 So zeichnen wir eine Kraft.

Kräfte verringern durch Hebel • Je länger der Kraftarm bei einem Hebel ist, desto geringer ist die erforderliche Kraft zum Drehen. → **6**

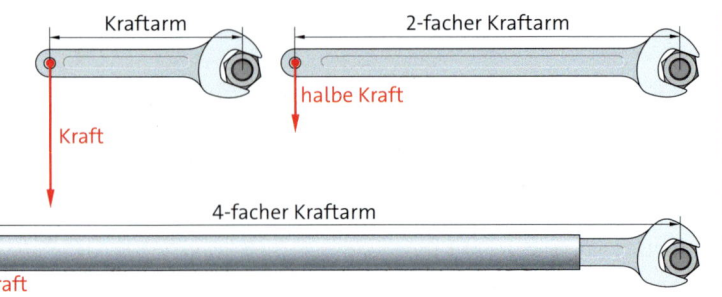

Kraftarm

2-facher Kraftarm

halbe Kraft

Kraft

4-facher Kraftarm

6 Doppelter Kraftarm – halbe Kraft, vierfacher Kraftarm – viertel Kraft

viertel Kraft

Was Kräfte bewirken

1 ✍ Gib an, welche Wirkungen eine Kraft haben kann. Beschreibe jeweils ein Beispiel.

2 Laura sagt: „Ohne Kraft gibt es keinen Kuchen!"
a ✍ Nimm Stellung zu der Aussage.
b ✍ Nenne die Wirkung der Kraft, die Laura meint.

3 ✍ Gib an, welche Informationen an einem Kraftpfeil abzulesen sind.

4 ✍ Übertrage die beiden Bilder in dein Heft. Zeichne jeweils die Kraftpfeile ein. ➜ 7 8

Kraft verringern durch Hebel

5 ✍ Mit einer Kneifzange soll ein Nagel durchtrennt werden. Deine Kraft reicht dafür aber nicht aus. Beschreibe, wie du es trotzdem schaffst.

6 Hebel am Nussknacker ➜ 9
a ✍ Übertrage das Bild in dein Heft. Beschrifte Drehpunkt, Lastarm und Kraftarm.
b ✍ Wenn die Nuss weiter rechts liegt, wird es dann leichter oder schwerer?
Begründe und nutze dazu die Begriffe aus Aufgabenteil a.
c ✍ Erkläre, wie der Nussknacker funktioniert.
d ✍ Schätze ab, auf welchen Bruchteil die Kraft zum Knacken der Nüsse verringert wird.

7 ✍ Übertrage die Tabelle in dein Heft und fülle die Lücken aus. ➜ 10

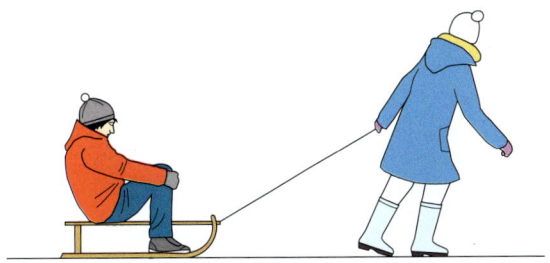

7 Der Schlitten wird gezogen.

8 Der Einkaufswagen wird gebremst.

9 Nussknacker

Lastarm	Kraftarm	Kraft verringert auf
20 cm	1 m	?
50 cm	?	ein 4-tel
?	1,5 m	ein 10-tel

10

Anhang

Lösungen der Testaufgaben

Magnete im Alltag – S. 35

1 a Magnete ziehen an: Eisen, Cobalt, Nickel.
b An den Polen ist die Anziehung am stärksten.
c Zwei Magnete stoßen sich ab, wenn sich gleich-
namige Pole gegenüberstehen.

2 Das eine freie Ende des Hufeisenmagneten ist der
Nordpol und das andere der Südpol. Der Nordpol
der Kompassnadel wird in der Nähe der Magnetpole zum Südpol des Magneten ausgerichtet.

3 a Skizze ähnlich wie Bild 1 auf Seite 32.
b Der Nordpol des Magneten dreht sich nach Norden – zum magnetischen Südpol der Erde hin.

4 Richtig: Der Ringmagnet hat einen Nord- und einen
Südpol (mindestens).

5 a Man streicht mit einem Pol des Magneten mehr-
mals in gleicher Richtung über den Eisennagel.
b Beim Überstreichen werden die Elementarmagnete im Eisennagel einheitlich ausgerichtet:

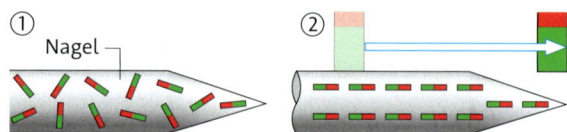

6 a Ein Elektromagnet besteht aus einem Eisenkern
und einer Spule.
b Die Spule mit Eisenkern wird an eine Batterie
oder ein Netzgerät angeschlossen.
c

Stabmagnet	Elektromagnet
besteht aus magneti-schen Stoffen	besteht aus einer Spule und einem Eisenkern
hat einen Nordpol und einen Südpol	hat einen Nordpol und einen Südpol
Pole können nicht ver-tauscht werden.	Pole können vertauscht werden.
zieht Eisen an	zieht Eisen an
ist dauernd magnetisch	ist nur bei eingeschalte-tem Strom magnetisch

7 a Eine Spule ohne Eisenkern ist magnetisch, wenn
ein elektrischer Strom durch den Spulendraht
fließt. Die Aussage ist daher falsch.

b Der Eisenkern in der Spule verstärkt das Magnetfeld des Elektromagneten.

8 Legt man eine Glasplatte über den Magneten und
streut dann Eisenpulver auf die Platte, ordnen sich
die Eisenspäne im Magnetfeld an und machen es
damit sichtbar. Man stellt einen Kompass an verschiedenen Stellen im Magnetfeld auf und zeichnet auf, wie die Kompassnadel ausgerichtet wird.

9 a Kontrolle der Skizze: Seite 28, Bild 5
b Die Kompassnadeln und Pfeile zeigen in die ent-
gegengesetzte Richtung.

10 a Die Feldlinien gehen vom Nordpol eines Magneten zu seinem Südpol.
b Der Pfeil an einer Feldlinie zeigt an, in welche
Richtung der Nordpol einer Kompassnadel an dieser Stelle zeigen würde.
c Je dichter die Feldlinien in einem Bereich sind,
desto stärker ist dort das Magnetfeld.

Temperatur – S. 61

1 a Unser Temperatursinn schützt uns in Gefahrensituationen, z. B. beim Berühren eines heißen Gegenstands.
b Wer im Schwimmbad vorher kalt geduscht hat,
fühlt sich im Becken pudelwohl. Wer warm geduscht hat, friert.

2 Ich kann den Tischtennisball ausbeulen, indem ich
ihn in heißes Wasser tauche.

3 0 °C: Schmelztemperatur von Eis, Fixpunkt der
Celsiusskala
37 °C: Körpertemperatur
100 °C: Siedetemperatur des Wassers, Fixpunkt der
Celsiusskala

4 a Man kann Atome nicht teilen. – Passt.
b Man kann Atome zusammenpressen. – Passt
nicht.
c Die ganze Welt besteht aus Atomen. – Passt.
d Man kann Stoffe endlos immer weiter teilen. –
Passt nicht.
e Atome können nicht zerstört werden. – Passt.
f Atome bewegen sich nicht. – Passt nicht.

5 Aggregatzustände: fest, flüssig, gasförmig

6 Wasser für den Tee kocht: verdampfen.
Wasserpfütze gefriert: erstarren.
Morgentau bildet sich: kondensieren.
Eiszapfen „verschwindet": schmelzen.
Schokolade wird weich: schmelzen.
Heißes Kerzenwachs wird fest: erstarren.

7 Wasser verdunstet aus Flüssen, Seen und Meeren,
vom Erdboden oder aus Blättern von Pflanzen. Wenn
feuchte Luft abkühlt, kondensiert der Wasserdampf
zu Tröpfchen. Die Tröpfchen bilden Nebel oder Wolken. Wenn zu viele Tröpfchen in der Wolke sind, werden die Tropfen zu schwer und es beginnt zu regnen.
Das Regenwasser fällt auf die Erde und gelangt über
Bäche und Flüsse in die Meere oder über das Grundwasser zu uns zurück.

8 a 1 – 22 °C, 2 – 15 °C, 3 – 4 °C
b 4 – 0 °C, 5 – 3 °C, 6 – 4 °C
c See im Sommer: Das Wasser wird an der Oberfläche erwärmt und dabei leichter. Kälteres Wasser
sinkt nach unten. See im Winter: Wenn Wasser von
4 °C an der Oberfläche weiter abkühlt, wird es wieder leichter. Es liegt über dem Wasser von 4 °C.
Wenn es sich weiter abkühlt, gefriert das Wasser
an der Oberfläche zu Eis. Ganz unten im See befindet sich Wasser von 4 °C.

Schall – S. 79

1 Sara zupft die Gitarrensaite an.
Die Saite beginnt zu schwingen.
Die schwingende Saite reißt die Luft in der
Umgebung immer wieder mit.
Dadurch entstehen Luftverdichtungen und -ver-
dünnungen.
Die breiten sich in der Luft aus.
Wenn sie Björns Ohr erreichen, hört er den
Gitarrenton.

2 a Der Blitz ist rund 340 m weit entfernt einge-
schlagen.
b Das Licht ist viel schneller als der Schall. Deshalb sehen wir zuerst den Blitz und hören erst
etwas später den Donner.
c Man zählt die Sekunden zwischen Blitz und
Donner. Der Donner braucht 3 s für 1 km.

3 Das Gummiband erzeugt einen lauten, hohen Ton,
wenn es straff gespannt und stark angezupft wird.

4 a Die schnell schwingenden Flügel der Insekten
sind Schallquellen.
b Ein Ton mit 600 Hz (Mücke) ist höher als ein Ton
mit 240 Hz (Hummel). Die Flügel der Mücke schlagen schneller hin und her als die der Hummel.

5 a Das Ohr besteht aus Außenohr, Mittelohr und
Innenohr.
b Das Außenohr (1) besteht aus Ohrmuschel (4),
Gehörgang (5) und Trommelfell (6). Sie fangen den
Schall auf und leiten ihn zum Mittelohr. Das Trommelfell wird durch die Schallwellen in Schwingungen versetzt.
Im Mittelohr (2) leiten Gehörknöchelchen (7) den
Schall zum Innenohr weiter und verstärken ihn.
Im Innenohr (3) werden die Schallwellen in der
Hörschnecke (8) in Signale umgewandelt, die
über den Hörnerv (9) zum Gehirn übertragen werden.
c Der Schall braucht unterschiedlich lange, um zu
beiden Ohren zu kommen. Aus diesem Zeitunterschied kann unser Gehirn erkennen, aus welcher
Richtung das Klingeln des Weckers kommt.

6 a Die Lärmschutzwand reflektiert die Schallwellen von den Anwohnern weg.
b Bei einer Absenkung um 10 Dezibel sinkt die
Lautstärke um die Hälfte. Der Lärmschutz ist also
besser als von der Nachbarschaft gefordert. Die
Nachbarschaft kann zufrieden sein.

Licht und Schatten – S. 106 f.

1 Lichtquellen: Sonne, Kerze, Taschenlampe, Handy-
display, Autoscheinwerfer
Lichtempfänger: Auge, Digitalkamera, grünes Blatt,
Reflektor am Fahrrad, Solarzelle

2 Der Mond streut das Licht der Sonne zum Teil zur
Erde hin und auf das Papier. Das Papier streut das
Streulicht des Monds. Ein Teil dieses Lichts fällt ins
Auge.

3 Nachts sollten Menschen zu Fuß weiße Kleidung
tragen, weil diese mehr Licht streut als schwarze
Kleidung. Sie sind dadurch besser zu sehen.

4 1 – Hornhaut, 2 – Pupille, 3 – Linse, 4 – Ringmuskel, 5 – Netzhaut, 6 – Sehnerv

5 Um einen Gegenstand, zum Beispiel eine Blume, sehen zu können, muss Licht auf ihn fallen und er muss das Licht in unser Auge reflektieren. Wir sehen auch, wenn direktes Licht ins Auge trifft, zum Beispiel von einer Taschenlampe.

6 a Licht breitet sich geradlinig aus.
b Die Personen werden nur von der Bühne her beleuchtet. Ihre Rücken erhalten kein Licht und erscheinen deshalb schwarz.

7 Das Licht wird auf den Punkt A reflektiert. Der Einfallswinkel ist gleich dem Reflexionswinkel.

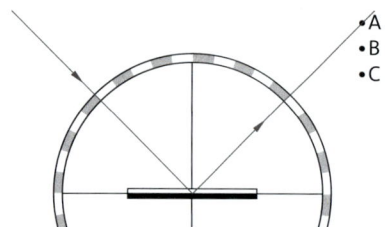

8 a Der Stift muss nahe zur Kerze gehalten werden.
b Der Stift muss nahe zur Wand gehalten werden.

9 a Fall 1: Der Schatten fällt nach rechts, auf 5 Uhr. Fall 2: Der Schatten fällt nach links, auf 8 Uhr.
b Für Diana ist die Position 1 am günstigsten, da sie mit der rechten Hand schreibt und somit der linke Blattbereich immer beleuchtet ist.

10 a Das Schattenbild entsteht auf dem Gehweg, weil Tanja schräg von oben beleuchtet wird.
b

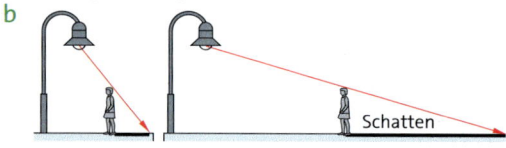

11 a Lichtquelle, Leinwand für das Schattenbild, Schattenfiguren
b Wenn die Schattenfigur weit von der Leinwand entfernt ist, wird das Schattenbild groß. Wenn die Schattenfigur nah an der Leinwand ist, wird das Schattenbild klein.

12 a Auf der Wand ist in der Mitte der Kernschatten zu sehen. Rechts und links sind Halbschatten.
b Im Kernschatten kommt weder das Licht der linken noch das Licht der rechten Kerze an. Im rechten Halbschatten beleuchtet nur die rechte Kerze die Wand, im linken Halbschatten nur die linke.

13 Zeichnung:

Neu-mond	Halb-mond	Voll-mond	Halb-mond

Mond nimmt zu.   Mond nimmt ab.

14 Die drei Mondphasen kann man ähnlich wie im Material B auf Seite 97 (Bild 5) im Schulbuch zeigen. Die Taschenlampe ersetzt den Tageslichtprojektor, der Kopf der beobachtenden Person die Schülerinnen und Schüler in der Mitte und der Tischtennisball den Ball.
• Vollmond: Stellung C (Bild 5, S. 97)
• zunehmender Halbmond: Stellung B
• abnehmender Halbmond: Stellung D

15 Bei einer Sonnenfinsternis ist die Reihenfolge der Himmelskörper: Sonne, Mond, Erde. Ein Teil der Erde wird vom Mond verdeckt.
Bei einer Mondfinsternis ist die Reihenfolge der Himmelskörper: Sonne, Erde, Mond. Der Mond wird von der Erde verdeckt.
Zeichnungen:

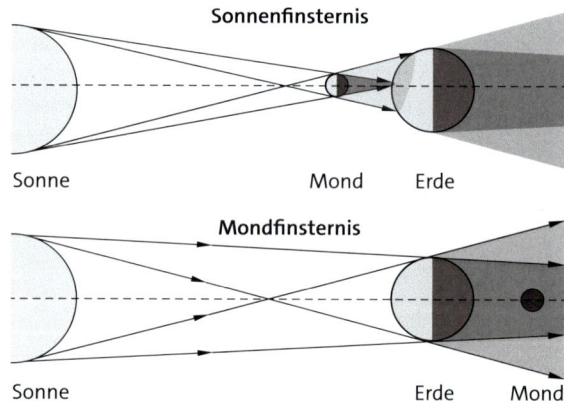

16 a Sonne, Kerze, Lampe, Stimme, Glocke, Flöte …
b Auge, Fotokamera, Ohr, Mikrofon …

Energie von der Sonne – S. 133

1 Energieformen: chemische Energie, Bewegungsenergie, Strahlungsenergie, elektrische Energie, Lageenergie

2 Ohne die thermische Energie der Sonne wäre es auf der Erde dunkel und so kalt, dass kein Leben existieren könnte. Die Energie von der Sonne treibt den Wasserkreislauf der Erde an. Pflanzen benötigen Licht, um mithilfe der Fotosynthese energiereiche Stoffe aufzubauen. Pflanzen, Tiere und Menschen nutzen die darin gespeicherte Energie.

3 ab Lösungstabelle:

Energieform	Energiespeicher
chemische Energie	Kerze, Apfel, Tank mit Heizöl, Batterie, *Pizza, Brennholz*
thermische Energie	Kachelofen, Warmwasser- speicher, Magma im Vulkan, heiße Kochplatte, *Wärm- flasche, Thermosflasche*
Lageenergie	Wasser im Stausee, Achter- bahnwagen ganz oben, *Skispringer auf der Schanze, Container am Kran*
Bewegungsenergie	rollendes Fahrrad, Wind, *Rakete, Achterbahnwagen ganz unten*

4 Beim höchsten Sonnenstand um 12 Uhr ist der Schatten des Stabs am kürzesten (bei Sommerzeit: um 13 Uhr). Am längsten ist der Schatten beim Sonnenaufgang und beim Sonnenuntergang, weil die Sonne dann nur wenig über dem Horizont steht.

5 Erste Bewegung der Erde: Drehung um sich selbst in 24 Stunden; zweite Bewegung der Erde: Dre- hung um die Sonne in 365 Tagen und 6 Stunden

6 Wenn die Erdachse nicht schräg zur Umlaufbahn um die Sonne stünde, wären die Tage und Nächte das ganze Jahr gleich lang. Jeden Tag gäbe es genau 12 Tages- und 12 Nachtstunden. Auch der Sonnenstandswinkel zur Mittagszeit würde sich für einen Ort das ganze Jahr nicht ändern. Die Sonne würde täglich den Boden gleich lang und gleich stark erwärmen: Es gäbe keine Jahreszeiten.

7 a Von der Herdplatte wird thermische Energie durch Wärmeleitung auf den Topfboden über- tragen.
b Die Sonne erwärmt die Erde durch Strahlung.
c Die thermische Energie aus dem Heizkessel gelangt durch Wärmeströmung zum Heizkörper.

8 Im Brenner verbrennt Öl. Das Wasser wird im Kes- sel erhitzt. Die Pumpe pumpt heißes Wasser zum Heizkörper. Der Heizkörper gibt thermische Energie ans Zimmer ab. Das Wasser kühlt im Heizkörper ab und strömt zurück zum Kessel.

9 Zwischen den Daunenfedern einer Daunenjacke befindet sich viel Luft. Dieses Luftpolster ist ein schlechter Wärmeleiter, die Körperwärme wird al- so nur sehr langsam nach außen geleitet. Der Kör- per gibt wenig thermische Energie an die Umge- bung ab und bleibt schön warm.

Wetter – S. 149

1 Vermutlich hat Timur die Temperatur in der Sonne gemessen.

2 6 Uhr – 12 °C; 14 Uhr – 28 °C; 18 Uhr – 22 °C; 22 Uhr – 17 °C

3 Der Luftdruck steigt.

4 Der Luftdruck fällt.

5 20 Millimeter Niederschlag entsprechen 20 Litern Wasser pro m² (zwei 10-Liter-Eimer voll Wasser).

6 Messgerät für die Luftfeuchtigkeit: Hygrometer

7 50 % von 13 g Wasserdampf sind 6,5 g Wasser- dampf pro m³ Luft.

8 Warme Luft kann mehr Wasserdampf aufnehmen als kalte Luft. Wenn sich die Luft nachts abkühlt, schlagen sich Wassertropfen an den Pflanzen nie- der.

9 Am Samstag wird es bewölkt sein und auch reg- nen. Die Tageshöchsttemperatur beträgt 22 °C, die Tiefsttemperatur in der Nacht wird 16 °C betra- gen. Am Sonntag wird es noch leicht bewölkt sein, aber trocken. Die Temperatur steigt tagsüber auf 27 °C, nachts sinkt sie bis auf 14 °C ab. Am Montag werden bei Trockenheit und wolkenlosem Himmel 30 °C erreicht. Die Tiefsttemperatur nachts sinkt auf 12 °C.

Elektrische Geräte im Alltag – S. 171

1 Um 1900 wurden Zimmer mit Petroleumlampen beleuchtet. Bügeleisen wurden mit glühender Holzkohle gefüllt oder im Feuer erhitzt. Wasser wurde in einem Kessel auf einem Kohlenherd er- wärmt.

2 Beide Leitungen von der Lampe sind mit ein und demselben Pol der Batterie verbunden. Damit die Lampe leuchten kann, muss aber jeder Pol der Batterie mit einem Kontakt der Lampe verbunden sein.

3 a Parallelschaltung, ODER-Schaltung

b

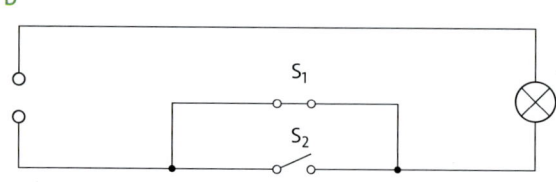

c Klingelschaltung

4

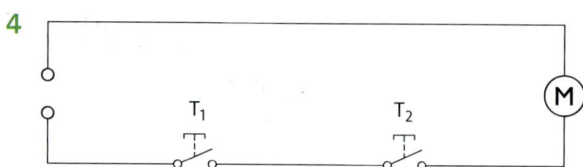

5 a Je eine Lampe wird in einen einfachen Stromkreis mit der Batterie eingebaut. Schaltplan:

b Dass alle Lampen kaputt sind, ist unwahrscheinlich. Sie können auch aus anderen Gründen nicht leuchten: Vielleicht ist eines der Kabel defekt oder die Batterie ist leer.

6 Stromkabel bestehen aus einem elektrischen Leiter und einem nicht leitenden Mantel. Der Mantel schützt uns vor dem elektrischen Strom, der in dem elektrischen Leiter fließt.

7 a Ein Wasserkocher wandelt elektrische Energie in thermische Energie um.
Eine LED-Lampe wandelt elektrische Energie in Licht und thermische Energie um.
b Elektrische Energie → Wasserkocher → thermische Energie
elektrische Energie → LED-Lampe → Strahlungsenergie, thermische Energie

8 Fasse keine beschädigten Kabel an!
Ziehe Kabel am Stecker aus der Steckdose!
Lass Elektrogeräte nicht nass werden!
Halte Abstand von Strommasten!

9 a Erneuerbare Energiequellen schützen die Umwelt. Im Gegensatz zur Kohle stehen uns Wind, Wasser und Sonne immer wieder zur Verfügung.
b Wind und strömendes Wasser drehen große Turbinen. An die Turbinen sind Generatoren (Dynamos) angeschlossen. Die Generatoren wandeln Bewegungsenergie in elektrische Energie um.

Kraft und Hebel – S. 181

1 Wirkung: Einen Gegenstand beschleunigen, Beispiel: Einen Pfeil abschießen; Wirkung: Einen Gegenstand bremsen, Beispiel: Gegenwind beim Radfahren; Wirkung: Einen Gegenstand verformen, Beispiel: Bäume, die durch den Wind gebogen werden; Wirkung: Einen Gegenstand umlenken, Beispiel: Volleyballerin, die den Ball schlägt

2 a Zum Kneten des Kuchenteigs wird Kraft benötigt. Die Aussage stimmt.
b Laura meint die verformende Wirkung der Kraft.

3 Ein Kraftpfeil zeigt die Größe der Kraft, die Richtung und den Angriffspunkt der Kraft.

4 Lösungsbilder:

5 Man kann einen Zangengriff mit einem Rohr verlängern, dann wirkt am Nagel eine größere Kraft.

6 a

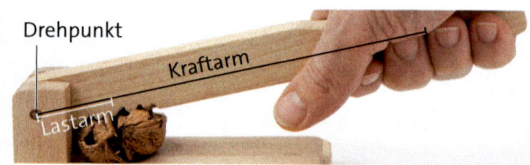

Drehpunkt · Kraftarm · Lastarm

b Wenn die Nuss weiter rechts liegt, wird es schwerer. Je länger der Lastarm bei gleich bleibendem Kraftarm ist, umso mehr Kraft muss zum Knacken der Nuss eingesetzt werden.
c Der obere Arm des Nussknackers wirkt als Hebel. Da der Kraftarm viel länger ist als der Lastarm, verstärkt er die Kraft der Hand. Man muss weniger Kraft ausüben, um die Nuss zu knacken.
d Der Kraftarm ist etwa 5-mal so lang wie der Lastarm. Die zum Knacken notwendige Kraft wird auf ein Fünftel verkleinert.

7 Tabelle mit Lösungen:

Lastarm	Kraftarm	Kraft verringert auf
20 cm	1 m	ein 5-tel
50 cm	2 m	ein 4-tel
15 cm	1,5 m	ein 10-tel

Operatoren

Die meisten Aufgaben in diesem Buch beginnen mit einem Verb:
- **Nenne** Messgeräte, die beim Experimentieren eingesetzt werden.
- **Beschreibe,** wie du herausfinden kannst, wo die Pole eines Magneten sind.
- **Erkläre,** warum die Kompassnadeln nicht alle in dieselbe Richtung zeigen.
- **Erläutere** die Begriffe Schatten und Schattenbild.
- **Skizziere** das Magnetfeld einer Spule, durch die Strom fließt.
- **Untersuche,** ob zwei zusammengeschaltete Solarmodule mehr elektrische Energie liefern.
- **Nimm Stellung** zu der Aussage: „Ohne Kraft gibt es keinen Kuchen!"

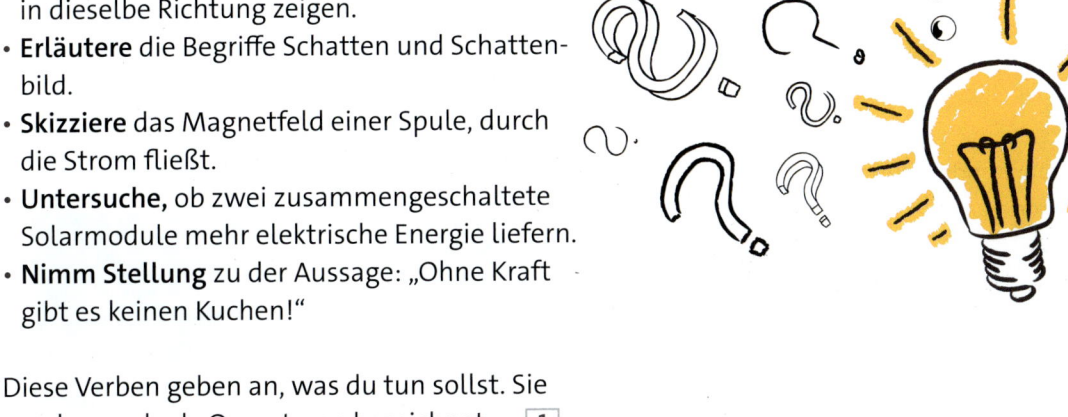

Diese Verben geben an, was du tun sollst. Sie werden auch als Operatoren bezeichnet. → 1

Operator	Das sollst du tun:
Nenne Gib an	Notiere Namen oder Begriffe. Verwende Fachwörter.
Beschreibe	Formuliere etwas so genau und ausführlich mit Fachwörtern, dass ein anderer es sich gut vorstellen kann.
Erkläre	Verstehe, wie etwas funktioniert oder aufgebaut ist. Führe die Funktionsweise und den Aufbau auf Regeln und Gesetze zurück.
Begründe	Gib die wichtigen Gründe oder Ursachen an.
Erläutere	Erkläre ausführlich anhand von einem oder mehreren Beispielen.
Vergleiche	Stelle Gemeinsamkeiten und Unterschiede z. B. in einer Tabelle dar.
Skizziere	Fertige ein ganz einfaches Bild an, das auf den ersten Blick verständlich ist.
Zeichne	Gib dir Mühe, ein genaues und vollständiges Bild anzufertigen.
Berechne	Stelle den Rechenweg dar und gib das Ergebnis an.
Ermittle Bestimme	Komme durch eine Rechnung, eine Zeichnung oder einen Versuch zu einem Ergebnis.
Untersuche	Erforsche einen Zusammenhang mit einem oder mehreren Versuchen. Mache dir vorher einen Plan. Führe Protokoll.
Nimm Stellung Bewerte	Entscheide dich, ob du einer Aussage zustimmst oder sie ablehnst. Begründe dann deine Entscheidung. Führe sie auf Regeln und Gesetze zurück.

1 Operatoren im Physikunterricht und ihre Bedeutung

In vielen Bereichen der Physik sind ähnliche Regeln und Prinzipien erkennbar.
Sie werden von den Basiskonzepten beschrieben. Mithilfe der Basiskonzepte kann man
viele Themen der Physik im Zusammenhang betrachten und so besser verstehen.

Energie

Energie kann man sich als universellen Treibstoff vorstellen.
Ohne Energie gäbe es kein Licht, keine Wärme, keine Bewegung und kein Leben. Beispiele in diesem Buch:

Elektrische Geräte wandeln elektrische Energie in andere
Energieformen um. ➞ 1
Seiten: 162–165

Die Sonne erwärmt unsere Erde und ermöglicht somit Leben.
➞ 2
Seiten: 110–113, 120–123

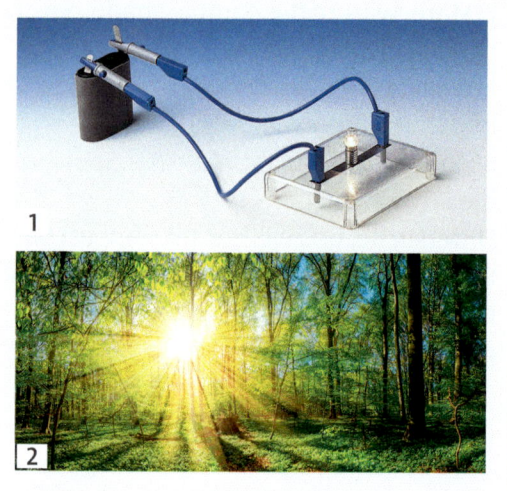

Wechselwirkung

Immer wenn Dinge oder Personen gegenseitig aufeinander
wirken, sprechen wir von Wechselwirkungen. Beispiele in
diesem Buch:

Magnete ziehen bestimmte Stoffe an. Untereinander können
sie sich anziehen oder abstoßen. ➞ 3
Seiten: 18–21

Wenn am Meer die Sonne untergeht, sehen wir das Wasser
leuchten. Die Ursache ist die Reflexion des Lichts. Aber das
Licht wird nicht nur reflektiert, es kann auch gestreut oder
absorbiert werden. ➞ 4
Seiten: 82–85, 90–91

Ohr und Mikrofon sind Schallempfänger. Wenn Schall auf
einen Schallempfänger trifft, regt er ein Signal an. ➞ 5
Seiten: 72–73

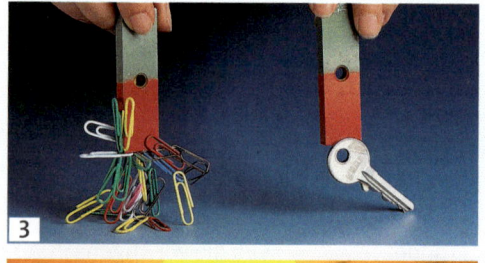

Struktur der Materie

Die Vorstellungen vom Aufbau aller Stoffe aus Teilchen sind die Grundlage für das Verständnis der uns umgebenden Welt. Beispiele in diesem Buch:

Das Magnetisieren von Eisen durch einen Magneten können wir mit dem Aufbau der Materie erklären. ➡ 6
Seiten: 24–25

Die Aggregatzustände von Stoffen erklären wir mit dem Teilchenmodell. ➡ 7
Seiten: 50–53

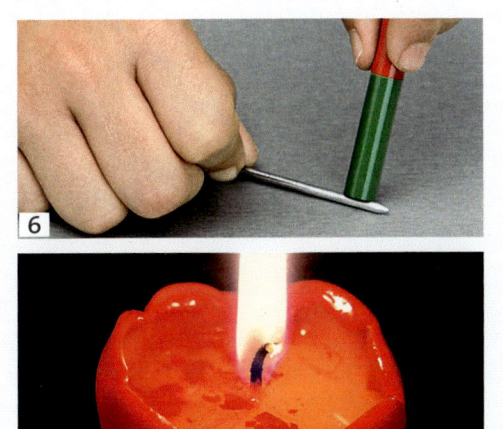

System

Ein System besteht immer aus mehreren Teilen, die aufeinander oder miteinander wirken. Man kann die Bedeutung der Einzelteile untersuchen, oder man betrachtet das System als Ganzes von außen. Beispiele in diesem Buch:

Das Auge ist ein System aus Linsen, Netzhaut und Nervenzellen. ➡ 8
Seiten: 86–87

Ein Stromkreis ist ein System, um elektrische Energie zu transportieren. Solche Systeme bestimmen unser modernes Leben. ➡ 9
Seiten: 154–157, 160–161

Sonne, Erde und Mond bilden ein System, das unseren Tagesablauf und unsere Jahreszeiten bestimmt. ➡ 10
Seiten: 114–115, 116–119

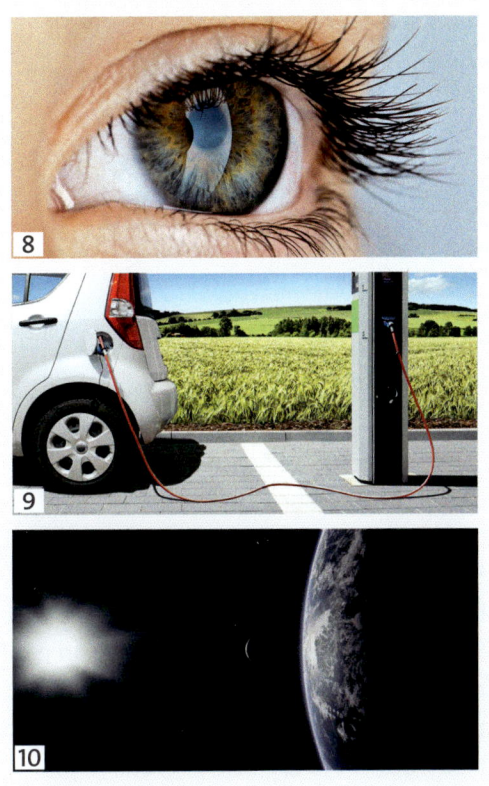

Mit dem Gasbrenner arbeiten

Für viele Experimente im Fachraum braucht man einen Gasbrenner. → 1 Vielleicht wird an deiner Schule ein anderer Brennertyp benutzt. Dann lass dir euren Gasbrenner genau erklären.

Luft

Gas

Schlauch vom Gashahn

Luftzufuhr (2), geöffnet

Gasschraube (1), geöffnet

1 Gasbrenner

Achtung • Beachte die folgenden Hinweise:
- Verbrennungsgefahr!
- Trage immer eine Schutzbrille!
- Binde lange Haare zusammen.
- Lege lose Teile deiner Kleidung ab (Schal, Tuch). Stecke Bänder oder Kordeln fest.
- Lass offene Flammen nie unbeaufsichtigt.
- Schließe Gas- und Luftzufuhr, wenn die Flamme des Brenners erlischt.
- Bei Gasgeruch: Schließe sofort den Gashahn und informiere die Lehrperson. Öffne die Fenster!

Gehe so vor, um den Gasbrenner einzuschalten:

1. Gasbrenner vorbereiten Die Stellschrauben der Gaszufuhr (1) und der Luftzufuhr (2) müssen geschlossen sein. Überprüfe es! Verbinde dann den Brenner mit dem Gashahn an deinem Tisch. Achte auf einen sicheren Stand des Brenners.

2. Gas entzünden Öffne den Gashahn, indem du gleichzeitig drückst und drehst. Drehe dann die Stellschraube der Gaszufuhr etwas auf. Entzünde sofort das ausströmende Gas: Die leuchtende Flamme entsteht. → 2

3. Flamme einstellen Öffne die Stellschraube der Luftzufuhr. Die blaue Flamme nennt man „rauschende Flamme". → 3 Drehe die Stellschraube für die Gaszufuhr weiter auf, wenn du eine größere Flamme brauchst.

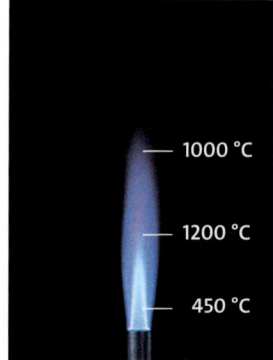

2 3 Leuchtende und rauschende Flamme

Gehe so vor, um den Gasbrenner auszuschalten:

1. Luftzufuhr schließen

2. Gaszufuhr schließen

3. Gashahn schließen Schließe den Gashahn und entferne anschließend den Gasschlauch.

Mit der Heizplatte arbeiten

Für einige Experimente im Fachraum müssen Flüssigkeiten erwärmt werden. Dazu kann eine elektrische Heizplatte genutzt werden. ➞ 4

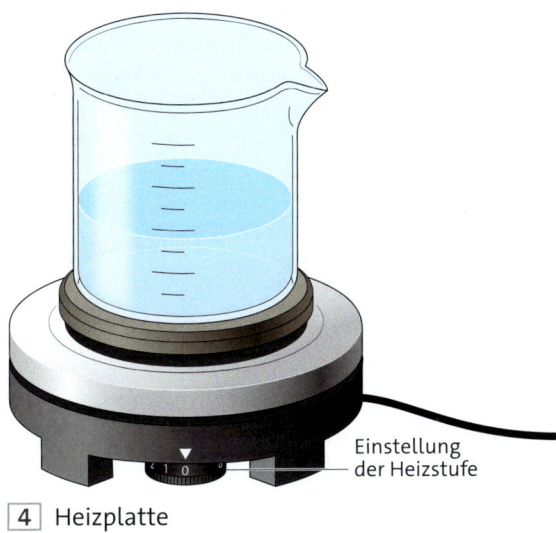

Einstellung
der Heizstufe

4 Heizplatte

Lass dir den Gebrauch genau erklären.

Achtung • Beachte die folgenden Hinweise:
- Verbrennungsgefahr! Heizfläche während des Betriebs und danach nicht berühren! Die Heizfläche bleibt auch nach dem Ausschalten noch längere Zeit heiß!
- Erhitzte Gefäße vor dem Transport stark abkühlen lassen oder geeignete hitzefeste Greifzangen oder Thermohandschuhe benutzen.
- Schutzbrille tragen!
- Gefäße höchstens zu drei Vierteln mit Flüssigkeiten füllen.
- Wenn heiße Flüssigkeit in die Augen gelangt: Augen unter fließendem Wasser bei gut geöffnetem Lidspalt mehrere Minuten spülen (Augendusche!).Verbrennungen mit reichlich Wasser kühlen und keimfrei bedecken. Anschließend einen Arzt oder eine Ärztin aufsuchen. Alle Unfälle sind sofort der Lehrperson zu melden.

Gehe so vor, um mit der Heizplatte zu erhitzen:

1. Heizplatte vorbereiten Stelle die Heizplatte auf eine feste, feuerfeste Unterlage. Schließe das ausgeschaltete Gerät an die Steckdose an. Bereite das Experiment vor. Auf die Heizfläche stellst du das Gefäß mit der Flüssigkeit, die erwärmt werden soll.

2. Heizplatte einschalten Wenn alle Vorbereitungen getroffen sind, schaltest du das Gerät ein. Deine Lehrperson teilt dir mit, welche Heizstufe du wählen sollst. Bei technischen Problemen oder Schwierigkeiten beim Experimentieren ist die Heizplatte sofort auszuschalten.

3. Heizplatte ausschalten Schalte nach dem Ende des Experiments die Heizplatte sofort aus. Ziehe den Netzstecker aus der Steckdose. Räume das Gerät erst weg, wenn es vollständig abgekühlt ist.

Im Internet recherchieren 📱

Im Internet findest du unzählige Informationen zu physikalischen Themen. Gibst du z. B. den Suchbegriff „Magnete" in eine Suchmaschine ein, werden Millionen von Treffern aufgelistet. Es ist nicht einfach, wichtige und unwichtige Informationen zu unterscheiden. Damit du nicht zu viel Zeit brauchst, musst du bei einer Recherche gezielt vorgehen:

1. Thema eingrenzen Stelle Fragen zum Thema, die dich interessieren.
Beispiele: Welche Wirkung haben Magnete? Wofür werden Magnete eingesetzt?

2. Suchen Überlege dir sinnvolle Suchbegriffe zu deinen Fragen. Rufe dann eine Suchmaschine auf und gib die Suchbegriffe ein. Suchmaschinen sind Programme, die die Inhalte von Milliarden von Webseiten kennen. Es gibt auch Suchmaschinen für Jugendliche. Sie zeigen weniger, aber verständlichere Treffer an.
Beispiele: Magnete Wirkung; Magnete Einsatz

3. Treffer filtern und auswerten Wenn du sehr viele Treffer erhältst, grenze das Ergebnis mit weiteren Suchbegriffen ein. Je mehr Begriffe du verwendest, desto zielgenauer ist dein Ergebnis. Es ist möglich, dass die Suchmaschine als erste Treffer Werbung zeigt. Dann ist der Treffer als „Anzeige" gekennzeichnet. Je nach Suchmaschine kannst du die Treffer filtern, zum Beispiel dir nur Bilder anzeigen lassen oder nur Beiträge aus der letzten Woche.
Nun geht es an die Auswertung. Enthalten die Treffer relevante (für dich wichtige) Informationen für dein Thema? Prüfe, ob die Informationen verständlich und aktuell sind.
Jeder Mensch kann im Internet veröffentlichen. Daher ist es wichtig einzuschätzen, ob eine Quelle verlässlich ist. Verlässliche Quellen sind

1 Kriterien für die Auswertung von Informationen

zum Beispiel staatliche Einrichtungen und Forschungsinstitute. Sie machen unter anderem Angaben über genutzte Quellen. → 1
Zur Sicherheit solltest du Informationen aus verschiedenen Quellen vergleichen.

4. Treffer speichern Speichere geeignete Webadressen unter deinen Lesezeichen oder Favoriten ab. So kannst du die Webseiten wieder aufrufen und als Quellen angeben.

Aufgaben

1 ☑ Wir nutzen heute vor allem das Internet, wenn wir Informationen suchen. Gib weitere Quellen für die Recherche zu physikalischen Themen an. Beschreibe jeweils Vorteile und Nachteile der verschiedenen Quellen.

2 ☒ Recherchiere zum Thema „Magnete". Nutze die Hinweise zur Suche und zur Auswertung.

3 ☒ Vermute, wo die tiefste (höchste) Lufttemperatur auf der Erde gemessen wurde. Überprüfe deine Vermutungen durch eine Recherche im Internet.

Gute Präsentationen in Physik halten

Zu einer guten Präsentation gehört eine gute Vorbereitung. Man hört dir zu, wenn dein Publikum dich als kompetent einstuft und du deine Medien gut vorbereitet hast: geordnet, übersichtlich und ansprechend. Dein Engagement sollte zu erkennen sein. In der Physik sind gute Präsentationen nicht viel anders als in anderen Fächern – es gibt aber Besonderheiten. Hier findest du ein paar Tipps:

1. Inhalt Recherchiere gründlich zu deinem Thema: Du musst den Inhalt verstehen, den du präsentieren willst. Nutze verschiedene Quellen und verwende Fachbegriffe. Bist du bereit, sie auf Nachfrage zu erklären?
Bei umfangreichen Themen hilft dir eine Gliederung, z. B. in Form einer Mindmap: In der Mitte steht das Thema. Äste mit Gliederungspunkten führen davon weg und können sich immer weiter in Zweige aufteilen. → 2 Dann gilt es, jeden Gliederungspunkt mit Inhalt zu füllen.

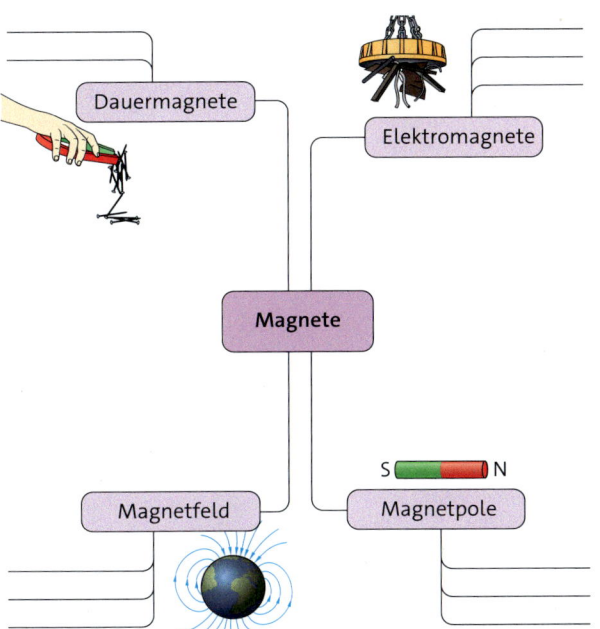

2 Mindmap zum Thema „Magnete"

2. Vortrag und Körpersprache Übe den Vortrag ein, um Sicherheit zu bekommen. Sprich frei und lies nicht ab. Bilde kurze, verständliche Sätze. Erkläre die Fachbegriffe und übe, sie fehlerfrei auszusprechen. Stelle Blickkontakt zu allen Personen im Publikum her.
Deine Hände sollten frei sein. Körpersprache macht eine Präsentation lebendig. Zeige z. B. bei einem Lernplakat mit einer Hand auf die Stelle, zu der du gerade sprichst. Habe einen festen Stand. Wichtige Inhalte sollten in einer Zusammenfassung wiederholt werden.

3. Medien Auf Lernplakate und Folien von Präsentationsprogrammen gehören nur Stichwörter – erklären sollst du. Schreibe groß und lesbar. Setze wenige Farben gezielt ein. Bilder lassen sich mit Dokumentenkameras vergrößert darstellen. In einer Physik-Präsentation kannst du mit selbst gebauten Modellen erklären, wie Geräte funktionieren. Du kannst Versuche live durchführen oder vorab filmen und als Video in deine Präsentation einbauen. Ihre Ergebnisse und viele Zusammenhänge lassen sich übersichtlich in Diagrammen darstellen. Aber bedenke: Schicke Medien können inhaltliche Mängel nicht ersetzen.

Aufgaben

1 ▶ Nenne Besonderheiten, die bei Präsentationen im Fach Physik auftreten können.

2 ⊠ Halte eine gute Präsentation zum Thema „Magnete und ihre Wirkung".

Fotos

Cover o.: sciencephotolibrary/Science Photo Library/Bjorn Svensson, m.: Sofarobotnik GbR, u.: mauritius images/alamy stock photo/Panther Media GmbH
akg-images: Bildarchiv Steffens: S. 49, PHOTO CNES: S. 99/7 |**Bildagentur Schapowalow**: Manfred Eckebrecht: S. 57/7 | **blickwinkel**: McPhoto/www.viennaslide.com: S. 120/1 | **Bridgeman Images**: Dorling Kindersley: S. 137/5.2 | **culture-images GmbH**: United Archives/ua: S. 44/2 | **Colourbox**: S. 85/6 | **Cornelsen**: Heinz-W Hommel: S. 112/2, Heinz Mahler: S. 31/5, S. 93/4, S. 148/6, S. 169/4, S. 188/1+3, Heinz Muckenfuß: S. 40/3.1+3.2, Markus Gaa Fotodesign: S. 24/1-3, S. 38/1, S. 39, S. 54/1, S. 64/3, S. 74/2, S. 88/2, S. 90/1, S. 94/1, S. 95/6, S. 107/5, S. 136/2, S. 150, S. 154/1, S. 155/Fotos Spalte Bauteil, S. 159/8, S. 160, S. 161/6.1, S. 162/1, S. 189/6, Medienproduktion Schlesener GmbH, Wolfgang Schulz-Heidorf: S. 179/7+9, Volker Döring: S. 28/3, S. 29/8, S. 47/6, S. 70, S. 91/5, S. 95/5, S. 99/5 S. 136/4, S. 148/2, Volker Minkus: S. 6/o.l., S. 21/8, S. 22/1, S. 41/7+8, S. 42/4, S. 51/6.1+6.2, S. 64/2, S. 86/1 |**culture-images GmbH**: United Archives/ua: S. 44/2| **Deutscher Wetterdienst**: BKG 2014 (GeoBasis-DE): S. 144/1 | **dpa Picture-Alliance**: dpa-Zentralbild/Julian Stähle: S. 41/6, dpa - Report/Wolfram Steinberg: S. 76/2, dpa Themendienst: S. 125/8, dp/Bodo Marks: S. 75/6, Foodcollection: S. 125/7, Olende Schall/Helga Lade: S. 50/3, RoHa-Fotothek Fürmann/SZ Photo/Sueddeutsche: S. 115/5, Wolfgang Pölzer/WaterFrame: S. 56/1, ZB/Arno Burgi: S. 76/1 | **ESA**: NASA/SOHO: S. 5/o.l., S. 108 | **F1online**: S. 32/2, S. 112/4, Jochen Tack: S. 85/5, Mike Kemp: S. 151/r. | **Fruhmann GmbH NTL, Bad Mergentheim**: S. 28/2 | **GlowImages**: Image Source/Cultura: S. 18/1 | **Image Source**: Jonathan Gibson: S. 153/3+4 | **Imago**: imagebroker: S. 46/1, JOKER: S. 166/3.2, Westend61: S. 175/4 | **interfoto e.k.**: CLICKALPS/Stefano Caldera: S. 96/1 | **Johnson Controls**: S. 43/6-8 | **Juniors/Klauer, B.**: S. 30/1 | **laif**: Katja Hoffmann: S. 102/9, Keystone Schweiz: S. 168/3 | **LOOK-foto**: Minden Pictures: S. 37/r. | **mauritius images**: age: S. 50/2, S. 121/6, Alamy: S. 121/5, S. 122/3, Alamy/KHALED KASSEM: S. 4/m.l., S. 80, alamy stock photo/Alchemy: S. 103/12, S. 103/11, alamy stock photo/blickwinkel: S. 99/6, alamy stock photo/Dinodia Photos: S. 26/1, alamy stock photo/Ian Shaw: S. 17/m.r., alamy stock photo/James Boardman: S. 33/3, alamy stock photo/Julie g Woodhouse: S. 102/1, alamy stock photo/KC Hunter: S. 151/l., alamy stock photo/Kuttig - People - 2: S. 64/4, alamy stock photo/Lawren Lu: S. 88/1, alamy stock photo/Luis Baneres: S. 10/1, alamy stock photo/MediaWorldImages: S. 175/3, alamy stock photo/O.D. vande Veer: S. 103/10, alamy stock photo/paul ridsdale pictures: S. 28/1, alamy stock photo/Philip Lewis: S. 163/3, alamy stock photo/Thanapol Kuptanisakorn: S. 78/4, alamy stock photo/Vladimir Volovodov: S. 12/2, Cavan Images: S. 81/l., Christine Steimer: S. 71/3, Detlev van Ravenswaay: S. 98/2, imageBroker/Franz Christoph Robiller: S. 103/13, imageBroker/ib: S. 173/r., mauritius images/alamy stock photo/Michael Patrick O'Neill: S. 33/4, Science Faction/Ed Darack: S. 98/1, Westend61/Sigrid Gombert: S. 74/1 | **NASA**: JSC: S. 109/r. | **OKAPIA KG**: Allan Hartley/Latitude Stock: S. 59/3 | **Panther Media GmbH**: Martin Konopka: S. 122/4, Volodymyr Melnyk: S. 175/5 | **sciencephotolibrary**: S. 68/1, Ian Cuming/IKON IMAGES: S. 189/10, KENNETH LIBBRECHT: S. 141/7, Nunuk, David: S. 109/l., SciMAT: S. 128/2 | **Shutterstock.com**: Africa Studio: S. 188/5, Anton Havelaar: S. 64/1, AstroStar: S. 97/3, auremar: S. 102/2, Bacho: S. 158/1, BigBigb1: S. 87/5c, Blue Lemon Photo: S. 50/1, Brocreative: S. 113/10, byswat: S. 14, DeStefano: S. 113/8, eveleen:

S. 87/5a+5b+5e+5f, Freer: S. 61/6, GaudiLab: S. 63/L., S. 62, JRJfin: S. 148/4, Kristine Rad: S. 149/8, Laurence Berger: S. 102/6, Lukas Hodon: S. 141/5, mujijoa79: S. 148/5, Simon Bratt: S. 130/1, serkan senturk: S. 141/6, Vadven: S. 113/7, Vladimir Arndt: S. 163/4 | **stock.adobe.com**: Africa Studio: S. 3/m.l., S. 16, akulamatiau: S. 38/2, Alexander Kaludov: S. 87/5d, Andrey Burmakin: S. 84/4, Anfor: S. 137/5.1, S. 148/3, Auttapon Moonsawad: S. 166/2, BG: S. 75/5, awfoto: S. 186/6, BillionPhotos.com: S. 102/4, blas: S. 179/8, Brocreative: S. 116/1, Christopher Boswell: S. 6/m.l., S. 172, Composer: S. 115/2, contrastwerkstatt: S. 168/2, Coprid: S. 91/8, Daniel Berkmann: S. 187, dudek: S. 113/9, Elmar Gubisch: S. 148/1, fine pics, bearbeitet von Rainer Götze: S. 181/9, fotobeam. de/fotobeam: S. 135/l., gradt: S. 78/5, grafikplusfoto: S. 116/2, grossimov: S. 44/1, IKO: S. 188/4, Ingo Bartussek: S. 128/3, Jackson Photography: S. 5/m.l., S. 134, Joe: S. 173/l., John Smith: S. 188/2, Katja Xenikis: S. 63/r., lightpoet: S. 12/1, lofik: S. 37/L., LVDESIGN: S. 106/2, magicbeam: S. 102/7, Marcel: S. 114/1, Marcel Hurni: S. 71/2, Marcel Schauer: S. 139/4, mat: S. 189/7, Matthias Krüttgen: S. 139/5, MichaelJBerlin: S. 137/6, Natallia: S. 128/1, NextMars: S. 113/5, nmann77: S. 113/6, osorioartist.com/OSORIOartist: S. 135/r., PAO joke: S. 3/m.l., Petair: S. 189/9, petaran: S. 17/m.l., Piotr Marcinski: S. 102/3, pit24: S. 40/5, Ramona Heim: S. 189/8, Ro: S. 91/7, Robert Kneschke: S. 175/6, Ronald Rampsch: S. 166/3.1, Sabjne: S. 12/3, S. 36, Sergey Novikov: S. 93/7, Subbotina Anna: S. 102/5, Sunshine Pics: S. 125/9, TADDEUS: S. 40/1+2, tsuneomp: S. 136/3, unitypix: S. 136/1, Valua Vitaly: S. 102/8, zsv3207: S. 149/7 | **www.colourbox.de**: S. 140/3, Dmytro Potapchuk: S. 140/4, Wolfgang Filser: S. 140/1 | **yourphototoday**: A1PIX/R. Naumann: S. 30/3

Illustrationen

Cornelsen: Detlef Seidensticker: S. 55/4, S. 113/11, S. 138, Rainer Götze: S. 8/2, S. 9/3, S. 11, S. 13, S. 18/2-5, S. 19/6, S. 19/7.1+7.2, S. 20, S. 21/5-7, S. 23, S. 24/4-6, S. 26/2-7, S. 27, S. 28/4+5, S. 29/6+7, S. 30/2, S. 31/4+6, S. 32/1, S. 34+35, S. 38/3, S. 40/4, S. 42/14, S. 43/5, S. 44/3, S. 45, S. 46/3+4, S. 48/2, S. 50/4, S. 52, S. 53, S. 54/2+3, S. 55/5, S. 57/5+6, S. 58, S. 59/4-7, S. 60, S. 61/7, S. 64/5-7, S. 65, S. 66, S. 67, S. 68/2, S. 69, S. 71/4, S. 72/2, S. 74/3, S. 75/4, S. 77, S. 78/1-3, S. 79, S. 82/2+3, S. 83, S. 84/1+3,S. 86/2, S. 88/4, S. 89, S. 90/2-4, S. 91/6+9, S. 92/2-3, S. 93/5+6, S. 94/3, S. 96/2, S. 98/3+4, S. 100/2, S. 101, S. 103/14, S. 104, S. 105, S. 106/1+3, S. 107/4, S. 111, S. 112/1+3, S. 114/2+3, S. 117/5+7, S. 118, S. 119/10, S. 120/2+3, S. 122/1+2, S. 124/2+3, S. 125/4-6, S. 126/2, S. 127, S. 129, S. 131, S. 132, S. 133, S. 139/3, S. 140/2, S. 142, S. 143, S. 145, S. 147, S. 154/2-5, S.155/ Illustrationen. S. 156, S. 157/5-8, S. 158/2, S. 159/4+7, S. 161/4-6, S. 162/2, S. 164, S. 165, S. 167/10, S. 169/5+6, S. 170, S. 171, S. 174/2, S. 175/7, S. 176/2-4, S. 177, S. 178, S. 179/4-6, S. 180/5+6, S. 181/7+8, S. 182, S. 184, S. S.186/3-5, S.191, S.193, Inhouse: S. 9/4-8, S. 19/8, S. 51/5.1+5.3, S. 56/3.1-3.3, S. 60/5, S. 87/3, S. 116/3+4, S. 117/6+8, S. 119/6-9, S. 121/4, S. 144/2+3, S. 149/9, S. 163/5, S. 184/10+13+15a+15b, Laura Carleton: S. 92/1, S. 126/1, Ludwig Heyder: S. 12/4, Maryse Forget, Robert Fontner-Forget: S. 68/3, Matthias Pflügner: S. 8/1, S. 10/2+3, S. 25/7, S. 46/2, S. 47/5, S. 72/1, S. 73/4, S.97/5, S. 110, S. 123, S. 124/1, S. 130/2, S. 152, S. 153/5, S. 157/3, S. 166/1, S. 167/4-9, S. 168/1, S. 174/1, S. 176/1, S. 180/4, Sofarobotnik GbR: S. 2/o.r., Tom Menzel: S. 73/3, S. 87/4

Collagen

Cornelsen: Volker Döring (Foto), Rainer Götze (Beschriftung): S. 94/2, S. 190/1-3

Größe	Zeichen	Einheit		Weitere Einheiten		Beziehungen
Temperatur	T	Kelvin	K	Grad Celsius	°C	$0\,K \triangleq -273{,}15\,°C$ $0\,°C \triangleq 273{,}15\,K$
Länge Strecke Weg	l, s	Meter	m	Meile Zoll	mi "	$1\,mi = 1609\,m = 1{,}609\,km$ $1" = 0{,}0254\,m = 2{,}54\,cm$
Fläche	A	Quadratmeter	m^2	Hektar	ha	$1\,ha = 10\,000\,m^2$
Volumen	V	Kubikmeter	m^3	Liter	l, L	$1\,l = 1\,dm^3 = 0{,}001\,m^3$ $1\,m^3 = 1000\,l$
Masse	m	Kilogramm	kg	Tonne	t	$1\,t = 1000\,kg$
Dichte	ϱ	Kilogramm pro Kubikmeter	$\frac{kg}{m^3}$	Gramm pro Kubikzentimeter	$\frac{g}{cm^3}$	$1\frac{g}{cm^3} = 1000\frac{kg}{m^3}$
Zeit	t	Sekunde	s	Minute Stunde	min h	$1\,min = 60\,s$ $1\,h = 60\,min = 3600\,s$
Frequenz	f	Hertz	Hz			$1\,Hz = \frac{1}{s}$

1 Physikalische Größen und ihre Einheiten

Grundgröße	Einheit	
Länge	Meter	m
Masse	Kilogramm	kg
Zeit	Sekunde	s
Stromstärke	Ampere	A
Temperatur	Kelvin	K
Stoffmenge	Mol	mol
Lichtstärke	Candela	cd

2 Grundgrößen und Einheiten des SI-Systems

SI-Einheiten • Wir geben Längen in Metern und Kilometern an, Flächen z. B. in Quadratmetern. In England verwendet man Fuß, Meilen und Quadratfuß. Temperaturen werden bei uns in Grad Celsius angegeben, in England in Fahrenheit. Damit die verschiedenen Einheiten bei internationalen Projekten nicht zu Fehlern führen, hat man ein gemeinsames Einheitensystem festgelegt (SI-System). Es enthält 7 Grundgrößen. → **2** Die anderen Größen werden aus ihnen abgeleitet.